宋元明哲学史教程

陈来 著

北京大学出版社
PEKING UNIVERSITY PRESS

图书在版编目(CIP)数据

宋元明哲学史教程/陈来著. —北京：北京大学出版社，2020.7
（名师大讲堂系列）
ISBN 978-7-301-30333-7

Ⅰ.①宋… Ⅱ.①陈… Ⅲ.①哲学史—中国—宋代—明代—教材 Ⅳ.①B2

中国版本图书馆 CIP 数据核字（2019）第 034675 号

书　　名	宋元明哲学史教程 SONGYUANMING ZHEXUESHI JIAOCHENG
著作责任者	陈　来　著
责任编辑	田　炜
标准书号	ISBN 978-7-301-30333-7
出版发行	北京大学出版社
地　　址	北京市海淀区成府路 205 号　100871
网　　址	http://www.pku.cn.cn　新浪微博:@北京大学出版社
电子信箱	pkuwsz@126.com
电　　话	邮购部 010-62752015　发行部 010-62750672 编辑部 010-62750577
印　刷　者	三河市北燕印装有限公司
经　销　者	新华书店 650 毫米×980 毫米　16 开　24.75 印张　288 千字 2020 年 7 月第 1 版　2020 年 7 月第 1 次印刷
定　　价	69.00 元

未经许可，不得以任何方式复制或抄袭本书之部分或全部内容。
版权所有，侵权必究
举报电话：010-62752024　电子信箱：fd@pup.pku.edu.cn
图书如有印装质量问题，请与出版部联系，电话：010-62756370

目　录

学习指南 …………………………………………… 001

单元一　宋明理学概论 …………………………… 013
　绪言 ……………………………………………… 015
　单元目标 ………………………………………… 017
　宋明理学的名称 ………………………………… 018
　宋明理学的流派和代表人物 …………………… 020
　理学的特点、课题和范畴 ……………………… 022
　韩愈的思想 ……………………………………… 025
　李翱的思想 ……………………………………… 028
　北宋前期的社会思潮 …………………………… 030
　摘要 ……………………………………………… 035
　活动题参考答案 ………………………………… 035
　测试题参考答案 ………………………………… 036
　参考书目 ………………………………………… 038

单元二　北宋理学（一）理学的发端 …………… 039
　绪言 ……………………………………………… 041
　单元目标 ………………………………………… 045
　周敦颐思想的主要内容 ………………………… 046

太极图说 …………………………………………………… 047
　　孔颜乐处 …………………………………………………… 050
　　张载哲学的特色 …………………………………………… 053
　　太虚即气说 ………………………………………………… 054
　　心性说 ……………………………………………………… 055
　　《西铭》的民胞物与思想 ………………………………… 057
　　邵雍的学说 ………………………………………………… 061
　　数学 ………………………………………………………… 062
　　观物说 ……………………………………………………… 064
　　摘要 ………………………………………………………… 067
　　活动题参考答案 …………………………………………… 068
　　测试题参考答案 …………………………………………… 069
　　参考书目 …………………………………………………… 073

单元三　北宋理学(二)理学的建立 ……………………… 075
　　绪言 ………………………………………………………… 077
　　单元目标 …………………………………………………… 080
　　程颢的思想 ………………………………………………… 080
　　天理的观念 ………………………………………………… 082
　　识仁说 ……………………………………………………… 085
　　定性说 ……………………………………………………… 088
　　生之谓性说 ………………………………………………… 090
　　程颐的哲学 ………………………………………………… 092
　　道与阴阳 …………………………………………………… 094
　　动静与变化 ………………………………………………… 096
　　体与用 ……………………………………………………… 098

性即理 …………………………………………… 100
　　持敬 ……………………………………………… 102
　　格物 ……………………………………………… 103
　　二程门人 ………………………………………… 105
　　谢显道的思想 …………………………………… 106
　　杨时的思想 ……………………………………… 108
　　摘要 ……………………………………………… 110
　　活动题参考答案 ………………………………… 111
　　测试题参考答案 ………………………………… 112
　　参考书目 ………………………………………… 116

单元四　南宋理学(一)湖湘学派与朱熹的闽学 ……… 119
　　绪言 ……………………………………………… 121
　　单元目标 ………………………………………… 123
　　胡宏的思想 ……………………………………… 123
　　心为已发 ………………………………………… 125
　　不以善恶言性 …………………………………… 127
　　天理与人欲 ……………………………………… 129
　　以心主性、心以成性 …………………………… 131
　　朱熹哲学体系 …………………………………… 133
　　理气先后 ………………………………………… 134
　　理气动静 ………………………………………… 137
　　理一分殊 ………………………………………… 139
　　未发已发 ………………………………………… 141
　　心统性情 ………………………………………… 143
　　天命之性与气质之性 …………………………… 145

人心道心 …………………………………………… 146

格物穷理 …………………………………………… 149

知先行重 …………………………………………… 152

摘要 ………………………………………………… 153

活动题参考答案 …………………………………… 154

测试题参考答案 …………………………………… 156

参考书目 …………………………………………… 161

单元五　南宋理学(二)江西陆学与浙东事功学派 …………… 163

绪言 ………………………………………………… 165

单元目标 …………………………………………… 167

陆九渊的哲学 ……………………………………… 167

本心 ………………………………………………… 169

心即是理 …………………………………………… 171

尊德性 ……………………………………………… 173

自作主宰 …………………………………………… 175

朱陆异同 …………………………………………… 177

陆学与禅学 ………………………………………… 179

陈亮、叶适的事功思想 …………………………… 181

摘要 ………………………………………………… 188

活动题参考答案 …………………………………… 189

测试题参考答案 …………………………………… 190

参考书目 …………………………………………… 193

单元六　元代理学 …………………………………………… 197

绪言 ………………………………………………… 199

单元目标 ………………………………………… 201
元代初期的社会文化 …………………………… 201
许衡的思想 ……………………………………… 205
刘因的思想 ……………………………………… 210
吴澄的思想 ……………………………………… 217
摘要 ……………………………………………… 224
活动题参考答案 ………………………………… 225
测试题参考答案 ………………………………… 226
参考书目 ………………………………………… 230

单元七　明代前期的理学：朱学的复兴 …………… 233

绪言 ……………………………………………… 235
单元目标 ………………………………………… 237
曹端的思想 ……………………………………… 237
薛瑄的思想 ……………………………………… 243
吴与弼的思想 …………………………………… 253
摘要 ……………………………………………… 256
活动题参考答案 ………………………………… 257
测试题参考答案 ………………………………… 258
参考书目 ………………………………………… 261

单元八　明代中期的理学(一) 心学的运动 …………… 263

绪言 ……………………………………………… 265
单元目标 ………………………………………… 266
陈献章的思想 …………………………………… 267
湛若水的思想 …………………………………… 273

王阳明的哲学思想 280
　心与理 284
　心与物 286
　格物说 289
　知行合一 291
　致良知 294
　万物一体 297
　摘要 300
　活动题参考答案 301
　测试题参考答案 302
　参考书目 306

单元九　明代中期的理学（二）心学之反动 309
　绪言 311
　单元目标 314
　胡居仁的思想 314
　罗钦顺的思想 319
　王廷相的思想 329
　摘要 338
　活动题参考答案 339
　测试题参考答案 340
　参考书目 343

单元十　明代后期的理学 345
　绪言 347
　单元目标 349

王门的分派 ………………………………………… 349
王艮的思想 ………………………………………… 355
罗汝芳的思想 ……………………………………… 362
李贽的思想 ………………………………………… 366
刘宗周的思想 ……………………………………… 371
摘要 ………………………………………………… 379
活动题参考答案 …………………………………… 380
测试题参考答案 …………………………………… 380
参考书目 …………………………………………… 385

学习指南

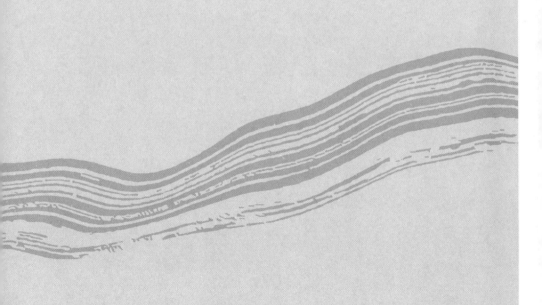

导言

"宋元明哲学",原为香港公开大学人文社会科学院开设的科目,属文学士学位课程高级程度科目之一,内容主要是讲授宋代和明代的理学思想。本科目学分值为十个学分,修读时间为两学期,无先修科目的限制。学生如有兴趣,皆可修读。

本指南要旨

本指南旨在简介本科目的课程资料,包括内容简介、科目宗旨、教学目标、使用教材、学习进度、成绩评核等内容,这些内容对修读本科目至为重要,因此学员在修读之前,务请先细读本指南中的各个项目,以便对本科目的内容、特点、学习进度、导修课及讲论会和考试要求等,有一概括了解,然后针对自己的实际情况,作出切实可行的修读安排。

本科目远程授课,不以直接讲授为主,而要求学员以自学方式完成修读任务。选修的学员对此要有心理准备,以善始善终的态度,完成学业。

科目简介

主要内容为宋明理学。宋元明哲学是中国哲学自先秦以后最重要的发展阶段，宋明理学便是此一时期的主要哲学形态。本科目将介绍北宋理学、南宋理学、元代理学、明代前期理学、明代中后期理学，而以宋代和明代为重点。与理学关系密切的其他思想亦会介绍。

科目宗旨

旨在帮助学员了解宋明理学的基本内容，掌握中国古典哲学的基本概念和命题，深入探讨中国思想文化，并能对传统思想、文化问题作出分析和讨论。

教学目标

学员修毕本科目，应能：
- 概述宋明理学的产生、发展和演变过程；
- 阐述宋明理学的基本人物、学术派别、概念命题与思想特色；
- 分析宋明理学在中国哲学发展史上的贡献和地位。

单元目标

配合本科目的教学目标，每个单元均有相应的目标，具列于修读单元之前，请细心阅读。能完成各项单元目标，即能完成本科的修读目标。

使用教材

本科目有十个修读单元、三本指定教科书及若干篇指定读物，都是学员必读的教材。参考书目属参考性质，学员可根据自己的兴趣和需要，自行选择阅读。

学科指南

学科指南的作用，是介绍本科目的特点和内容，指导学员怎样修读。

修读单元

本科目分为十个单元：

单元一　宋明理学概论

单元二　北宋理学（一）理学的发端

单元三　北宋理学（二）理学的建立

单元四　南宋理学（一）湖湘学派与朱熹的闽学

单元五　南宋理学（二）江西陆学与浙东事功学派

单元六　元代理学

单元七　明代前期的理学：朱学的复兴

单元八　明代中期的理学（一）心学的运动

单元九　明代中期的理学（二）心学之反动

单元十　明代后期的理学

指定教科书

本科目的指定教科书有三本，分别为：

1. 陈来：《宋明理学》，沈阳：辽宁教育出版社，1992。

2. 陈钟凡：《两宋思想述评》，北京：东方出版社，1996。

3. 劳思光：《新编中国哲学史》第三卷上册，台北：三民书局，1997。

指定读物

指定读物摘自有关宋元明哲学的学术专著，旨在加深学员对有关哲学课题的认识，并提高学习兴趣：

1. 朱伯崑：《易学哲学史》第二卷，北京：华夏出版社，1995，页 208—223。

2. 侯外庐、邱汉生、张岂之编：《宋明理学史》，北京：人民出版社，1997，上卷，页 5—45、287—303、368—407、425—467、679—682、692—748；下卷，页 135—148、151—153、170—195、201—229、416—465、493—516。

3. 容肇祖：《明代思想史》，台北：台湾开明书店，1982，页 13—33、35—44、51—107、110—159、183—196、231—256。

4. 冯友兰：《中国哲学史新编》第五册，北京：人民出版社，1988，页20—24、113—119、227—244。

5. 陈来：《朱熹哲学研究》，页3—29、189—258。

6. 钱穆：《宋明理学概述》，页30—64。

参考书目

本科目建议学员参考以下各书，作为补充材料。学员可根据时间、兴趣而自行决定是否阅读。

田浩（Hoyt Tillman）：《朱熹的思维世界》，台北：允晨出版事业公司，1996。

古清美：《明代理学论文集》，台北：大安出版社，1990。

牟宗三：《从陆象山到刘蕺山》，台北：学生书局，1979。

牟宗三：《心体与性体》一、二、三册，台北：正中书局，1981。

侯外庐、邱汉生、张岂之编：《宋明理学史》上、下卷，北京：人民出版社，1997。

岛田虔次著，蒋国保译：《朱子学与阳明学》，西安：陕西师范大学出版社，1986。

唐君毅：《中国哲学原论——导论篇》，香港：人生出版社，1966。

唐君毅：《中国哲学原论——原道篇（中国哲学中之"道"之建立及其发展）》卷一、二、三，香港：新亚研究所，1976。

唐君毅：《中国哲学原论——原教篇（宋明儒学思想之发展）》上、下卷，香港：新亚研究所，1977。

唐君毅：《中国哲学原论——原性篇（中国哲学中人性思想之发展）》，香港：新亚研究所，1974。

容肇祖：《明代思想史》，台北：台湾开明书店，1982。

冯友兰：《中国哲学史新编》第五册，北京：人民出版社，1988。

麦仲贵：《宋元理学家著述生卒年表》，香港：新亚研究所，1968。

麦仲贵：《明清儒学家著述生卒年表》，台北：学生书局，1977。

张君劢：《新儒家思想史》，载刘梦溪主编《中国现代学术经典·张君劢卷》，石家庄：河北教育出版社，1996。

陈来：《朱熹哲学研究》，北京：中国社会科学出版社，1988。

陈来：《有无之境——王阳明哲学的精神》，北京：人民出版社，1991。

陈荣捷：《朱学论集》，台北：学生书局，1982。

陈荣捷：《宋明理学之概念与历史》，台北："中央研究院"文哲研究所，1996。

黄宗羲、全祖望：《宋元学案》，北京：中华书局，1986。

黄宗羲：《明儒学案》，北京：中华书局，1985。

曾春海：《陆象山》，台北：东大图书公司，1988。

蒙培元：《理学的演变——从朱熹到王夫之戴震》，福州：福建人民出版社，1984。

墨子刻（Thomas Metzger）著，颜世安等译：《摆脱困境——新儒学与中国政治文化的演进》，南京：江苏人民出版社，1990。

蔡仁厚：《王阳明哲学》，台北：三民书局，1974。

蔡仁厚：《宋明理学——北宋篇》，台北：学生书局，1977。

蔡仁厚：《宋明理学——南宋篇》，台北：学生书局，1980。

刘述先：《朱子哲学思想的发展与完成》，台北：学生书局，1982。

钱穆：《钱宾四先生全集第九册·宋明理学概述》，台北：联经出版事业股份有限公司，1994。

钱穆：《朱子新学案》上、中、下册，成都：巴蜀书社，1986。

修读建议

修读本科目须具备的条件：

1. 如果在修读本科目以前，曾在以往的学习中接触过中国思想史的内容，相信你在学习本科目时不会有太大的困难。

2. 如果在此之前，修习过"中国古代哲学思想"，则修习本科目将更为容易。

3. 如果未曾修读过上述科目，也没有关系，建议找一两本概论性的中国哲学史书籍，作为基础阅读之用，如冯友兰的《中国哲学史》（上册）（上海商务印书馆，1934）、范寿康的《中国哲学史通论》（上海开明书店，1937）。此外，最好备有《中国哲学大辞典》（中国社会科学出版社，1994）一类的工具书，以便随时查阅人物、术语、派别、著作等。

修读过程中请兼顾以下四个环节：

1. 阅读"修读单元"，并依照"修读单元"的指示做测试题。

2. 认真阅读指定教科书的相关部分。

3. 定期参加导修课及讲论会。导修课由导师主持，负责解答学员学习时遇到的疑难问题，一般安排在晚上进行，每次两小时；讲论会邀请专家、学者负责讲述专题，以增强学员自学的兴趣，一般安排在周日举行，每次三小时。

4. 自学期间须按时完成指定的"导师评改作业"；留意导师的评语，了解自己在学习上的长处或短处；并在修毕本科目后参加考试。

为方便学员修读，现提供修读步骤如下：

1. 首先仔细阅读本"学习指南"，按"指南"中所提供之"学习进度表"进行自学。学科主任会安排导修时间和作业缴交日期，请按时出席导修课及缴交"导师评改作业"。

2. 修读每一单元时，应仔细阅读各单元的"绪言"和"单元目标"，以便明白各单元的大体情况。

3. 依修读单元的指示学习，认真阅读内文、指定读物及有关教科书，尝试把这些材料的观点融会贯通。

4. 在修读单元内会有一些活动和测试题，必须认真回答。在单元末都附有测试题参考答案，应该先尝试回答问题，然后再看答案。无论怎样，应该先完成那些测试题，才继续研读下去。

5. 依照"修读单元"的指示，依期完成并缴交"导师评改作业"，然后进入下一单元。

6. 收到已经批阅的作业后，认真阅读导师的评语，检讨作业中所犯的错误；遇有疑难，请与导师联络。

7. 修毕所有单元，应作全面温习，准备迎接考试。

导修课与讲论会

为配合学员研习修读本教程各单元，将安排十次导修课，每次两小时，由导师负责指导。另有三次日间讲论会，每次三小时，由专家学者主持。

成绩评核

本教程设计的目的，在使学员通过修读单元、指定教科书、指定读物，自行学习至达到所预设的目标。每一单元都设有活动和测试题，让学员自我测试能否掌握所学习的课程内容、方法和技巧。成绩评核，包括导师评改作业及期终考试。两部分取得及格分数才可以取得学分。

导师评改作业

本科目学习设有导师评改作业五份，学校只取其中最好成绩的四份计入本科成绩，合共占总成绩的50%。

期终考试

学员须于学期终参加考试，考试时间为三小时，考试成绩占总成绩的50%。

学习进度表

课程修读期为四十周，学员每周约需用七至八小时来修读和做作业。为帮助学员分配时间，以下提供一个修读进度表：

单元	单元主题	修读周数	导修课	讲论会	作业
一	宋明理学概论	3	1		1
二	北宋理学（一）理学的发端	3	2		
三	北宋理学（二）理学的建立	4	3	1	2
四	南宋理学（一）湖湘学派与朱熹的闽学	4	4		
五	南宋理学（二）江西陆学与浙东事功学派	4	5		3
六	元代理学	4	6	2	
七	明代前期的理学：朱学的复兴	4	7		4
八	明代中期的理学（一）心学的运动	4	8	3	
九	明代中期的理学（二）心学之反动	4	9		5
十	明代后期的理学	4	10		
	总结及温习	2			
	总计	40周	10次	3次	5份

总结

完成本科后，学员可充分掌握宋元明哲学的重点。如果学员在学习过程中，遇到任何困难或问题，可以跟学科主任联络，学科主任一定会尽量协助。当然，学员也可以利用导修课向导师请教，每一位导师都会乐于解答学员的问题。在修读过程中，学员不仅吸收到新的知识，更可感受到进修的乐趣。在此，谨祝你学习成功。

宋明理学概论

单元一

绪言

在中国哲学二千余年的历史中，在不同时期，思想往往通过不同的形式或形态取得发展。这使得我们常常用一个时期的主流哲学形态来概括该时期的哲学。比如，先秦是孔子、老子、孟子、庄子等诸子百家争鸣的时代，我们就习惯把先秦哲学称作"子学"。两汉的哲学思想主要是通过经学的形式发展的，我们就把两汉哲学称作"经学"。魏晋时期以玄学的发展为主流，我们就把魏晋哲学称作"玄学"。隋唐时期是中国佛教特别繁盛的时期，我们就把隋唐哲学称作"佛学"。宋代和明代是理学占主导地位的时期，所以我们就把宋明哲学称作"理学"。当然，在每一时期，除了主流哲学思想以外，还有别的思想存在，但是该主导的哲学思潮，确实是该时代的代表。

一般认为，中国哲学史上有两个最繁荣的时代，一个是先秦时代，另一个是宋明时代。宋明时期是中国历史上哲学思想家出现最多、思想水平最高的时代。所以，学习宋明哲学对了解中国哲学的整体有特别重要的意义。宋代和明代的理学是儒家哲学，它是先秦时代儒家思想的新发展，故其英译为 Neo-Confucianism（新儒学）。不过也应指出，理学家虽然明确声明他们自觉地承继孔子到孟子等先秦儒家思想，但实际上理学思想体系中也扬弃了经学、玄学、佛学及道教的思想。"扬弃"的概念在黑格尔哲学中很重要，其意义是指既有抛弃，又有吸取。理学能够在宋以后获得这样的发展，正是因为它站在儒家的立场上，批判地吸取了不同思想的营养。

魏晋时代玄学流行，玄学的思想和玄学所重视的经典，主要和《老子》《庄子》有关，所以玄学基本上属于道家的思想形态。隋唐时代佛教盛行，天台、华严、禅宗等宗派在思想界的影响尤大。同时，从魏晋到隋唐，儒、释、道三教的思想也不断地互相吸收和融合。玄学的本体论思维比较发达，佛教的心性论讨论比较深入，佛、道两家的思想对儒家构成了严重的挑战。儒家思想要有力地回应佛、道两家的挑战，就必须在思想上有新的发展。宋代的理学正是在古典儒家思想的基础上，吸收了佛、道的有关思想，而在新的历史条件下发展出来的新儒家思想形态。

宋代学术的勃兴又与北宋前期的文化发展有直接的关联。北宋开国后大兴文教。宋太祖开宝四年刻宋版《佛藏》，共5048卷。宋太宗时编《太平御览》1000卷，《太平广记》500卷，《文苑英华》1000卷，真宗时编《册府元龟》1000卷。天禧三年《大宋天宫宝藏》4565卷录成，是为道藏的先驱。仁宗时在汴京国子监刻石经，中有《易》《诗》《书》《周礼》《礼记》《春秋》《孝经》《论语》和《孟子》。儒家经典的义疏也纷纷涌现。仁宗庆历四年，令天下州县立学校。这一时期，书院也开始发展起来。上述这些因素共同促成了北宋前期的文化繁荣，讲学和著述的风气也一时盛行。

侯外庐等在《宋明理学史》上卷指出："从北宋时期起，三百年间，中国境内，存在着几个民族政权并立的局面。北宋的北边和西边，有辽、夏、吐蕃等政权。以后又有从东北崛起的金政权。宋、金对峙，亘北宋至南宋。……可以说，宋明时期，中国境内的民族矛盾是复杂的、尖锐的。生活在民族矛盾尖锐的宋明时期的读书人，十分关心家国存亡的命运。"

（1984，页6—7）就是说，民族矛盾也是宋明理学兴起的历史条件之一。

本单元先介绍宋明理学的名称、流派、代表人物及主要问题、概念，使学员对所谓"宋明理学"有一粗略概念。然后通过对韩愈、李翱和北宋前期思潮的认识，具体了解宋明理学思想的先驱。

本单元将使用以下指定教科书和指定读物，作为教材：

指定教科书：

- 陈来：《宋明理学》，"引言"及第一章；
- 陈钟凡：《两宋思想述评》，第二章及第三章；
- 劳思光：《新编中国哲学史》（三上），"序论"，页22—35及第二章。

指定读物：

- 侯外庐、邱汉生、张岂之编：《宋明理学史》上卷，"绪论"及第一章；
- 冯友兰：《中国哲学史新编》第五册，第四十九章第五节。

单元目标

修毕本单元，应能：

- 解说"宋明理学"名称的由来；
- 阐述宋明理学的发展阶段、基本派别和代表人物；
- 说明宋明理学的主要范畴、课题和特征；
- 评论中唐的儒学复兴运动对北宋理学兴起的意义；
- 描述北宋前期的社会文化思潮。

宋明理学的名称

> **请阅读**
> - 指定教科书：《宋明理学》，页 8—11；
> - 指定读物：冯友兰：《中国哲学史新编》第五册，页 20—24。

冯友兰在指定读物《中国哲学史新编》第五册指出："自从清朝以来，道学和理学这两个名称，是互相通用的，现在还可以互相通用。"（页 24）他自己则用"宋明道学"，理由是"道学"的名称出现得早，而"理学"一名则较晚出现，作历史工作的人最好用出现最早的名称。其次，他认为"道学"能显示出宋明儒学的历史渊源，因为"道学"的意思就是要承接孟子以后中断了的"道统"。

对此，教科书《宋明理学》明确指出："宋明理学，有人又称为宋明道学。其实，道学之名虽早出于理学之名，但道学的范围比理学要相对来得小。北宋的理学当时即称为道学，而南宋时理学的分化，使得道学之称只适用于南宋理学中的一派。至明代，道学的名称就用得更少了。所以总体上说，道学是理学起源时期的名称，在整个宋代它是理学主流派的特称，不足以囊括理学的全部。"（页 8）所以，根据明清以来的习惯用法，我们仍采取"宋明理学"这一名称。

《宋明理学》继而追述了北宋张载、程颢、程颐，南宋朱熹所使用的"道学"的意义，以及《宋史·道学传》的道学范围，从而指出："宋代道学之名，专指伊洛传统，并不包括心学及其他学派的儒家学者。"（页10）《宋明理学》论述明代对学术名称的用法时说："明代，理学成为专指宋代以来形成的学术体系的概念，包括周程张朱的道学，也包括陆九渊等人的心学。明末黄宗羲说'有明文章事功皆不及前代，独于理学，前代之所不及也'。他所说的理学就是既包括程朱派的'理学'，又包括陆王派的'心学'。这个用法一直沿至今天。"（页10）

最后，《宋明理学》对这个问题作了结论，指出："宋明理学"是指宋明时期占主导地位的儒家思想形态；宋明理学的体系中主要有两大派，一派为"理学"，一派为"心学"。因此所谓理学有广狭两种意义，广义的理学是宋明占主导地位的儒家思想体系的统称，如"宋明理学"的用法；狭义的理学则专指与陆王"心学"相对的程朱派"理学"。

陈荣捷在其《宋明理学之概念与历史》一书中指出："西方哲学有新柏拉图主义（Neo-Platonism），以异于原本柏拉图主义（Platonism）。十七世纪天主教传教士来华，见宋明儒学与孔孟之学不同，因仿西方哲学历史之进程而称之为新儒学（Neo-Confucianism）。近数十年我国学人大受西方影响，于是采用新儒学之名，以代理学。"（1996，页286）

> **活 动**
>
> 1. 请略为说明宋明理学这一名称所指的是什么。"理学"一词有广、狭二义，亦请说明之。

宋明理学是指宋明时期占主导地位的儒家思想形态，其中主要包括两大派：一派为"理学"，一派为"心学"。广义的理学即是宋明时代占主导地位的儒家思想体系的统称，狭义的理学则专指宋明理学中的程朱学派（即"理学"）。

宋明理学的流派和代表人物

> **请阅读**
> - 指定教科书：《宋明理学》，页 11—13；《新编中国哲学史》（三上），页 40—62；
> - 指定读物：侯外庐等编：《宋明理学史》上卷，页 13—15。

传统上习惯于按地域分野来概括学术的流派，这是由于古代交通往来不如今天便利，一个学派的发展往往在一个地域的范围之内。宋代的理学在历史上习惯用四个地域的名称加以概括，即：濂、洛、关、闽。

1. 濂学——指周敦颐的思想，周敦颐晚年定居庐山，将一条小溪命名为"濂溪"，在溪上筑濂溪书堂，学者称其为濂溪先生。濂学以此得名。

2. 洛学——指二程（程颢、程颐兄弟）学派，因为他们讲学于河南的伊、洛间，故习称洛学。

3. 关学——指张载及其门人，因为张载讲学于关中（今陕西），故得名。

4. 闽学——指朱熹学派，因朱熹一生讲学于福建而得名。

濂、洛、关、闽只是宋代理学的主流派，即当时所谓的"道学"。历史上还把周、张、二程，再加上邵雍，合称为"北宋五子"。南宋时期，与朱熹思想并立的还有陆九渊，以朱陆并称。

但是传统的地域分派法，并不能充分显现出宋明理学内各流派的分化。理学的各派虽同属儒家思想，但从他们的哲学论证和运思方向看，又有不同。张载以"气"为最高的范畴，属于气学；邵雍把"数"当作最重要的范畴，属于数学；程颐、朱熹以"理"为最高的范畴，是为理学；陆九渊和明代的王阳明以"心"为最高的范畴，习称心学。教科书《宋明理学》指出："气学、数学、'理学'、心学在宋代的历史的展开，显示了理学发展的内在逻辑。元明时代，四个学派仍各有发展，相互斗争、相互融合。当然，'理学'和心学是其中占主导地位的流派。"（页13）

《宋明理学》最后总结说："宋明理学的代表人物，北宋有周敦颐、张载、程颢、程颐及邵雍，传统上称为北宋五子。南宋时主要为朱熹、陆九渊。明代最有影响的是王守仁。由于'理学''心学'是宋明理学的主导思潮，所以也有不少人习惯上把理学的代表人物概括为'程、朱、陆、王'。"（页13）

有关宋明理学的分派，在学术界有不同的说法。牟宗三对宋明理学的分派亦提出一种看法，认为宋明儒学的发展应分为三系：

> 一、五峰、蕺山系：此承由濂溪、横渠而至明道之圆教模型（一本义）而开出。此系客观地讲性体，以《中庸》《易传》为主；主观地讲心体，以《论》《孟》为主。特提出"以心著性"义，以明心性所以为一之实，以及一本圆教所以为圆之实。于工夫则重"逆觉体证"。
>
> 二、象山、阳明系：此系不顺"由《中庸》《易传》回归《论》《孟》"之路走，而是以《论》《孟》摄《易》《庸》而以《论》《孟》为主者。此系只是一心之朗现，一心之伸展，一心之遍润；于工夫，亦是以"逆

觉体证"为主者。

三、伊川、朱子系：此系是以《中庸》《易传》与《大学》合，而以《大学》为主。于《中庸》《易传》所讲之道体性体只收缩提炼而为一本体论的存有，即"只存有不活动"之理，于孔子之仁亦只视为理，于孟子之本心则转为实然的心气之心，因此，于工夫特重后天之涵养（"涵养须用敬"）以及格物致知之认知的横摄（"进学则在致知"）……此大体是"顺取之路"。（《心体与性体》一，1981，页49）

此说中的后二派系，即是传统所说的陆王心学与程朱理学，故此说的突出之处是把北宋的周敦颐、张载、程颢、南宋的胡宏（五峰）、明末的刘宗周（蕺山）归为一系。牟氏此说的论证较复杂，可以作为参考。至于《宋明理学》提出的是学术界比较普遍的用法。

理学的特点、课题和范畴

> **请阅读**
>
> - 指定教科书：《宋明理学》，页14—15；《新编中国哲学史》（三上），页76—90；
> - 指定读物：侯外庐等编：《宋明理学史》上卷，页8—13、15—24。

《宋明理学》指出："宋明理学虽然可以分为理论及实践的几

个不同派别，而这些不同派别的学者都被称为宋明理学，是由于他们具有一些共同的性质和特点。"（页14）这些特点在肯定和继承古典（先秦）儒家的思想、原则的前提下，大致可以概括为以下四点：

1. 为古典儒家思想提供了宇宙论、本体论的论证；

2. 肯定和丰富了古典儒家的理想人格和精神境界；

3. 发展了古典儒家关于心性的理论，以为儒家道德原理的内在基础；

4. 提出并实践各种"为学工夫"，而特别集中于心性的工夫（工夫即具体的修养方法）。

宋明理学所依据的经典与唐以前的儒家有所不同。一方面宋明理学和汉唐儒学一样尊崇"五经"（即《诗》《书》《易》《礼》《春秋》），而特别集中于《周易》中的《易传》；另一方面，"与唐代以前儒学一个重要不同之点是，'四书'即《论语》《孟子》《大学》《中庸》是理学尊信的主要经典，是理学价值系统与工夫系统的主要根据，理学的讨论常与这些经典有关。"（页14）

指定读物《宋明理学史》也指出："宋明理学家着重研究的儒家经典，首先是《易》，主要是《易传》。……其次是《春秋》，……再次是《诗》。……儒家经典中，阐释最多的，则为'四书'。自二程提倡'四书'，朱熹作《四书章句集注》《四书或问》之后，'四书'的地位高过'五经'，'四书'类的著作，汗牛充栋。"（页11）

《宋明理学》还指出："经典只有经过适合时代的阐释才能发挥作用，而对经典中'道'的阐释形式不限于经注，这种阐释可以是相对于本文较为独立的"，因此"佛教中为理解、阐释、传承学说宗旨的语录体很自然地就成了新儒家发展儒家义理的方便形式"（页38）。这样，道学大师的讲学语录又成为后来学者尊奉的新的经典形式。朱熹所编的《近思录》，是北宋理学家的语录选编，在南宋后的理学发展中即享有经典的地位。

> **活 动**
>
> 2. 宋明理学家主要凭借的经典有哪几种？

《宋明理学》指出："大体上，理学讨论的主要问题有理气、心性、格物、致知、主敬、主静、涵养、知行、已发未发、道心人心、天理人欲、天命之性气质之性等。"（页14）这些问题都来自于理学所尊奉的经典，如格物致知出于《大学》，已发未发出自《中庸》等。其中理气、心性、格致的问题可以说是宋明理学所讨论的中心课题。可以说理学就是围绕理气、心性、格致问题展开讨论的学术思潮。

《宋明理学》又指出："理学讨论的问题是通过概念范畴来表达的，如理气问题是通过对'理'和'气'的讨论来表达的，因而构成上述主要问题的概念范畴亦即是宋明理学的主要范畴。"（页15）

指定读物的《宋明理学史》上卷举出朱熹的学生陈淳所著的《北溪性理字义》二十六个条目，认为是理学的基本范畴。指出："这些范畴，都是围绕着'性与天道'而提出的……'性与天道'本是孔门高弟子贡所'不可得而闻'的道理，而在宋明理学家那里却成了所要讨论的中心问题。"（页11）文中并提出，儒家思想从先秦到宋明的这种变化是与隋唐时代佛教对心性和道教对天道的探讨有关的。

☞———————— 测试题一

1. 试据指定教科书《宋明理学》，列出宋明理学的代表人物和主要派别。
2. 宋明理学有什么特点？
3. 宋明理学讨论的主要问题是什么？宋明理学的范畴是围绕着什么中心展开的？

韩愈的思想

请阅读

- 指定教科书：《宋明理学》，页20—28；《新编中国哲学史》（三上），页22—26。

《宋明理学》指出："理学的正式诞生虽然在北宋中期，但理学所代表的儒学复兴运动及它所由以发展的一些基本思想方向，在中唐的新儒学运动及宋初的思潮演变动向中可以找到直接的渊源。""韩愈和他的弟子李翱提出的复兴儒家的基本口号与发展方向，确乎是北宋庆历时期思想运动的先导。"（页20）

韩愈（768—824），字退之。祖籍昌黎（今河北境内），故其著作编为《韩昌黎集》。年轻时四次应举，始中进士，任监察御史，刑部侍郎。因主张排佛，冒死谏阻唐宪宗迎佛骨，被贬为潮州刺史。唐穆宗即位，召拜国子祭酒，后任兵部侍郎。晚年任吏部侍郎，所以习称韩吏部。死后谥"文"，故又称为韩文公。韩愈是唐代排击佛道，倡扬儒家思想的代表人物。教科书特别指

出："他的出身与思想历程是一个典型的平民知识分子的历程。"（页21）

冯友兰在《中国哲学史新编》第四册指出，韩愈"是当时复古运动的一个领袖，也是当时反佛教的一个有力的人物。这个复古运动有'文'和'道'的两个方面，在'文'的方面，是要用所谓三代两汉文体代替魏晋以来的骈文，……在'道'的方面，要用儒教代替佛教和道教，为儒教争取统治的地位，以代替佛教或道教统治的地位。这个运动说是复古，实际上是一种革新"（1987，页285）。钱穆《中国近三百年学术史》论韩愈说："其排释老而返之儒，倡言师道，确立道统，则皆宋儒之所滥觞也。尝试论之，唐之学者，治诗赋取进士第得高官，卑者渔猎富贵，上者建树功名，是谓入世之士。其遁迹山林、栖心玄寂，求神仙，溺虚无，归依释老，则为出世之士"，"独昌黎韩氏，进不愿为富贵功名，退不愿为神仙虚无，而倡言乎古之道"，"此皆宋学精神也，治宋学者首昌黎，则可不昧乎其所入矣"（1986，页1—2）。冯、钱二氏对韩愈思想的宗旨及为学的精神的叙述，有很精当的概括。

《宋明理学》从（1）宣扬道统、（2）推尊孟子、（3）排击佛教、（4）阐扬《大学》、（5）论所以为性情五个方面介绍了韩愈的思想。你在学习中要认真掌握。根据教科书的叙述，韩愈所说的道统就是儒家的"道"的传承的系统；儒家的道，既指精神价值，也包括道德原则、经典体系、政治制度、社会结构、仪俗礼仪、伦理秩序，实际上是一整套文化-社会秩序；这个道的传承谱系是：尧传舜，舜传禹，禹传汤，汤传文、武、周公，文武周公传孔子，孔子传孟子（轲）。"轲之死，不得其传焉"（《原道》，《昌黎先生集》卷十一）。这一儒家道统的说法为后来北宋的道学所继承，成为宋明理学的重要观念。

《宋明理学》指出："韩愈在他的道统传承的说法中把孟子说成孔子的继承人，并认为圣人之道在孟子以后失传，使孟子在道统中具有了与孔子同等的地位，这就把孟子的地位大大提高了。"（页23）后来宋明理学把《孟子》一书列入《四书》，使孟子在中国文化中的地位真正提高起来，溯其源，实滥觞于韩愈。"宋代后《大学》被尊为四书之一，获得了儒家重要经典的地位，而阐扬《大学》在韩愈业已开始"（页25）。所以，可以说，宣扬道统、推尊孟子、阐扬《大学》，是韩愈对宋明理学影响最大的三点。

> **活 动**
>
> 3. 试翻阅韩愈的文集，找出代表韩愈思想的作品。

代表韩愈思想的作品有《原性》《原道》《原仁》《原毁》及《原鬼》几篇。其中以《原道》和《原性》最为重要。韩愈在其《原道》中，以博爱定义仁，强调他所说的道是儒家的道，而不是佛教和道教的道。岛田虔次在《朱子学与阳明学》中说："原道……其实应该说是宋学的最初的源流，它是儒教史上意义最深远的宣言书之一。"（1986，页11）

韩愈哲学思想中较有特色的理论是其人性思想，他的人性论与两汉以来的性三品说相类似。教科书《宋明理学》说："他认为上品人性纯善无恶，下品人性恶而无善，中品人性则由环境与教育影响他们的善恶。他认为每个人生来属于何种品类是一定而不可变的。"（页27）他认为不仅性有三品，情也有三品。有上品之性者即有上品之情，自然合乎中道；有中品之性者即有中品之情，可以努力使之合乎中道；有下品之性者有下品之情，无法使之合乎中道。

张君劢在《新儒家思想史》详细叙述了韩愈排佛的言行，而认为："这位新儒家开拓者的意思，是反对佛家否定现实世界的观点。原来和尚既不纳税，又不服兵役，甚至抛弃家庭生活。""韩愈不赞成这种态度，这就是他为什么如此强烈攻击和尚的缘故。"（1996，页74）

李翱的思想

> **请阅读**
> ● 指定教科书：《宋明理学》，页28—33；《新编中国哲学史》（三上），页26—35。

李翱（772—841），字习之。陇西成纪（今甘肃秦安）人。其著作编为《李文公集》。他是韩愈的学生，也是韩愈倡导的古文运动和儒学复兴运动的积极参加者。《宋明理学》指出："李翱在散文方面的成就远不及韩愈，但在儒学思想特别是心性之学方面对韩愈作了补充和发展，故后人往往以韩李并称。李翱的主要著作为《复性书》，这部著作是儒家思想在唐代发展的一个代表，也是新儒学运动从中唐到北宋的重要环节。"（页28）

李翱的哲学思想可以归结为复性说。《宋明理学》从三方面论述了他的复性说，即（1）性情说、（2）有情无情和（3）复性之方。至于重点则在第（1）和第（3）方面。性情说是阐明李翱对性和情的关系的看法，其基本观点是：情由性而生，性由情以明。情由性而生，是说性是情得以产生的根据。性由情以明，是说性自己不能表现自己，必须通过情来表现。李翱又认为，人性都是善的，但情会流于不善，而迷扰了性的表现。这是因为情虽然是由性而生，但情往往会"昏"，"昏"就是失去了方向和控制，情昏了就会妨碍性的朗现，所以他说："人之所以为圣人者，性也。人之所以惑其性者，情也。"性是成圣的根本依据，而情是成圣的主要障碍，所以"妄情灭息，本性清明"，只有把这些昏而不善的情灭息掉，本性才能恢复。这就叫作"复性"。

李翱进一步提出，"人之昏也久矣，将复其性者，必有渐也"，人之情昏昧已久，要复性，必须逐渐地修养。达到复性的修养方法是"弗虑弗思，情则不生"，他认为能做到不思不虑，就是《中庸》的"至诚"的境界。他又说，不思不虑并不是否定一切知觉活动，而是"视听昭昭，而不起于见闻"，"就是说，人虽然对外物有闻有见，但心灵并不追逐外物，并不受外物的影响"（页31—32）。这种思想"受到了佛教灭情及不思善恶思想的影响"（页31）。

《宋明理学》指出，李翱与韩愈的不同处在于，首先，李翱更注重人的精神生活和精神修养的问题；其次，李翱更重视《中庸》，《中庸》是孔子的孙子子思所作的。"他在《复性书》中把《中庸》的地位提高了，并给予了较多的注意。后来理学家们同时接受了韩李的看法，承认子思与孟子在道统中的地位，并把《大学》《中庸》与《论》《孟》并列为'四书'。"（页32）

李翱因吸取了某些佛教对"情"的看法，在历史上曾受到不少批评。对此，冯友兰在《中国哲学史新编》第四册论李翱时说："要想有一个哲学体系，可以作为一个时代的时代思潮，它必须同佛教一样，包括哲学主要方面的根本问题。就这方面来说，'四书'是不够的。李翱的《复性书》也引《易传》。《易传》后来也成为道学的基本典籍。但是也还不够，道学家必须把这些典籍中的思想加以提炼，把其中有一大部分原来只是伦理的思想，提高到哲学的高度。道学家在这样做的时候，佛教就不是他们的哲学的对立物，反而成为他们所要吸取的养料了。李翱开了这样一个途径。后来的道学家都是照着这个途径进行的。"（1987，页299—300）

测试题二

1. 略述韩愈思想对宋明理学的主要影响。
2. 中唐以后的儒者何以往往吸收佛教的某些思想？试以李翱为例说明之。
3. 试依据指定教科书《宋明理学》，解释韩愈"道统"的观念。
4. 试简述李翱"性情说"主张的内容。
5. 李翱与韩愈所重视的问题与经典有何不同？

北宋前期的社会思潮

请阅读

- 指定教科书：《宋明理学》，页33—40；《新编中国哲学史》（三上），页72—74；《两宋思想述评》，页7—16；
- 指定读物：侯外庐等编：《宋明理学史》上卷，页5—8、27—45。

> **活动**
>
> 4. "宋初三先生"是指谁?

《宋明理学》第一章第二节论北宋前期的社会思潮,是以范、欧和"三先生"综合论述的。范仲淹、欧阳修是北宋庆历时代的政治家,"三先生"即胡瑗、孙复、石介,则是这一时期的教育家、学者。

《宋明理学》先指出唐宋社会的转折为北宋前期思想家提供特定的背景:"中唐以后,门阀士族遭到毁灭性打击,社会经济结构由贵族庄园经济转为中小地主及自耕农为主导的经济。中小地主及自耕农阶层出身的知识分子,通过科举,进入国家政权,成了国家官吏的主体,亦即中国社会的'士大夫'。"(页34)因此,北宋前期的思想家多出身贫微,有过困穷苦学的经历。《宋明理学》进而指出:"宋初诸儒多困穷苦学,实可见社会变迁之一斑,出身清寒的平民知识分子与六朝隋唐士族知识分子在生活的经历和背景方面有巨大差异,这使得他们的政治态度、伦理主张、文化态度以及一般思想倾向与士族知识分子具有很大的不同。"(页34—35)

《宋明理学》接着从"崇道""尊经""排佛"论述了北宋前期的社会思潮,需要细细阅读。古文运动中"文"与"道"的紧张对宋代理学的兴起是有作用的。教科书指出:"平民知识分子要求恢复儒家修齐治平的理想,要求文学为社会服务,这一倾向在盛唐时已肇其端。""古文运动不仅仅是文学革命,一开始就有其确定的思想指向,是与复兴孔孟之'道'的运动互为配合的。他们用以批评浮文艳辞的理论根据是儒家之道,他们要求'文'为之服务的也是儒家之'道'。这就使得古文运动兴起的同时,

'道'的问题突出起来,在某种程度上提示了'道学'兴起的主题。"(页35)贬抑时文,又是与尊尚六经相联系的,在庆历时期的社会背景下,经义的追求向"义理之学"发展,为后来道学的出现准备了基础。

北宋前期的社会思潮和风气可以下列两点作为代表:一是范仲淹的心态精神,范仲淹自诵其志"先天下之忧而忧,后天下之乐而乐",感论国事,时至泣下,一时士大夫矫厉尚风节,自范倡之。另一是胡瑗的思想主张,胡瑗的主张是"明体达用",认为圣人之道有体、文、用。体即儒家的"仁义礼乐",文即儒家的诗书史传,用是见之于政治和教化以发生效用。

指定读物《宋明理学史》上卷指出:"作为理学先驱'宋初三先生'之一的胡瑗在书院讲学,总结出'苏湖教法',主张分科教学法,立'经义'和'治事'两斋。前者讲述儒家的经书,后者研究如何用经书的道理治家治国。在经书中,北宋初期最重视《春秋》和《周易》。'宋初三先生'的另一位孙复作《春秋尊王发微》,强调尊王攘夷,维护封建中央政府的绝对统治。这和北宋初期的政治要求相吻合。'宋初三先生'之一的石介很重视《周易》的研究,作《易解》和《易口义》,借《周易》以排佛、道。"(页27)

测试题三

1. 胡瑗所倡"明体达用"的内容是什么?
2. 试述北宋前期文化思潮的三个特点。
3. 唐宋的社会变化对北宋前期的知识分子有何影响?

唐君毅曾说:"吾人本哲学观点,以论宋明儒之学者,宜以周濂溪为始。其故在濂溪乃以立人极为宗,而直承《易传》《中庸》之旨,以上希孔颜之学,为后世所共推尊。然欲言宋学之渊源,则与其前或与濂溪并世之儒者之学,亦不可一笔抹杀。而由学术史之眼光观之,宋代之儒学,亦次第发展而成。"[《中国哲学原论——原教篇(宋明儒学思想之发展)》上卷,1977,页11—12。以下简称《原教篇》上] 这就是说,虽然一般讲宋明理学史,以周敦颐(濂溪)为理学的宗始者,但要了解理学思想发生的由来,了解整个宋代儒学在北宋的发展,对周敦颐之前的儒学,亦须了解,以明其发展过程。

同时,就哲学而言,周敦颐以前的北宋儒学中的人性论,亦值得注意。欧阳修答刘敞之问曰:"以人性为善,道不可废;以人性为恶,道不可废;以人性为善恶混,道不可废;以人性为上者善、下者恶、中者善恶混,道不可废。然则学者虽毋言性可也。"(《庐陵学案》附录《公是先生弟子记》,《宋元学案》卷四,1986,页208) 这是说,不论主张哪一种人性论,目的都是要肯定儒家的所谓"修道之谓教"(《中庸》语),即肯定儒家主张的道德原则和教化。可见欧阳修既未重视人性论的问题之重要,更不以人性善为宗旨。这与后来理学的态度是不同的。

刘敞在其《公是先生弟子记》中的言论比欧阳修的讲法更进一步,他说:"……性者,仁义之本;情者,礼乐之本也。圣人惟欲道之达于天下,是以贵本。今本在性而勿言,是欲导其流而塞其源,食其实而伐其根也。"(《庐陵学案》附录《公是先生弟子记》,《宋元学案》卷四,1986,页208) 这就开始强调,性是本,不能不言性。唐君毅指出:"欧阳修之学,盖只及于《中庸》所谓'修道之谓教'之一句,而尚未至于'率性之谓道'之一句也。刘敞之言,则渐进至此一句矣。"(《原教篇》上,1977,页

18—19）这说明北宋儒学的人性论思想是逐步发展起来的。

关于宋初三先生之学，唐君毅的说法亦值得重视，他认为，胡瑗讲《论语》《春秋》《易》及《中庸》，其弟子徐积曾有辩荀子性恶之文（见《安定学案》，《宋元学案》，1986）；至孙明复讲学泰山，著《春秋尊王发微》，石介继而辟佛，又极尊韩愈、孟子，称扬文中子、扬雄，都是开风气的，所以他说："宋学之起，乃由《春秋》《易》之经学而起，于昔贤则由推尊韩愈、文中子、扬雄而始，于心性之论，则由斥荀子性恶之论而始也。"（《原教篇》上，1977，页14）

不仅周敦颐以前的学者如此，与其并世的学者亦如此。王安石说："性不可以善恶言之"，认为情有善恶，性则是情的根源。在他看来，性与情，正如太极与五行，性生情，太极生五行。五行有利害，而太极无利害；故情有善恶，而性无善恶。这是说，派生的东西所具有的性质，不一定是本源的东西所具有的。苏东坡评孟子性善说云："善，性之效也。孟子未及见性，而见其性之效，……犹见火之能熟物也。"（《东坡文集》卷七）这是说，"善"并不是性自身，只是性的功效；性善论并未见性，而只是见性之效。王、苏都是与周敦颐并世之人，也都重视"性"之说，但都着不主性善之说。唐君毅指出："王安石与苏东坡之言性，皆指向于一超善恶之性而言之，而东坡更谓性之终不可言，此则近于一般之道佛二家之言性，趣向于超道德境界之观照境界，与文艺境界者。"（《原教篇》上，1977，页22—23）唐氏此说甚能掌握二人的人性论，你可认真领会。

总之，我们一方面要了解北宋的学风，思潮所向，另一方面也要了解北宋前期一些理论问题的开展。才可知宋代理学并非空穴来风，而是在一定的历史环境中产生，在一定的理论发展的基础上生长的。

摘要

本单元可谓宋明理学课程的前论，对宋明理学的名称、分派、代表人物、问题范畴等作了简要的介绍，亦对宋明理学的思想先驱及社会思潮环境作了明白的说明。这里把研习重点再加以强调：

"道学"和"理学"可以通用，但明清以来以"理学"作为宋明学术的统称已成为习惯。你对二者的来源和用法有所了解即可，不必深究。程朱理学和陆王心学是宋明理学内部的两个主要的、相互对立的派别，这是历史的事实，也是宋明理学家自己的看法。现代学术中其他的分派法，只可参考，并非定论。

中唐的儒学复兴运动是理学的思想先驱，其代表为韩李，韩李的思想地位，虽然在后来宋明理学家的评价中并不很高，但实际上韩李在许多方面对后来的理学有着重要的启发和示范作用，对理学的产生有重要的意义。

北宋前期的文化思潮是理学发生的直接先导，范欧开创的风气、人格、精神继承了韩李，而更为正大。"三先生"倡言明体达用，尊道崇经，为理学的发生奠定了基础。

◆ 活动题参考答案

活动2

宋明理学家凭借的经典主要是"四书"，即《论语》《孟子》

《大学》及《中庸》，还有《易传》及《近思录》等。

◆ 测试题参考答案

▶ 测试题一

1. 宋明理学的代表人物，北宋有周敦颐、张载、二程、邵雍；南宋有朱熹和陆九渊；明代最有影响的是王守仁。理学中最主要的派别是程朱代表的"理学"派和陆王代表的"心学"派。

2. 宋明理学的特点是：（1）为古典儒家思想提供了宇宙论、本体论的论证；（2）肯定和丰富了古典儒家的理想人格和精神境界；（3）发展了古典儒家关于心性的理论，以为儒家道德原理的内在基础；（4）提出并实践各种"为学工夫"，而特别集中于心性的工夫（工夫即具体的修养方法）。

3. 宋明理学主要讨论理气、心性、格致等问题，理学的范畴都是围绕着"性与天道"这个中心展开的。

▶ 测试题二

1. 韩愈提出的道统观念，他对孟子的特别推崇，以及他对《大学》的强调和表彰，是他对宋明理学影响最大的几点。

2. 唐以前的儒家思想以关注伦理问题为主，对形上学、心性论、工夫论的讨论较少，而佛教对这些问题的讨论既多而且深入，这就使得中唐以后的儒者，为发展儒学和应付佛教的挑战，必须对佛教的讨论有所关注和吸取。如李翱，就吸收了佛教的一些对性情的看法，发展了儒家的性情说。

3. 韩愈所说的"道统"就是儒家的"道"的传承的系统；儒家的道，既指儒家的精神价值，也指儒家的一整套文化-社会秩序；这个道的传承谱系是：尧传舜，舜传禹，禹传汤，汤传文、武、周公，文武周公传孔子，孔子传孟子（轲）。韩愈认为道的传承在孟子以后便中断了。

4. 李翱的性情说主张的主要内容是"情因性而生，性由情而明"。性是情得以产生的根据，情是性得以外发的表现。情昏则蔽性，灭情则复性。情流于不善就妨碍了性的朗现，灭除昏昧的情才能恢复本性的清明。

5. 韩愈更重视社会政治问题，李翱比韩愈更注重精神生活和精神修养的课题。韩愈很重视《大学》，李翱则更重视《中庸》。

测试题三

1. 胡瑗认为圣人之道有体，有文，有用。仁义礼乐是体，诗书史传是文，措之政教为用。

2. 北宋前期的社会思潮的基本特点，一是崇道，即反对追求华丽的辞章（文），而要求恢复儒家修齐治平的理想。二是尊经，贬抑时文，崇尚六经，注重对经典的"义理"的解释。三是排佛，继承了韩愈的做法，注重从政治、伦理上批评佛教。

3. 中唐以后，门阀士族遭到毁灭性打击，社会经济结构由贵族庄园经济转为中小地主及自耕农为主导的经济。中小地主及自耕农阶层出身的知识分子，成了士大夫的主体。因此，北宋前期的思想家多出身贫微，平民知识分子与六朝隋唐士族知识分子在生活的经历和背景方面有巨大的差异，这使得它们的政治态度、伦理主张、文化态度以及一般思想倾向与士族知识分子有很大的差别。

参考书目

牟宗三：《心体与性体》第一册，台北：正中书局，1981。

侯外庐、邱汉生、张岂之编：《宋明理学史》上、下卷，北京：人民出版社，1997。

岛田虔次著，蒋国保译：《朱子学与阳明学》，西安：陕西师范大学出版社，1986。

唐君毅：《中国哲学原论——原教篇（宋明儒学思想之发展）》上卷，香港：新亚研究所，1977。

张君劢：《新儒家思想史》，载刘梦溪主编《中国现代学术经典·张君劢卷》，石家庄：河北教育出版社，1996。

陈荣捷：《宋明理学之概念与历史》，台北："中央研究院"文哲研究所，1996。

冯友兰：《中国哲学史新编》第四册、第五册，北京：人民出版社，1987。

黄宗羲、全祖望：《宋元学案》，北京：中华书局，1986。

黄宗羲：《明儒学案》，北京：中华书局，1985。

蒙培元：《理学的演变——从朱熹到王夫之戴震》，福州：福建人民出版社，1984。

墨子刻（Thomas Metzger）著，颜世安等译：《摆脱困境——新儒学与中国政治文化的演进》，南京：江苏人民出版社，1990。

钱穆：《钱宾四先生全集第九册·宋明理学概述》，台北：联经出版事业股份有限公司，1993。

钱穆：《中国近三百年学术史》上册，北京：中华书局，1986。

韩愈：《昌黎先生集》（《四库全书本》）。

单元二

北宋理学（一）
理学的发端

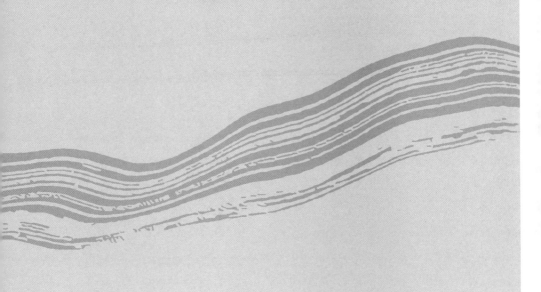

单元二 北宋理学（一）理学的发端

绪言

劳思光在其《新编中国哲学史》（三上）中表示，他并不赞成把宋明理学分成二系或三系；他主张只有一系，而此一系却有三个发展阶段。"第一阶段以'天'为主要观念，混有形上学与宇宙论两种成分；第二阶段以'性'或'理'为主要观念，淘洗宇宙论成分而保留形上学成分；第三阶段则以'心'或'知'为主要观念，所肯定者乃最高之'主体性'，故其成为心性论形态之哲学系统。"（页50—51）他认为周敦颐、张载为第一阶段代表，二程、朱熹为第二阶段代表，陆九渊、王阳明为第三阶段代表。此三种类型的哲学系统，劳氏区分得很清楚。不过，此三种类型在历史上的出现固有先后，但在南宋以后，此三种哲学系统亦常同时存在，互相批评，所以此种看法也可以视为一种三系说。总括劳氏的见解，他之所以主张一系说，乃由于他认为宋明的儒学运动是一个整体，其基本方向是一致的，都是归向孔孟的心性论，而排斥汉儒与佛教。汉儒以解经训诂为重，又受阴阳五行之说影响，对孔孟的本旨不甚清晰；而佛教对世间采舍离与否定的态度。

本单元所叙述的三个哲学家：周敦颐、张载、邵雍，即劳氏所谓属第一阶段而宇宙论色彩较重的哲学家。为把握哲学类型的分别，就需要掌握何谓宇宙论，何谓形上学。根据劳思光的分疏，"宇宙论与形上学之差异，在于形上学之主要肯定必落在一超经验之'实有'（Reality）上；建立此肯定后，对于经验世界之特殊内容，可解释可不解释。即有解释，亦只是其'形上实有'观念之展开。此'实有'本身之建立并不以解释经验世界为必要条件。而宇宙论之主要肯定,则落在经验世界之根源及变化规律上;此种根源及规律虽亦可视为'实有',但非超经验之'实有'"(页48)。唐君毅认为宋明之儒学,"皆意在复兴先秦之儒学。此乃由于宋明儒先感此儒学之经秦汉魏晋至隋唐,而日益衰败,其道若已荒芜,故须重加修治,以求复兴。宋明儒者之复兴儒学,又皆不只重一人著书,以发明此道,而尤重启发后之学者,共形成学术风气,以见于教化风俗,而转移天下世运"(《原教篇》上,1977,页2)。牟宗三称宋明理学是"性理之学",又称"心性之学",因为宋明儒学之重点是落在道德的本心与道德创造之性能,"成德"的最高目标是圣、是仁者,其真实意义在于个人有限之生命中取得一无限而圆满之意义,是即道德即宗教(《心体与性体》一,1981,页4—6)。天道性命相贯通乃宋明儒共同之意识(《心体与性体》一,1981,页417)。

周敦颐、张载、邵雍的学说是否可称为"宇宙中心论形态"的体系,还可研究。盖此三先生皆求落实于人生,而并非只求建立一宇宙论而已,此在濂溪、横渠尤为明显。然此三先生思想的进路,的确是以宇宙论为基始,这与后来陆九渊、王阳明直显心性的进路不同。劳思光认为陆九渊、王阳明才是回归到孔孟的本旨,而以周、张、邵为违离孔孟心性中心的本旨,此说亦可讨论。

汉儒至北宋前期诸儒,都是由建立一宇宙论,而落实于儒家的人生论,这是由于自汉代以来,《系辞》及易传十翼皆被认为是孔子所作。所以汉宋儒学从宇宙论作起,实是求合孔子之说以发明之,难以违离孔子本旨来批评之。劳氏此说,也是因疑古派对《系辞》和整个《易传》的怀疑而来,认为《易传》与孔子无关。近年马王堆帛书《易传》的出土，证明《易传》的确与孔子有关。所以，把先秦儒学只讲成为心性论中心的体系，而不顾其宇宙论的方面，是并不全面的。

所以，对汉唐以来的儒家哲学，必须给予一种合理的分析和历史的肯定，不能单纯以宇宙论的进路而排斥之。唐君毅对司马光的评论也值得注意："自思想史之发展而观，则司马光能由一自然主义之天道论上，求立人道，以扬雄为法，而著《潜虚》；亦自是宋儒之学，由唐之韩愈、文中子，而上溯先秦儒者之论之途中，所当经之一环节。今亦不可对其地位一笔加以抹杀。"（《原教篇》上，1977，页25）此说可适用于汉唐北宋诸儒，盖"进路"并非"中心"，且不同时代的儒学所面临的挑战和问题不同，每个儒家哲学家所着重的方面亦各异。一种好的哲学史观，应能包容一切哲学史的发展，而给每一哲学家以一定的地位。凡试图为儒学立一道统，以此衡判而不能包容各家者，往往不免对哲学历史的发展的丰富性有所伤害，我们学习哲学史，必须有一宽广的胸襟，而不要使传统的道统观念变成研究哲学史的羁绊。

与劳氏贬抑《中庸》《易传》不同，牟宗三肯定《中庸》《易传》作为儒家经典的意义，对北宋理学继承《中庸》《易传》也予以肯定。牟宗三认为，《中庸》《易传》是先秦儒家继承《论语》《孟子》而来的发展，认为孔孟《易》《庸》之间存在着连续性；由此牟氏亦不对濂溪的宇宙论持轻视态度。他说："通过孔子践仁以知天、孟子尽心知性以知天，而由仁与性以通澈'于穆不已'之天命，是则天道、天命与仁、性打成一片，贯通而为一，此则吾亦名曰天道性命相贯通，故道德主体顿时即须普而为绝对之大主，非只主宰吾人之生命，实亦主宰宇宙之生命，……此若以今语言之，即由道德的主体而透至其形而上的与宇宙论的意义。"(《心体与性体》一，1981，页322）他还说："此俨若为空头的外在的宇宙论之兴趣，而特为某种现实感特强者所不喜，亦为囿于道德域，人文界，而未能通透澈至其极者所深厌。实则此种不喜与深厌中之割截，既非先秦儒家一脉相承开朗无碍之智慧之全貌，亦非北宋诸儒体悟天道天命之实义。是以若以西方哲学康德前之外在的非批判的形上学视之，误也；名之曰宇宙论中心者，亦误也。"(《心体与性体》一，1981，页322—323）牟氏此说足以补劳氏之说，可认真领会。同时亦应指出，在儒家哲学及宋明理学中，也并不是所有的思想家都以道德主体与天道打成一片的，如张载。即使是这种思想家，其宇宙论也不是空头的宇宙论，也是承担着儒家思想中某种回应外在挑战的功能，而有其不可抹杀的意义。

　　本单元所述周敦颐、张载、邵雍哲学的另一共通处是，他们的哲学可以说都是与对《易传》的解释有密切的关系，或者说是以《易传》的哲学为基础的。这种情形在唐代是没有的。北宋学术的一个显著的特点，就是以解释《周易》为取径的哲学建构很流行，这在周敦颐以前已经如此，朱伯崑的《易学哲学史》第二卷对此有详细的论述，他指出："《周易》经传从汉唐以来，就被奉为儒家的重要典籍。在儒家尊奉的经书中，只有《周易》经传，特别是《易传》和后来的易学为儒家哲学提供了一个较为完整的哲学体系。因此，北宋的道学家，都把《周易》经传视为对抗佛道二教的有力武器。如果说，同佛道二教相抗衡的新儒家学说，始于唐朝的韩愈和李翱，而韩李所表彰的经术为《中庸》和《大学》，北宋道学家又继承了唐代易学的传统，继韩李之后，大力研究《周易》，从而将新儒家的哲学推向一个新的阶段。"(1995，页5）

单元二　北宋理学（一）理学的发端

需要指出的是，在本单元所述的三位哲学家之前，北宋的易学已发展起来，这些可称作是前理学的宋易，其特点是，受到唐代孔颖达所编的《周易正义》的不少影响，如刘牧对《易传·系辞》的"太极"是这样解释的："太极无数与象，今以二仪之气，混而为一以画之，盖欲明二仪所从生也。"又说："太极者，一气也。天地未分之前，元气混而为一。一气所判，是曰两仪。"这是一种以太极为元气的宇宙论，这种观点就是对《周易正义》中的太极观"太极谓天地未分之前，元气混而为一"的继承。这种宇宙论是北宋理学建立的思想背景，也是早期理学注重宇宙论的原因。

本单元分为三个项目。依次为：（1）周敦颐思想的主要内容、（2）张载哲学的特色及（3）邵雍的学说。在学习时，一方面要仔细了解每个哲学家的具体观点，另一方面又要把这几位哲学家的思想连贯起来，掌握他们思想的一些共通之处。

本单元会使用以下指定教科书和指定读物，作为教材：

指定教科书：

- 陈来：《宋明理学》，第二章第一节、第二节及第五节；
- 劳思光：《新编中国哲学史》（三上），第二章及第三章；
- 陈钟凡：《两宋思想述评》，第五章、第六章及第七章。

指定读物：

- 钱穆：《宋明理学概述》，页30—64。

单元目标

修毕本单元，应能：

- 说明周敦颐思想的特质；
- 阐述张载哲学的形态；
- 论析邵雍哲学的主要命题。

周敦颐思想的主要内容

> **请阅读**
> - 指定教科书：《宋明理学》，页 41—42；《新编中国哲学史》（三上），页 95—97；《两宋思想述评》，页 29—32；
> - 指定读物：钱穆：《宋明理学概述》，页 32—37。

周敦颐（1017—1073），字茂叔，称濂溪先生。他的原名是敦实。后避宋英宗讳，改为敦颐。周敦颐在南宋以后被尊为理学开山之祖，这在很大程度上是因为他作过理学创立者二程的老师。根据记载，在程颢十五岁、程颐十四岁时，他们的父亲程珦令二程师事周敦颐，为时不到一年。当时，周敦颐在南安作一个管牢狱的小官，而且只有三十岁。所以后来有不少学者，对周与二程的思想关系表示怀疑，认为周对二程影响不大。其实，二程不仅一次从学于周敦颐，而且二程自己都承认曾受学于周敦颐，也承认周敦颐对他们的影响。如程颐论程颢为学时说："自十五六时，闻汝南周茂叔论道，遂厌科举之业，慨然有求道之志。"（《明道先生行状》，《程氏文集》卷十二）程颢自己也说过："昔受学于周茂叔，每令寻颜子、仲尼乐处，所乐何事。"（《河南程氏遗书》二上，1965。以下简称《遗书》）又说："自再见周茂叔后，吟风弄月以归，有吾与点也之意。"（《遗书》三，1965）这些都说明，周敦颐对二程的思想是有重要影响的，只是，这种影响不一定表现在宇宙论方面。

> **活 动**
>
> 1. 周敦颐有什么主要著作？其著作的主要内容是什么？

周敦颐的主要著作是《太极图说》和《通书》。《太极图说》通过解释《易传》的思想建立了一个儒家的宇宙论的纲要。《通书》把《中庸》和《易传》的思想结合起来，在发展了《太极图说》的同时，还提出了性命、教化、政刑等多方面的思想。

☞──────────▶ **测试题一**

1. 略述劳思光对宇宙论与形上学的分别的看法。
2. 试据上述《易学哲学史》部分概述孔颖达及宋初易学的太极观。
3. 何谓三系说？劳思光为什么不同意这个分法？

太极图说

> **请阅读**
>
> - 指定教科书：《宋明理学》，页47—57；《新编中国哲学史》（三上），页97—109、126—143；《两宋思想述评》，页32—38；
> - 指定读物：钱穆：《宋明理学概述》，页37—38。

关于周敦颐的著作，他的朋友潘兴嗣在他死后为他作墓志铭，其中说周："尤善谈名理，深于《易》学，作太极图易说、易通数十篇。"一般认为，"太极图易说"并不是说周敦颐有《太极图》和《易说》两个不同的著作，"太极图易说"就是一部书，也就是后来一直流传的《太极图说》。"易通"就是《通书》。

《太极图说》分为两部分，一部分是太极图，另一部分是对图的解释。太极图说牵涉到周敦颐同道教的关系。历史上不少学者指称太极图源出于道教的先天图，以此证明周敦颐思想乃受道教的影响。其实，即使借用道教的图式，也不等于说其解释的思想是道教的。近年的研究则表明：没有证据说明太极图是周得于道教的；《太极图说》中吸取了来源于道教的一些阴阳思想，而其主体是用儒家思想解释《易传》；周敦颐曾与道士往来，但其追求的人格还是以儒家的圣人为目标。

现在我们看到的《太极图说》是经过朱熹整理而流传下来的。其首句为"无极而太极"。朱熹晚年曾见史馆中所作濂溪传的草稿，其中引《太极图说》，首句为"自无极而为太极"，朱熹立即指出其误，并特地写文记述此事。有些现代学者未曾深入研究，便断定是朱熹篡改了原文。其实朱熹所定的本子，是有根据的，在南宋时没有人批评朱熹的《太极图说》定本首句有问题，与朱熹同时的学者引用《太极图说》的首句也是作"无极而太极"。

《太极图说》的内容可以分成两大部分，一部分是宇宙论，一部分是人性论。教科书《宋明理学》第二节清楚地叙述和解说了《太极图说》的宇宙论思想。《宋明理学》指出："《太极图说》的基本思想是把《系辞》的'易有太极，是生两仪'演变为一个以'太极'为最高范畴的宇宙论体系。"(页48)《太极图说》最重要的一段话是:"无极而太极,太极动而生阳,动极而静,静而生阴,静极复动。一动一静,互为其根,分阴分阳,两仪立焉。阳变阴合而生水火木金土。五气顺布,四时行焉。五行一阴阳也,阴阳一太极也,太极本无极也。"你要能背诵。

《宋明理学》指出,汉唐哲学多以"太极"为元气未分的状态,特别是孔颖达《周易正义》以"太极"为元气,对宋初易学影响很大。根据这一背景,《宋明理学》对上述《太极图说》的一段话有这样的解释:"太极指未分化的混沌的原始物质,无极是指浑沌的无限。太极作为原始物质本身是无形的、无限的,这就是所谓'无极而太极'。"又说"周敦颐的宇宙发展图式是:太极—阴阳—五行—万物。宇宙的原初实体为太极元气;太极元气分化为阴阳二气;阴阳二气变化交合形成五行;各有特殊性质的五行进一步化合凝聚,而产生万物"(页49)。

《太极图说》的宇宙论思想在《通书》中也有表现,《通书》的"五行阴阳,阴阳太极"亦就是《太极图说》中的"五行一阴阳也,阴阳一太极也";《通书》的"五殊二实,二本则一,是万为一,一实万分"也是认为五行统一于阴阳二气,而阴阳二气又根源于太极元气,宇宙万物生生不穷,本质上都是一气所演化。所以周敦颐的宇宙论是把太极元气作为自然现象的本源和基础。

《宋明理学》页50—52对《太极图说》中的动静观也作了分解和叙述,对《太极图说》中的生成、运动、转化、循环及运动的内部根源,都进行了分析,要认真阅读。

孔颜乐处

> **请阅读**
>
> - 指定教科书:《宋明理学》,页 42—46;《新编中国哲学史》(三上),页 110—115;《两宋思想述评》,页 38—42;
> - 指定读物:钱穆:《宋明理学概述》,页 38—41。

> **活 动**
>
> 2. 程颢对周敦颐有关"孔颜乐处"的教诲有何回忆?

《宋明理学》第二章第一节"孔颜乐处"指出:"周敦颐被后人推为理学宗师,其实不仅仅因为他曾作过二程的老师,从后来理学的发展来看,他确实提出了一些对理学有重大影响的思想。《论语》中记载,孔子的弟子颜回生活贫困不堪,但并没有影响他内心学道的快乐,孔子曾对此十分赞叹。程颢后来回忆早年周敦颐对他的教诲时说:'昔受学于周茂叔,每令寻颜子仲尼乐处,所乐何事。'此后,'寻孔颜乐处',成了宋明理学的重大课题。这表明,周敦颐提出的寻求、了解颜回何以在贫困中保持快乐的问题对于二程及整个宋明理学确实产生了重大的影响。"(页 42—43)

关于孔颜乐处的问题,《宋明理学》的论述可分为以下三点:

- 周敦颐的"寻孔颜乐处"和"学颜子之所学",是一个人生理想的问题。这种人生理想不是强调外王,而是强调内圣;是以颜回作为儒家自我修养的典范,强调追求一种精神境界。

● 按照周敦颐的看法,所谓孔颜乐处,是指颜回已经达到了一种超乎富贵的人生境界。有了这种境界的人,即使生活贫穷,也不会影响和改变他的"乐"。"这种乐是他的精神境界带给他的,不是由某种感性对象引起的感性愉悦,而是一种高级的精神享受,是超越了人生利害而达到的内在幸福和愉快。"(页44)这种乐是人达到与道为一的境界所享有的精神的和乐,而不是一般的审美性活动。这种境界也与道德境界不同,而是一种超道德的精神境界。

● 要求得这种境界,既不需要出世修行,也不需要遁迹山林,只是在社会中奉行社会义务的同时便可实现。因而既是对佛道思想的批判改造,也使古典儒家以博爱和克己为主要内容的仁学增添了人格美和精神境界的内容。

> **活 动**
> 3. 试翻阅《论语》一书,选出关于孔、颜生活态度的章节。

冯友兰在其《中国哲学史新编》第五册中说到孔颜乐处时指出:"从回答这个问题开始,这就得到了进入道学的门径。从理论上回答了这个问题,这就是懂得了道学。从实践上回答了这问题(不仅知道有这种乐,而且实际感到这种乐),这就进入了道学家所说的'圣域'。"(1988,页122—123)

周敦颐还提出"人极"的观念,人极就是人生的最高标准。《太极图说》从"太极"开始,而终于"人极",把"太极"看成"人极"的宇宙论根源。"人极"在《通书》中又称为"诚","诚"是《中庸》的重要观念。《通书》说:"'大哉乾元,万物资始'，诚之源也。'乾道变化，各正性命'，诚斯立焉。"诚是最高的道德原理，也是人的本性，诚是根源于乾元的，乾元也就是太极。

教科书《宋明理学》概括周敦颐的思想说："周敦颐的著作言辞简约，他提炼了《周易》阴阳变化的思想，提出了一个儒家的宇宙发展观纲要，他倡导了寻孔颜乐处的人生理想，他的人品境界是他实践自己人生理想的结果，这一切都对道学的起源有重要的意义，对道学后来的发展也有重要的影响。"（页56—57）

关于周敦颐哲学的评价，牟宗三认为，周敦颐对天道有默契的体悟，而其造诣则在观赏界中（《心体与性体》一，1981，页357）。他认为周敦颐学说中的不圆满处在于，对孟子的心学并无真切的了解，从而使得其思想中，变化气质的工夫便无超越的根据（《心体与性体》一，1981，页356）。按牟氏指出周敦颐不甚重视孔孟的心性学，确实如此。不过，对孟学的了解如何，却难以作为批评濂溪的一个根据，因为濂溪用力处本在《中庸》《易传》。同时，周敦颐主张变化气质以合人极、太极，太极仍可说是道德的超越性的根据。唐君毅的看法与牟氏略有不同，他说："其自知其为一有定形定限之存在，而求不只为一定形定限之存在，以上契于其存在所自始之无此限定之形上真实或乾元诚道。此即为人之求上希于天之事。"（《原教篇》上，1977，页56）又说："濂溪之言人之成其德行之道，同时见及为其德行之碍者，而求有以化除之，即见其用心之已能面对吾人之道德生活中之病痛艰难所在，此实非其前之儒者所能及。"（《原教篇》上，1977，页61）牟说体现了其强调孟学的哲学立场，唐说对周敦颐较有同情和了解。

☞──────── ▸ 测试题二

1. 试据指定教科书《宋明理学》概述周敦颐关于动静的思想。
2. 简要说明周敦颐思想中"诚"与宇宙根源的关系。
3. 试依据指定教科书《宋明理学》简述《太极图说》的宇宙论。
4. 牟宗三如何解释"无极而太极"？
5. 王阳明如何解说周敦颐"动极而静，静而生阴"之说？
6. 试据指定教科书《宋明理学》简要说明"孔颜乐处"的特质。

张载哲学的特色

> **请阅读**
> - 指定教科书：《宋明理学》，页 57—58；《新编中国哲学史》（三上），页 169—171；《两宋思想述评》，页 61—62；
> - 指定读物：钱穆：《宋明理学概述》，页 50—53。

张载（1020—1077），字子厚，号横渠。在亲戚关系上说，张载是二程的表叔；但在思想关系上说，张载与二程是讲学的朋友。嘉祐（宋仁宗年号，1056—1063）初年张载在京师坐虎皮讲易学，适逢二程进京，张载与二程论易，觉得二程易学高明，自叹弗如，便撤虎皮辍讲，对听者说："今见二程至，深明易道，吾不及也，可往师之。"（《横渠学案上》，《宋元学案》卷十七，1986，页663）二程对张载也非常推崇。张载的著作旧刻为《张子全书》，新印本为《张载集》。

《宋元学案》叙述张载之学："告诸生以学必如圣人而后已，

以为知人而不知天，求为贤人而不求为圣人，此秦、汉以来学者之大蔽也。故其学以《易》为宗，以《中庸》为的，以礼为体，以孔、孟为极。"（1986，页663）张载的主要著作是《正蒙》。《正蒙》是在他死前一年编成的，将其一生中的思考所得加以精选而成。其实，《正蒙》中的许多思想在他中年的《横渠易说》中已经提出来了。这说明《周易》，特别是《易传》是他的哲学思想的主要资源。

教科书《宋明理学》论张载思想分为五节，即（一）太虚即气、（二）两一与神化、（三）性与心、（四）穷理与尽心及（五）民胞物与。

太虚即气说

> **请阅读**
> - 指定教科书：《宋明理学》，页58—61；《新编中国哲学史》（三上），页174—177；《两宋思想述评》，页62—69；
> - 指定读物：钱穆：《宋明理学概述》，页53—56。

《宋明理学》指出："张载思想中最重要的部分是他的哲学，其中最具特色的学说是关于虚空与气的理论，这一理论也是他的整个哲学的基础。"（页58）《宋明理学》引用了三条张载的语录：

- 太虚无形，气之本体，其聚其散，变化之客形尔。
- 太虚不能无气，气不能不聚而为万物，万物不能不散而为太虚。

- 气之聚散于太虚，犹冰凝释于水，知太虚即气，则无无。

这三条语录应谨记。在张载的上述语录中，"本体"是指本然状态；"客形"是指暂时形态。

《宋明理学》对张载的"太虚即气"说有清楚的解说："无形无状的太虚实质上是气的本来存在状态，他称这本然状态为'本体'。而气不过是这种清稀微细的太虚之气凝聚而成并可以看到象状的暂时形态。"（页59）"太虚之气聚而为气，气聚而为万物；万物散而为气，气散而为太虚。这两个相反的运动构成了宇宙的基本过程。根据这一思想，太虚、气、万物都是同一实体的不同状态，这个物质实体'气'在时间上和空间上都是永恒的。"（页59）《宋明理学》指出，张载的这一思想，是针对佛道二家而建立的一种儒家的本体论。张载的思想虽然不是着眼在宇宙发生的根源，而是着重在宇宙构成的实体，但这种本体论仍带有宇宙论的色彩。

活动

4. 试用白话将"太虚无形，气之本体，其聚其散，变化之客形尔"加以解说。

心性说

请阅读

- 指定教科书：《宋明理学》，页65—72；《新编中国哲学史》（三上），页179—183；《两宋思想述评》，页69—72；
- 指定读物：钱穆：《宋明理学概述》，页62—64。

> **活动**
>
> 5. 试说明张载哲学中"天""道"的意义。

教科书《宋明理学》先引述了张载论天、道、性、心的一段经典表述:"由太虚,有天之名;由气化,有道之名;合虚与气,有性之名;合性与知觉,有心之名。"(页65—66)并解释:"太虚就是天,气化的过程就是道。虚与气构成性,性加上知觉就是心。"(页66)说"虚与气构成性"容易引起误解,以为"虚"与"气"为二,其实不然,这里的意思是说"虚与气合一","虚"与"气"是同一的。

《宋明理学》进而解释和说明张载哲学中"合虚与气有性之名"的意思,指出这里所说的"虚与气"分别指太虚之气的本性和气的属性;太虚之气具有的湛一的本性就是宇宙的本性,人的本性根源于宇宙的本性;但人与物不是由太虚之气直接构成,太虚之气先聚而为气,由气聚为万物,而气也有自己的属性,气的这些属性在构成人物后也要成为人性;所以这两种性共同构成了人的现实属性。太虚之性表现为人的道德,气的属性体现为人的欲望。

《宋明理学》在解释张载的"气质之性""成性"后,又解释和说明"合性与知觉有心之名"的意思,指出仅有性而无知觉,不足以成为心;只有知觉而没有人性,只是低级生物和动物。两方面结合起来才成为人之心。

《宋明理学》还着重讲述张载的"尽心"说,亦即"大心"说。对于张载"只据己之闻见,所接几何?安能尽天下之物?所以欲尽其心也"之说,《宋明理学》解释说:"如果把思维限制在个体感官直接接受的现象范围之内，人对事物的了解和知识就狭小有限。所以，要对宇宙和万物有所了解，就须努力扩展自己的思维，超越感官的局限，以彻底发挥思维的能动作用，这就是尽心，也叫作'大心'。"（页71—72）对于张载的"大其心则能体天下之物……世人之心，止于闻见之狭，圣人尽性，不以闻见梏其心，其视天下无一物非我"的说法，《宋明理学》指出，大心是要求人的思维超出感性表象的范围，并通过直觉的方法尽可能地扩展思维和体会的广度。

《宋明理学》进而对张载的大心说加以深入的诠释，指出这个大心之知的一个基本方面，是指出以宇宙整体为对象的哲学思考所具有的特点；另一方面，大心之知又是一种意境高远的人生境界。这种境界的内容是体验到天人合一的境界，所谓"体天下之物"，也就是"视天下无一物非我"，"就是使自己胸怀天下，放眼宇宙，把自己看成全宇宙的一个必要部分，把宇宙万物看作和自己息息相通的整体，在这样一种对于宇宙的了解中确立个人的地位"（页73），从而了解个人的义务和人生的意义。其实，谁认识自己和气之本体不可分，谁就知道自己是全宇宙的一部分，并且从中领会人生的意义。

《西铭》的民胞物与思想

> **请阅读**
> - 指定教科书：《宋明理学》，页72—75；《新编中国哲学史》（三上），页171—173；《两宋思想述评》，页72—73；
> - 指定读物：钱穆：《宋明理学概述》，页58—62。

> **活动**
>
> 6. 试翻阅《张载集》，找出《西铭》这段文字。

张载的著作《正蒙》的最后一篇是《乾称篇》，这一篇的开始有一段文字"乾称父，坤称母……"，是张载原来所写的一篇铭文，题为《订顽》，又称《西铭》。二程对《西铭》特别推崇，钱穆《宋明理学概述》（页59—61）收集了二程对张载《西铭》的评论，可以参考。

《宋明理学》指出，《西铭》是要解决如何从个人的角度来看宇宙，如何运用这种对宇宙的观点来看待个人和社会生活。《西铭》认为，人是由气构成的，故从个人的角度来看，天地就是我的父母，民众即是我的同胞兄弟姊妹，万物都是我的朋友。宇宙中的一切都与自己有直接的关系，因此尊敬高年长者，抚育孤幼弱小，都是自己对这个宇宙大家庭和这个家庭的亲属的义务。个人的生死贫富，只是宇宙的一种安排，人只要顺其自然就是。《西铭》的这种思想可以说是"万物一体"的思想，程颐的弟子杨时曾怀疑这种说法和墨家的"兼爱"说划不清界限，但程颐说"《西铭》明理一而分殊，墨氏则二本而无分"，就是说《西铭》的立场是"理一分殊"，没有毛病，与墨家不同。

劳思光在教科书《新编中国哲学史》（三上）中说："盖视天地为父母，一切得失，归于天命，唯以尽己之分为人生大事，即《西铭》所持之人生态度也。"（页172）冯友兰说："这篇中具有关键性的字眼是两个代名词，'吾'和'其'。'吾'是作为人类之一员的个人，'其'指乾坤、天地。"从这个态度出发，个人所做的事都与天地有关；个人的遭遇也都有一种超社会的意义。"从这种意义,《西铭》可以得出结论说:'存,吾顺事;没,吾宁也。'佛教所谓生死大事的问题,也就自然而然地解决了。"(《中国哲学史新编》第五册,1988,页137)

张载曾提出这样四句话:"为天地立心,为生民立命,为往圣继绝学,为万世开太平。"张载提出的这"四为",冯友兰称之为"横渠四句",并在其《中国哲学史新编》第七册(《中国现代哲学史》,1987,页253—255)的最后一章中详细讨论,可以参考。这四句话代表了宋明理学的最高理想。

关于张载的哲学,张君劢认为其主旨可归为:"他和前辈一样,也希望建立一套形上学体系,事实上他也根据他有关气的理论建立了这样的体系。根据张载的看法,认为太初有气,而由于人不能生活在世界之外,所以人的推理活动不能不基于气。人确在运用心灵或理性以从事哲学推理活动,然而,离开气,便没有心或理,气是宇宙的最后实在和原始动力。"(《新儒家思想史》,1996,页128)他还认为张载对宋代理学的贡献有四点:第一,他使学者开始研究物质世界;第二,他相信道德法则是自律自主的,不能用物质因素来解释;第三,他是第一个区别了天地之性和气质之性的人;第四,他赋予仁以超越家庭的普遍的意义(《新儒家思想史》,1996,页139)。

唐君毅对《大心篇》甚为重视,他曾说:"唯《神化》《诚明》《大心》三篇,乃通天人之道以为论,此中之《大心篇》所论者,尤为人由大心,而得以人道合天道之枢纽,则吾人欲知横渠之学,所以通天人之相对者,宜当由《大心》一篇始。"(《原教篇》上,1977,页78)

唐君毅认为,张载的哲学自是谓一切天地万物,皆气之所成,凡充实于太虚者,亦只是气,故谓"太虚不能无气,气不能不聚为万物,万物不能不散而为太虚,循是出入,是皆不得已而然也"。但此种说法,乃以人之大心穷理为背景,所以其天道论并非一单纯的宇宙论,其言太虚即气,不能视为单纯的自然主义而已(《原教篇》上,1977,页79)。此种天道论实乃"大心"观察之所得。此说亦可参考。

唐君毅对张载的心性工夫有如下解释:"其工夫要在以心知之明,知天理所在而行之,此即所以自尽其性。尽性之工夫即在尽心,故言'心能尽性,性不知检其心'。然而在心未能超闻见之知,以有其德性之知以尽性时,则性大于心,故曰'心御见闻,不弘于性'。"(《原教篇》上,1977,页116)

唐君毅又解释张载"成性"说:"尽性之事在尽此心知之明以知理,理有未知,则须穷。故尽性必穷理。唯穷理、知理,而行皆合天理,乃能至于命。穷理而行合于理,必去知行之偏蔽,亦即须变化性之气质之偏,而去此有气质之偏之性。去此有气质之偏之性,则亦即无此一气质之性,故'气质之性,君子有弗性者焉'。"(《原教篇》上,1977,页116)唐君毅认为,"在未去此气质之偏之性时,人之行不合于中道,其性之表现,即可下达徇人欲,而不能上达;其上达而见天理,亦不能由于'中正'以见其全;则人性之表现,不能无不正,而不免有恶。于此即可言人之性善恶混。必化此有气质之偏之性,使其知行皆中正而不偏,人乃尽性而恶尽去;而后性完全实现自己,而'性成'"(《原教篇》上,1977,页116)。

☞ **测试题三**

1. 试说明张载如何理解"象"与"气"的关系。
2. 试解说张载"神,天德;化,天道。德其体,道其用。一于气而已"的意思。
3. 张横渠的文字何以难以读通？
4. 张载的"太虚即气"思想如何针对佛道二教？试据指定教科书《宋明理学》加以说明。
5. 试解释张载哲学中的"尽心"或"大心"的观念。
6. 程颐弟子对《西铭》有何怀疑？程颐如何解释？

邵雍的学说

> **请阅读**
>
> - 指定教科书：《宋明理学》，页117—118；《新编中国哲学史》（三上），页153—156；《两宋思想述评》，页48—50；
> - 指定读物：钱穆：《宋明理学概述》，页41—43。

邵雍（1011—1077），字尧夫，世称康节先生。他的著作流传有《皇极经世书》和诗集《伊川击壤集》。邵雍学问曾得象数学的传承。据南宋初的朱震说，宋初的陈抟传先天图给种放，种放传给穆修，穆修传给李之才，李之才传给邵雍。所谓先天图是一套关于周易诸卦组成、次序的图。邵雍的思想更重视"数"，故又被称为数学派。

邵雍的哲学也很重视"太极"观念，据朱伯崑的看法："邵雍于《皇极经世》中，关于太极的说法，并不一致。他以太极为天地之始、诸图之源，这是一贯的。但他讲到宇宙的原始状态时，又以太极为气。如《观物外篇》说：'本一气也，生则为阳，消则为阴，'……这又是以汉易中的太极元气说解释天地之形成。"(《易学哲学史》第二卷，1995，页 166—167)根据朱氏的这个看法，可以说，邵雍的宇宙论与周敦颐、张载的有相同之处。

数学

> **请阅读**
>
> - 指定教科书：《宋明理学》，页 118—121；《新编中国哲学史》（三上），页 157—164；《两宋思想述评》，页 50—57。
>
> 《宋明理学》页 118（一）"元会运世"叙述了邵雍的数学在宇宙论上的作用。
>
> 邵雍的学术比较复杂，要仔细地阅读，以掌握其内容。

邵雍的元会运世说，是编了一个宇宙的历法。这套历法的基本原则有两点：第一，其历法的上下范围比自然年大得多；第二，历法的进位是 12、30、12、30、12、30……的不断交替。根据《宋明理学》可知：

12 时为一天，

30 天为一月，

12 月为一年，

30 年为一"世"，

12 世为一"运"，

30 运为一"会"，

12 会为一"元"。

时以下有更小的单位，元以上有更大的单位。《宋明理学》

指出：12会为一元，这个一元可以说是一个大年，一个宇宙年；这个一元有12会、360运、4320世、129600年。不仅如此，"元"并非宇宙历法的最高期限，在"元"以上为"元之世"，"元之世"以上为"元之运"，在"元之运"以上为"元之会"，在"元之会"以上为"元之元"。一个"元之元"是一个更大的周期，包含129600个"元"。

> **活动**
>
> 7. 试简要解释邵雍"元、会、运、世"的宇宙历法。

《宋明理学》指出，邵雍的大周期计算法是为了说明宇宙演化与历史演变，"他认为，每一元之数尽，即129600年满，旧的天地毁灭，新的天地产生。这种过程循环无穷。而一个'元之元'满，即129600元满，则宇宙要发生更大的变化。所以他自认为这一套'经世'之数揭示了宇宙演化的周期性规律"（页119）。

邵雍认为，每一周期中从发生到消尽，中间经历了阴阳消长的过程，所以他又把这种历法纪年和六十四卦配起来，用周易六十四卦的阴阳消长来说明每一周期中的具体变化。这种方法运用于人类历史，邵雍认为从夏商周秦直到五代北宋，相当于姤卦以后的变化，姤卦以后的变化特点是阴爻会不断增加，表示这一段的历史在走下坡路。可以仔细阅读《宋明理学》页120的说明。

概括说来，邵雍的思想认为："宇宙是无限的，而宇宙的无限过程是由十二万九千六百年为周期的单元不断重复循环构成的。在每一周期的单元中，事物都经历发生、发展，最后归于消尽，而在下一周期的单元中重复开始。我们现在所生存的这个阶段乃是整个宇宙无限时间序列中的一个片断。"（页120）邵雍认为宇宙之所以如此发展变化，是因为有"数"支配其间，"数"是宇宙演化的最高法则，也是宇宙的本质的规定。

劳思光在教科书《新编中国哲学史》（三上）中指出，依邵雍的理论，"则此世界乃一由盛而衰之世界；则人类历史除早期有'盛世'外，其后虽有起伏，总是愈来愈坏。此可谓极度悲观之'史观'，与近世流行之'进步'观念恰相反矣"（页164）。这是仅就秦汉以后的人类历史而言。若在整体上说，邵雍认为宇宙也好，人类历史也好，总是有长有消，既非永远上升前进，亦非永远下降后退。

观物说

请阅读

- 指定教科书：《宋明理学》，页122—128；《新编中国哲学史》（三上），页164—168；《两宋思想述评》，页57—59；
- 指定读物：钱穆：《宋明理学概述》，页44—50。

邵雍的观物说包含两个方面，一个是认识论的观物，主张以理观物；另一个是境界论的观物，主张以物观物。

先来看他的以理观物说，据邵雍的说法，人不应以目观物，而应以心观物；更进一步，则不能以心观物，而应以理观物。这是说，观物的目的并不是达到对外物的感觉，并不谋求感性地反映外物，故说"非以目观之也"。不用目观，而用心观，就是要以知觉对外物进行分析和综合及概括，这就是"观之以心也"。

用心观物还不够，更应以理来观物，即表示以理性捕捉事物的本质和本性，要把握事物的道理所在。所以邵雍说"以目观物，见物之形；以心观物，见物之情；以理观物，见物之性"。这种认识论是邵雍的数学宇宙观的方法基础。

但邵雍更重视境界论的观物说，即"以物观物"。"以物观物"，是相对于"以我观物"说的。邵雍说："不以我观物，以物观物之谓也。既能以物观物，又安有我于其间哉！"在其《伊川击壤集》的序中他说："……况观物之乐，复有万万者焉。虽死生荣辱转战于前，曾未入于胸中，则何异四时风花雪月一过乎眼也。诚为能以物观物而两不相伤者焉，盖其间情累都忘去耳。"《宋明理学》对此解释："以物观物，是要求人在认知、观照、体验、实践以及种种社会生活活动中，不要有任何基于'我'的情感、要求、意见参加其中。"（页123）如果从强烈的自我出发，情感的发生就不能做到中节。所以以物观物的核心要求是"无我"。因此这种"以物观物"说，主要目的即在于倡导一种无我的精神生活态度与境界，而不是为了实现某种认知的功能（页124）。

侯外庐等《宋明理学史》上卷论邵雍的一章最后有一小节结论，其中把邵雍思想及其影响总结为：一、开创了宋明以来象数学的规模与传统，在宋明清有一大批追随者，学术史上出现一批象数学的人物。二、邵雍思想的哲学方面来源于《易经》和《中庸》，并受道教的影响。三、《皇极经世》论事物发展变化本于易经，可以认为与自然科学的理论发展有关，但包含了大量比附和臆断（1997，页215—217）。

教科书《宋明理学》在第三节"阴阳体性"中还介绍了邵雍的宇宙论、阴阳动静论等，应仔细阅读。另外，《宋明理学》（页

128）指出邵雍后被列为"北宋五子",受到二程、朱熹的推崇,又提出对他的批评。

➡️ **测试题四**

1. 邵雍这一套宇宙历法有什么宇宙论意义?
2. 邵雍如何表述用目、心、理观物的不同?
3. 邵雍所谓"以物观物"的意思是什么?

有关邵雍的精神境界方面的评论,唐君毅的看法很值得参考,他说邵康节"言'心为太极,人心当如止水则定,定则静,静则明'。更言'先天之学,主乎诚,至诚可以通神明,不诚则不可以得道'。……盖此所谓心为太极,即指人心自具动静阴阳之道,与天之动静阴阳之道同而言,盖道即太极也。其言人心当如止水,以求定静,而有明,乃意在以此成其心之不以我观物,而唯以物观物。其所谓诚者,则是诚有此如止水之定静之心,以有明而通于神、得于道之谓。……故此康节之心学,虽言诚,其所欲诚有者,实只是一定静而明,以物观物之心。心能以物观物,更可忘我,亦忘心;而其观物之事,依道依神,而无方无端,则内无所累,以得自由自在"(《原教篇》上,1977,页41—42)。唐氏还指出:"康节之学之重在自求安乐,而带道家情调……然康节之心学,纯自润身、润心之效而言,亦自达到一极高之境界。康节能顺以物观物之道,而先将吾人一般之意必固我,全部撤空。"(《原教篇》上,1977,页43)

为了区别周敦颐、张载和邵雍的特点,唐君毅提出周、张是"上合"型,而邵雍是"横合"型,其说谓:"濂溪之立人极以合太极,希贤希圣以希天;横渠之言人之仁义、诚明之道,以合天之太和中之神化之道，以为乾坤之孝子，皆是上合。而不同康节之以此心旷观万物，唯是一横合者。上合，则必勉力以自拔于下降之途，以立己、立人，而见一强度的道德精神。故濂溪横渠之言《易》，皆能与《中庸》之言率性修道之功，互相发明。横合，则可由观物，而玩物，以归于一广度的艺术性之欣赏态度，则不必合于儒学以道德为本之原旨。"（《原教篇》上，1977，页45—46）唐氏此说甚精，可仔细体会。

张君劢曾对邵雍理论作过这样的评价："这个理论（宇宙历法）使邵雍面对一个时空上无限广大的宇宙，因此，也使他不受日常生活中琐事的束缚。由于他钻研于象数之学，所以，他相信永恒真理。他超然于人类有限之外，不受主观思想的影响。因此，他主张纯粹客观性。"（1996，页125—126）的确，朱熹也说过："邵子这道理，岂易及哉！他胸襟中这个学，能包括宇宙，始终古今，如何不做得大，放得下。"（《百源学案上》，《宋元学案》卷九，1986，页367）

摘要

本单元以北宋前期哲学为背景，着重讨论了周敦颐、张载、邵雍的哲学思想，通过北宋理学的早期发展和建立，使理学的发端得以呈现。研习的重点是：

周敦颐、张载、邵雍的宇宙论承前启后，他们的哲学宇宙论受到汉唐及北宋初期的易学的影响，他们的宇宙论的建立都是从对《易传》的解释入手的，带有易学哲学的明显特征。他们的宇宙论可以说都是以"气"为宇宙本源的学说。

周敦颐提倡的孔颜乐处,张载主张的大心的境界,邵雍强调的以物观物,都表现出追求一种精神的境界,这是汉唐儒学所没有的,这显示出儒家思想从重视政治、礼俗、教化等转向精神层面的内圣的变化。

阴阳、变化、动静问题的讨论也是理学发端时期备受注意的课题,在这个方面,周敦颐、张载、邵雍都有颇为深入的洞察和很精彩、很精练的表达,如周敦颐关于动静,张载关于神化、两一,邵雍关于阴阳、动静、刚柔的看法,都达到了很高的哲学水平。

◆ 活动题参考答案

活动3

4.5 子曰:富与贵,是人之所欲也,不以其道得之,不处也。贫与贱,是人之所恶也,不以其道得之,不去也。君子去仁,恶乎成名?君子无终食之间违仁,造次必于是,颠沛必于是。(《里仁篇》)

6.11 子曰:贤哉,回也!一箪食,一瓢饮,在陋巷,人不堪其忧,回也不改其乐。贤哉,回也!(《雍也篇》)

7.16 子曰:饭疏食饮水,曲肱而枕之,乐亦在其中矣。不义而富且贵,于我如浮云。(《述而篇》)

活动4

张载的这一段话是说,无形无状的太虚乃是气的本然状态,气的聚结和化散,则只是变化过程中的暂时形态。

活动 5

张载说"由太虚有天之名,由气化有道之名",天即虚空、太虚,而太虚即是气。道则是指气化的过程。

测试题参考答案

测试题一

1. 宇宙论与形上学之差异,在于形上学之主要肯定必落在一超经验之"实有"上;建立此肯定后,对于经验世界之特殊内容,可解释可不解释。即有解释,亦只是其"形上实有"观念之展开。此"实有"本身的建立并不以解释经验世界为必要条件。而宇宙论之主要肯定,则落在经验世界之根源及变化规律上;此种根源及规律亦可视为"实有",但非超经验之"实有"。

2. 孔颖达《周易正义》中对《易传·系辞》的"太极"是这样解释的:"太极谓天地未分前之元气,混而为一。"以太极为元气。宋初如刘牧认为:"太极者,一气也。天地未分之前,元气混而为一。一气所判,是曰两仪。"这是一种以太极为元气的宇宙论,这种观点就是对孔颖达的继承。

3. 牟宗三对宋明理学的研究,有所谓三系说,意思是把周濂溪、程明道、胡五峰等人合成一系;程伊川和朱熹为一系;陆九渊和王阳明则又别是一系。劳思光认为这些宋明哲学家,其思维形态各有不同,但其基本精神并无冲突,都是以发扬先秦孔孟的心性论为职志,所以不主张三系之说。

测试题二

1. 周敦颐说"一动一静，互为其根"，认为事物是运动和静止交替循环的，动静的循环又是没有极限的。还认为事物都是"动而无静，静而无动"的，但"神"是"动而无动，静而无静"的。神是指运动的内在的根源。

2. "诚"是《中庸》的重要观念。周敦颐在《通书》中说："'大哉乾元，万物资始'，诚之源也。'乾道变化，各正性命'，诚斯立焉。"诚是最高的道德原理，也是人的本性，而诚是根源于乾元的，乾元也就是太极。

3. 在《太极图说》中，"太极"是指未分化的混沌的原始物质，"无极"是指混沌的无限。太极作为原始物质本身是无形的、无限的，这就是所谓"无极而太极"。周敦颐的宇宙发展图式是：太极—阴阳—五行—万物。宇宙的原初实体为太极元气；太极元气的运动分化为阴阳二气；阴阳二气变化交合形成五行；各有特殊性质的五行进一步化合凝聚，而形成万物。

4. 牟宗三根据周敦颐《通书·诚下》第二言诚体的"静无而动有"一语以解释"无极而太极，太极动而生阳"，认为"太极"是实体词，"无极"是状词。"无极"是形容道体（"太极"）的状况，是无声无臭、无形无状、无方所、无定体、一无所有之"寂然不动感而遂通"寂感一如之诚体本身，而此即是极至之理。换句话说，是以无可穷究其何所极至为极至的意思。若得究其何所极至，如至于某处，则即为相对有限定之物，相对有限定之物，又怎能称为太极？

5. 王阳明在《传习录》卷二《答陆原静书》说："周子'静极而动'之说，苟不善观，亦未免有病。盖其意从'太极动而生

单元二　北宋理学（一）理学的发端

阳、静而生阴'说来。太极生生之理，妙用无息，而常体不易。太极之生生，即阴阳之生生。就其生生之中，指其妙用无息者而谓之动，谓之阳之生，非谓动而后生阳也。就其生生之中，指其常体不易者而谓之静，谓之阴之生，非谓静而后生阴也。若果静而后生阴，动而后生阳，则是阴阳动静截然各自为一物矣。阴阳一气也，一气屈伸而为阴阳。动静一理也，一理隐显而为动静。春夏可以为阳为动，而未尝无阴与静也；秋冬可以为阴为静，而未尝无阳与动也。春夏此不息，秋冬此不息，皆可谓之阳、谓之动也；春夏此常体，秋冬此常体，皆可谓之阴、谓之静也。"

6. 所谓孔颜乐处，是指人的一种精神境界，一种超越了外在穷达利害的内在幸福和愉悦，而这种境界是在奉行社会义务的同时实现的。

测试题三

1. 张载认为："凡可状皆有也，凡有皆象也，凡象皆气也。"是说，一切可以被形容、摹状的都是有，都是实在的现象，一切现象则都是气的表现。

2. "神"是指气的内在的本性，"化"是指气化的运行过程；本性是体，气化是用；神和化都是宇宙实体气的不同方面，是统一于气的。

3. 依唐君毅先生的看法，横渠先生所用的名言概念与有关的义理，其来源不一，颇为驳杂：如诚明合言，出于《中庸》；神化合言，出于《孟子》与《易》。此外，他又以《中庸》的诚、明、性，通于《易传》穷理尽性至命之说。至于参两、中正之名，则源出《易传》；合天德良知为言，则天德出《易传》，良知又出于《孟子》；在《乾称篇》言天之虚而善应，乃是引《老子》"况诸谷"之言。由于横渠将此异原之名辞概念，与有关义理，熔铸在一起，更重要的是横渠借此诸名言概念以说之义，多在《中庸》《易传》之书之原义之外，因此初学者不易读通其书。

4. 张载的气的哲学是针对佛道二教建立的，根据这一思想，气的每一种凝聚的形态都是暂时的，所以道教的肉体长生只是一种幻想；另一方面，无形无状的太虚实质上是气的本来存在状态，他称这本然状态为"本体"，从这个概念出发，佛教的"空""虚"的教义是一种迷幻。

5. 努力扩展自己的思维，超越感官的局限，以彻底发挥思维的能动作用，这就是尽心，也叫作大心。换言之，大心就是要求人的思维超出感性表象的范围，并通过直觉的方法尽可能地扩展思维和体会的广度。

6. 程颐弟子杨时曾怀疑《西铭》万物一体的思想和墨家的"兼爱"说划不清界限，但程颐认为"《西铭》明理一分殊，墨氏则二本而无分"。

测试题四

1. 其意义是，宇宙是无限的，而宇宙的无限过程是由129600年为周期的单元不断重复循环构成的。在每一周期的单元中，事物都要经历发生、发展，最后归于消尽，而在下一周期的单元中重复开始。我们现在所生存的这个阶段乃是整个宇宙无限时间序列中的一个片段。

2. 他说："以目观物，见物之形；以心观物，见物之情；以理观物，见物之性。"

3. "以物观物"是相对于"以我观物"而言，是强调人在观照事物时不要从自我出发，以"无我"的态度对待事物。

参考书目

朱伯崑：《易学哲学史》第二卷，北京：华夏出版社，1995。

牟宗三：《心体与性体》第一册，台北：正中书局，1981。

侯外庐、邱汉生、张岂之编：《宋明理学史》上卷，北京：人民出版社，1997。

岛田虔次著，蒋国保译：《朱子学与阳明学》，西安：陕西师范大学出版社，1986。

唐君毅：《中国哲学原论——原教篇（宋明儒学思想之发展）》上、下卷，香港：新亚研究所，1977。

张君劢：《新儒家思想史》，载刘梦溪主编《中国现代学术经典·张君劢卷》，石家庄：河北教育出版社，1996。

张岱年：《关于张载的思想与著作》，载《张载集》，北京：中华书局，1978，页1—18。

陈荣捷：《宋明理学之概念与历史》，台北："中央研究院"文哲研究所，1996。

冯友兰：《中国哲学史新编》第五册、第七册，北京：人民出版社，1987、1988。

黄宗羲：《明儒学案》，北京：中华书局，1985。

黄宗羲、全祖望：《宋元学案》，北京：中华书局，1986。

程颢、程颐：《河南程氏遗书》，台北：台湾商务印书馆，1965。

蒙培元：《理学的演变——从朱熹到王夫之戴震》，福州：福建人民出版社，1984。

墨子刻（Thomas Metzger）著，颜世安等译：《摆脱困境——新儒学与中国政治文化的演进》，南京：江苏人民出版社，1990。

北宋理学（二）
理学的建立

单元三

单元三　北宋理学（二）理学的建立

绪言

在前面的单元里，我们曾经说过，宋代理学的主流，在当时被称为"道学"。不过，周敦颐、张载、邵雍都没有在学派的意义上用过"道学"这个概念。"道学"作为一个学派的名称，其流行始于二程的洛学，其影响的扩大，也有赖于二程学派。程颐曾经说过："自予兄弟倡明道学，世方惊疑。"（《祭李端伯文》，《程氏文集》卷十一）已经明确把道学作为一种学术形态和学说体系。到了二程的四传弟子朱熹，也说："二先生倡明道学于孔孟既没千载不传之后，可谓盛矣。"（《程氏遗书后序》）朱熹的时代，道学已经是十分流行的名称了。所以，在历史的意义上，可以说二程是两宋道学最重要的人物，没有二程，周敦颐、张载、邵雍的影响就建立不起来；没有二程，朱熹的出现也就成为不可能。一句话，没有二程，也就没有两宋的道学。

一般来说，以周敦颐、张载、邵雍之学为宋代理学的奠基时期，以二程之学为宋代理学的创立时期，这种看法为多数学者所接受。至于有关二程思想与周敦颐、张载、邵雍思想在大体上和大的方向上的差别，一般也都承认周敦颐、张载、邵雍是宇宙论中心的思想形态，而二程思想的特质已经与宇宙论中心的形态不同。

如钱穆在《宋明理学概述》论程颢时说："中期宋学，善讲宇宙论的周、张、邵三大师，都已在上述说过。现在要说到程颢，他被尊为中期宋学之正统，他的精彩处，在其讲人生修养与心理修养上。"（1994，页64）他认为周敦颐、张载、邵雍的特色是"善讲宇宙论",而认为程颢是"简捷从人生现实经验,来建立人生界一切的理论",并认为这种"鞭辟近里"的特色是程颢对宋学思想的最大贡献。

张君劢也认为,在哲学史上有一种现象,即哲学思想经过一个讨论宇宙问题的时期以后,往往会回到比较具体的人生问题上,希腊哲学是如此,宋代的中国哲学也是如此。他在《新儒家思想史》中说:"周敦颐、邵雍、张载的宇宙论思想之后,产生了二程子的学说,二程子之着力处主要是道德和知识问题。……他们将中国思想的趋势从当时的宇宙论转变为人生问题的探讨。"(1996,页140)

与上述把二程思想看作是从北宋前期的宇宙论中心转为人生论中心的看法不同的有劳思光,他认为:"濂溪、横渠及康节之学,属于宋明儒学之初期。迨二程立说,宋儒思想遂进入另一阶段。"(《新编中国哲学史》三上,页205)劳氏认为,周、张、邵为宋明理学第一阶段,即以"天道观"为特色的宇宙论中心思想,二程则为第二阶段,即以"本性论"为特色的形上学思想。也就是说,在劳氏看来,二程所以为周、张、邵后的另一阶段,是因为在哲学上由宇宙论转而为形上学(《新编中国哲学史》三上,页43、48)。

以上这些看法各有其道理,如二程思想中人生论的探讨的比重,比起周、张、邵来说,更为突出;从纯粹哲学的角度看,二程的宇宙论色彩也的确比周、张、邵来得淡。不过,从宋明理学思想史的角度来看,二程与周、张、邵的最大的差别,是二程把"理"或"天理"提升为本体,这是使理学得以区别于魏晋玄学、汉唐儒学的重要根据。把天理确立为最高范畴,使之贯通天人,统摄自然世界与人文世界,为儒家的价值理想提供了形上的依据,这才是理学之所以为新儒学的根本。周敦颐、张载、邵雍的哲学中都没有把儒家的价值提升到哲学的最高地位，而二程正是在这一点上，超过了宋代理学前期的发展，奠定了他们自己在理学史上的地位。

近年以来，对二程思想研究的最大进步，是区分二程的思想。早在三十年代，冯友兰在其《中国哲学史》下册中就提出，二程虽同属理学，但实为两派："（明道、伊川）兄弟二人之学说，旧日多视为一家之学，故《二程遗书》中所载二人语录，有一部分俱未注明为二人中何人之语。但二人之学，开此后宋明道学中所谓程朱陆王之二派，亦可称为理学心学之二派。程伊川为程朱，即理学，一派之先驱；而程明道则陆王，即心学，一派之先驱也。"（1992，页295）冯友兰在其晚年著作《中国哲学史新编》第五册中仍然主张此种分别："二程的家世相同，政治态度相同，又同是道学中的中坚人物，似乎他们弟兄之间，就没有什么差异了。他们的思想当时统称为洛学，他们讲学的话，传出来往往统称为'程子曰'，不分别是哪个程子说的。朱熹在他的著作中也往往引'程子曰'，他也不分别这个程子是程颢还是程颐。……其实，他们兄弟之间的分别是很大的。他们所用的名词虽然相同，但所讨论的哲学问题并不相同。"（1988，页106）牟宗三更严判二程之间的不同，认为程颢讲的本体是"即存在即活动"，而程颐所讲的本体是"只存有而不活动"。总之，宋代到明代的学者，虽然也有谈到二程之间的一些不同，但都没有分别二程为二派。在现代的学者中，虽然也有不将二程分为二派者，但无不承认二程之间在哲学上的分别。本单元将分别叙述二程的学说，但这并不表示二程的学说有对立性的差别。

本单元共有三个项目，即：(1) 程颢的思想、(2) 程颐的哲学及(3) 二程门人。在学习的过程中，应着重把握二程各自的思想、观点、命题及二程思想的差别，了解他们人格和气象的不同，二人对后世的影响，以及他们的门人在宋代理学发展中的地位。

本单元会使用以下指定教科书和指定读物，作为教材。

指定教科书：

- 陈来：《宋明理学》，页 75—116 及 128—146；
- 陈钟凡：《两宋思想述评》，第八章、第九章及第十章；
- 劳思光：《新编中国哲学史》（三上），页 205—268。

指定读物：

- 朱伯崑：《易学哲学史》，页 208—223；
- 冯友兰：《中国哲学史新编》第五册，页 113—119。

单元目标

修毕本单元，应能：

- 阐明程颢思想的要点；
- 说明程颐哲学的体系；
- 分析二程思想间的差别；
- 解说二程重要门人的思想。

程颢的思想

> **请阅读**
>
> - 指定教科书：《宋明理学》，页 75—77；《两宋思想述评》，页 76—78；《新编中国哲学史》（三上），页 206—207。

单元三 北宋理学（二）理学的建立

程颢（1032—1085），字伯淳，后学者称"明道"先生。先世居中山，后徙河南洛阳。熙宁初，任太子中允、权监察御史里行，时宋神宗常常召见他，召见结束时神宗对程颢说："卿可频来求对，欲常相见耳。"希望常常见到程颢，和他交谈。程颢在见神宗时，总是力求以诚意感动神宗，神宗对此也每有积极的回应。一次程颢对神宗说："人主当防未萌之欲。"神宗俯身拱手曰："当为卿戒之。"又一次与神宗讨论人才，程颢说："陛下奈何轻天下士？"神宗说："朕何敢如是！"由此可见程颢的人格之和易，诚意之感人。

《宋明理学》叙述了程颢青年时闻周敦颐论道后，慨然有求道之志，而未知其要，曾经泛滥于诸家，出入于佛老，几近十年，"返求诸《六经》而后得之"。周敦颐对程颢的影响还是很大的，《宋明理学》指出，程颢青年时代就学于周敦颐，周敦颐令寻颜子仲尼乐处，所乐何事，后来程颢再度从周敦颐请益，他尝说："自再见周茂叔后，吟风弄月以归，有'吾与点也'之意。"（页76）周敦颐曾有个习惯，任窗前杂草丛生，从不去除，人问之，说"与自家意思一般"，这就在一定的程度上表现出周敦颐的孔颜乐处的特点，这种人生的理想和境界，在程颢身上也有不少体现。据其弟子记述，明道书窗前茂草覆盖，有人劝他剪草，他回答说："不可，欲常见造物生意。"明道还在盆池养鱼，时时观之，人问其故，曰："欲观万物自得意。"由于他有这种与生生不已的自然合为一体的胸怀，使得他具有一种和乐的气象，这种气象不仅使他能以诚意感动皇帝，而且也感染学生不浅。有一次，一个学生从学程颢归来，对人说"某在春风和气中坐三月而来"，这"春风和气"四字正是表示程颢的人格气象及其感人化人的力量。

天理的观念

> **请阅读**
>
> • 指定教科书：《宋明理学》，页77—82；《两宋思想述评》，页78—80；《新编中国哲学史》（三上），页221—224。

程颢有一句在理学史上有名的话，这就是："吾学虽有所受，天理二字却是自家体贴出来。"冯友兰指出："在道学家中，确立气在道学中之地位者，为张横渠……至于理，则濂溪《通书·理性命章》已提出。康节《观物篇》亦言物之理，横渠《正蒙》亦言：'天地之气，虽聚散攻取百途，然其为理也，顺而不妄。'不过此诸家虽已言及理，而在道学家中确立理在道学中之地位者，为程氏兄弟。"（《中国哲学史》下册，1992，页295）冯友兰的这一说法可谓代表了学术界的共同认识。

就"天理"这个概念来说，在先秦的儒家和道家中都已提出过，如《庄子》"依乎天理"，《礼记·乐记》"不能反躬，天理灭矣"。既然先秦已经提出过天理，为什么程颢却说"天理二字是自家体贴出来"呢？这显然是因为，二程所理解的"天理"二字，与早期儒家和道家是不相同的。就儒家自己的传统而言，二程提出"天理"来，首先是对五经系统的古代思想的一种解释和发展。

二程说："《诗》《书》中凡有个主宰底意思者，皆言帝。有一个包含遍覆底意思，则言天。"（《河南程氏遗书》二上，1965。以下简称《遗书》）这是说，在五经中，主宰的意思就用"帝"

单元三　北宋理学（二）理学的建立

来表达，包含的意思就用"天"来表达。对此程颢有全新的解释，他说："天者，理也；神者，妙万物而为言者也；帝者，以主宰事而名。"（《遗书》十一）这就是说，五经中所说的天、神、帝，都不是人格神。"天"，其意义就是"理"，这就是"天者，理也"。神只是指变化的微妙，帝只是指对事物的调控。程颐和程颢在这一点上完全一致，他说："理便是天道也。且如说皇天震怒，终不是有人在上震怒，只是理如此。"（《遗书》二十二上）这也是力图说明，五经中所谓皇天上帝、所谓天道，其实都是指理。

我们知道，在五经形成的时代，是上古宗教观念流行的时代，商周文化中的帝、天都是指有人格的最高主宰，二程把古代文化中的代表宇宙最高实在、最高主宰者的观念，用理性化的态度，将之解释为"理"或"天理"，这不仅是哲学上的一大进步，也是理学"自家体贴"出来的新的内容。这样一来，理就成了哲学上的最高的范畴，而理学之得名，亦由乎此。

二程的贡献不仅在于提出了"天者理也"，把理提高到最高本体的地位，从儒家思想的观点来看，其贡献还在于，这个"理"或"天理"本身是天人合一的。二程说过："有道有理，天人一也，更不分别。"（《遗书》二上）正如教科书《宋明理学》所指出的："二程哲学中的'天理'既指自然的普遍法则，又指人类社会的当然原则，天理的这种意义本身就表现了天人合一。由于天理是一个普遍的原理，适用于自然、社会和一切具体事物的存在与发展，儒家传统的天人合一思想在这种'天人一理'说中找到了新的形式。"（页81）又说："这个普遍有效的'天理'支配着宇宙、社会、人生，决定人与事物的本性，又是理性的根源，它具有上古时代'天'所具有的本体地位，成了近世时代哲学的最高范畴。"（页80）在这样一个天理的概念中，儒家的伦理原则上升为宇宙本体和普遍规律，使得儒家思想获得了强有力的本体论的基础。

《宋明理学》指出，二程兄弟所以提出天理说，是和他们在思想方法上注重区分"形而上"与"形而下"是分不开的。"形而上"与"形而下"这两个概念本来见于《周易·系辞》。冯友兰曾提出一种看法，认为明道、伊川对于理的见解不同，明道所说的理指一种自然趋势而言，伊川所谓理则类似于希腊哲学中的形式；又认为明道、伊川对形而上和形而下的见解不同，明道对形而上与形而下的区分不十分注重，伊川则对形而上与形而下的分别极为注重（《中国哲学史》下册，1992，页301—302）。冯友兰虽说明道"不十分注重"形而上与形而下的区分，但他的说法常常使人认为程颢是不主张形而上与形而下的区分的。故劳思光在教科书《新编中国哲学史》（三上）指出："盖明道并非不讲'形上'与'形下'之分别，但在分别之外，又另有求合之意。"（页222）劳说较确。在《宋明理学》中对这一问题有详细、严密的解说，一方面指出二程都是主张区分形而上和形而下的，另一方面也指出程颢主张在实际的存在来说，道器不离，程颐也主张体用一源、显微无间。

至于二程对理的看法的差异，冯友兰在指定读物《中国哲学史新编》第五册中认为，程颢讲的理是指一类事物的自然状况、自然趋势，而程颐讲的理是指一类事物所以为此类事物的规定性（页104—105）。冯友兰对程颐思想的理解是对的，但对程颢的理解，仍可讨论。教科书《两宋思想述评》第八章"程颢之一元学说"中，在其宇宙论的部分立"生生论"，认为程颢之宇宙论主"明天地絪缊，万物化生，创造不已……宇宙即此延绵不绝'生生之机'之所表现，万物皆长养生育于生机之中。顺此生理以进展，……天地万物同秉此生机以为自性，欲维持其生命，即须臾不能失此生理"（页80）。陈说较长，盖程颢谓"生生之谓易，是天之所以为道也。天只是以生为道，继此生理者即是善也"（《遗书》二上）。其所理解之宇宙乃一生生大流，天理就其宇宙论的意义而言，即宇宙生生之理。

识仁说

> **请阅读**
>
> ● 指定教科书：《宋明理学》，页82—84；《两宋思想述评》，页84—87；《新编中国哲学史》（三上），页215—218。

> **活动**
>
> 1. 何谓《识仁篇》？试扼要述其大旨。

程颢有一段论仁的语录，在《宋元学案》中名为《识仁篇》："学者须先识仁。仁者，浑然与物同体，义、礼、知、信皆仁也。识得此理，以诚敬存之而已，不须防检，不须穷索。若心懈则有防，心苟不懈，何防之有？理有未得，故须穷索，存久自明，安待穷索？此道与物无对，大不足以明之，天地之用皆我之用，孟子言'万物皆备于我'，须反身而诚，乃为大乐。若反身未诚，则犹是二物有对，以己合彼，终未有之，又安得乐？《订顽》意思，乃备言此体。以此意存之，更有何事？'必有事焉而勿正，心勿忘，勿助长'，未尝致纤毫之力，此其存之之道。若存得，便合有得。"这段语录在理学史上非常重要，后来许多学者常常加以引述。

所谓学者先须识仁，识并不是认识，识仁实即体仁。程颢认为，为学的大要，在于"仁者浑然与物同体"，若能体会到这种仁者与物同体的境界，再以诚敬的方法来保存住这个境界，就可以了，而不需要对欲望作刻意防检或理性的竭力思考。这种境界是一种"与物无对"的境界；与物无对，就是与物为一体。由于有这种境界的人体会到与天地万物为一体，故感觉到天地的变化都与自己有关，如张载的《西铭》（即《订顽》）就是讲的这个意思。有了这样的体会，用孟子所说的"必有事焉而勿正，心勿忘，勿助长"的方法来保存之，就会达到大乐。达不到万物一体的体会，不能用"反身而诚"，也就没有乐了。

程颢的另一段语录把这意思说得更简明："医书言手足痿痹为不仁，此言最善名状。仁者以天地万物为一体，莫非己也。认得为己，何所不至？若不有诸己，自不与己相干，如手足不仁，气已不贯，皆不属己。……如是观仁，可以得仁之体。"这两段语录都是要说明什么是"仁"。照程颢的看法，仁就是一种精神境界，是一种以万物为一体的精神境界；不仅是一体，而且是以"己"为基点，要把天地万物都看成是与"己"息息相通的，正如人能感受手、足是属于"己"的一部分一样。

《宋明理学》对此作了清楚、细致的解说，要认真阅读，细细领会。这种仁的境界与道家万物一体的境界的不同，在于此种境界指向的是一种慈悯的情怀，即亲亲、仁民、爱物，以此境界实现人的社会义务。了解了程颢的这个思想，也就能了解为什么他不除窗前草、为什么他说"万物之生意最可观，此元者善之长也，斯所谓仁也"(《明道学案上》,《宋元学案》卷十三,1986,页555),也就更能理解他的宇宙观、他的人格精神了。

冯友兰《中国哲学史新编》第五册中对《识仁篇》也做了逐句的详细说明,可以参考。冯友兰最后指出:"如果真有这种境界,真是如此,那就是'反身而诚',那就可以有最大的快乐('乐莫大焉')。如若不然,仅只是在知识上认识有这个道理,而实际上仍然觉得自己是自己,万物是万物,主观是主观,客观是客观,尔为尔,我为我,那么,即使努力要取消这种界限,那也还是'以己合彼,终未有之',那也不能有乐。这就回答了什么是'孔颜乐处'、'所乐何事'那些问题。"(页112—113)他把《识仁篇》和孔颜乐处联系起来,很值得细味。

☞——————→ 测试题一

1. 依据指定教科书《宋明理学》说明"理"在洛学中的几种不同意义。
2. 试依据指定教科书《宋明理学》叙述程颢如何阐述形而上和形而下(道和器)的关系。
3. 为什么二程说"天理二字是自家体贴出来"?
4. 程颢对天理的理解有何特点?
5. 程颢主张的"仁者以天地万物为一体"的境界,与道家"万物一体"之说有何分别?
6. 程颢如何用"中医手足不仁"之说论述其仁学?

定性说

> **请阅读**
> - 指定教科书:《宋明理学》,页84—86;《两宋思想述评》,页82—83;《新编中国哲学史》(三上),页218—221;
> - 指定读物:冯友兰:《中国哲学史新编》第五册,页113—119。

> **活 动**
> 2. 何为《定性书》? 它所讨论的是什么问题?

在程颢的文集中有一篇《答横渠张子厚先生书》,是程颢答复张载的信,后人又称此书为《定性书》。《定性书》与《识仁篇》一样,在理学史上有很大的影响。在《定性书》的一开头就说:"承教,谕以定性未能不动,犹累于外物。""定性未能不动,犹累于外物"是张载的话,意思是说,他想达到"定性",可是总是为外物所牵累,以至于不能不"动",而难以达到"定"。朱熹后来指出,所谓"定性",实际上指的是"定心"。就是说,心想要定,但定不下来,心总是为外物所牵动。由此可见,《定性书》所讨论的问题,正如《宋明理学》所指出的,是通过何种修养方法来实现人的内心的安宁与平静。

程颢的回答是:"所谓定者,动亦定,静亦定,无将迎,无内外。"这是说,如果接触外物是动,不接触外物是静,而动是定,静也是定,则定是指一种稳定、安宁的精神境界,是一种在动时或静时都能保持的精神境界。冯友兰在指定读物《中国哲学史新编》第五册中说:"庄周说:'圣人用心若镜,不将不迎,应而不藏,故能胜物而不伤。'(《庄子·应帝王》)程颢所说的'无将迎',是从庄周来的。他们都认为,'圣人'的心,好像是一面镜子,能照一切东西,有什么东西来,就现出一个什么影子。所映之物去了,它不去送(将)它;所映之物来了,它也不去迎它。物不来即不应,物来即应,应了也不把它藏起来。"(页115)如果能做到不将不迎,顺其自然,心境就稳定,就不会有"犹累于外物"的烦恼了。冯友兰的这个解释很清楚,你可以结合教科书《宋明理学》一起体会。

程颢认为,对所谓外物的牵动,不能"规规于外诱之除",就是说,不能拘泥在今天克服这个外物的干扰,明天克服那个外物的干扰,这样的方法是不对的。这样的结果只能是,今天克服了的东西明天又会产生出来。根本的方法是两点:第一是打破内外的界限,如果心中嫌恶外物,企图由不接触事物来达到定心,是无法达到定心的。必须破除对内外分别的执着,使心处在一种自然状态。第二,要学习天地和圣人的境界:"天地之常,以其心普万物而无心;圣人之常,以其情顺万物而无情。故君子之学,莫若廓然而大公,物来而顺应。"

《宋明理学》指出,廓然大公,是指消除了个人的私心杂念。人应当接触事物,也应当有情感,但情感应完全顺应事物的自然的状态。圣人的"无情",只是没有从私我利害出发的情感,他的情感顺应于事物的来去,这样,一切由个人利害而产生的不宁心境都可以免除了。这样的境界就是"定性"的境界。在这种境界中,心灵摆脱了纷扰而达到自由、平静、安宁的境界,这种境界又是在不排斥对外物的接触中实现的(页85)。教科书《两宋思想述评》也指出,惟应物而不滞于物,斯内不执我,外不障物，动静无妄，发皆中节，超越主观客观而任直觉，则应物而不逐物，此即圣人之境界（页83）。

劳思光在其《新编中国哲学史》（三上）中曾谓，《识仁篇》偏重工夫，《定性书》特重圣人境界（页218）。其实，《识仁篇》和《定性书》都是兼论工夫和境界的，但二者所说的境界不同，前者是"仁"的境界，后者是"定"的境界，两者分别构成了理学家所说的圣人境界的不同侧面。

生之谓性说

> **请阅读**
>
> - 指定教科书：《宋明理学》，页88—90；《两宋思想述评》，页80—82；《新编中国哲学史》（三上），页207—215。

程颢之论性说，语意往往不明，前后亦往往不相接，造成了理解上的困难。不过，如果不是逐字逐句去解，而就其大意而观之，则亦不难掌握其主旨。程颢之人性论的特色，是他承认"生之谓性"这个命题。我们知道，"生之谓性"是先秦的告子提出来的，并受到孟子的诘难。告子认为人生而自然具有的即是性，孟子则以仁义礼智之心为人的本质的属性。

程颢之肯定生之谓性，首先，是因为"生之谓性"是对"人生而静以上"而言。他说："盖生之谓性，'人生而静'以上不容说，才说性时便已不是性也。凡人说性，只是说'继之者善也'，孟子言人性善是也。"在《礼记·乐记》中有这样的记述："人生而静，天之性也；感于物而动，性之欲也。"程颢认为，人生而静以上，也就是人生以前，无所谓性；凡说到性，一定是人生以后才有的。有了生，才有性；故说生之谓性。《易传》中说"继之者善也，成之者性也"，照程颢说，生之谓性也就是"成之者性"。"继之者善"是"成之者性"以前的事，是"人生而静以上"的事，都不是现实的、人生而后所有的性。孟子讲的性是讲人生而静以上、继之者善的性，而没有讲到成之者性、生之谓性的性。

那么，生之谓性的"性"与人生而静以上的"性"有什么不同呢？生之谓性的性是人的现实生命中的性，它与生命的要素"气"是相联系的。在人的现实生命中，性不离气，气不离性，这就叫作"性即气，气即性"，这里的"即"是指不离。受气的影响，就有善有恶。人生而静以上的性，还没有与具体的生命结合，只是天地之理，是纯善的。

因此，性的本源是善的，但与生命的气结合以后，性就会受到气的影响，使现实的人性有善有恶。如果气禀恶，则自幼而恶；气禀善则自幼而善。这样，恶就不完全是后天环境所造成的，气禀的恶所决定的人的生来的恶也是"性"。所以说"善固性也，恶亦不可不谓之性也"。

> **活 动**
>
> 3. 在程颢看来，人受气禀影响，这是否可以改变？

不过，程颢还是认为，气禀给人的影响，不是不可以改变的。他举例说，正如浊的水可以经过澄清，使之变为清水，人也可以经过修养和努力，消恶长善，最终使气禀的坏影响完全去除。所以能如此，归根到底，是因为性在本源上是善的，正如水本来是清的一样。总之，程颢的生之谓性说，强调气禀的影响，是人生而有的现实属性的一部分，但又认为气禀的影响是可以通过修养之功加以改变的。

程颢的思想在教科书《宋明理学》中已经有严密的叙述，请认真学习。陈钟凡在教科书《两宋思想述评》第八章的结论部分，总结程颢的思想说："颢本《易传》生生之论，以生生为宇宙之本原，其所以表生之理谓之性，表生之德者谓之仁，凡桃杏之核曰桃仁、杏仁，明其为生机之存也。学者苟识得仁体，存而养之，扩而充之，廓被四表，格于上下，无处非生趣洋溢，天理流行。此其持论，确衍儒家之传，而能发挥光大之者也。"（页90—91）此说可称允当。

☞——————▶ **测试题二**

1. 《定性书》的思想是否影响程颢的格物说？
2. 程颢以为如何可以达到定性？
3. 程颢所说"性即气，气即性"，这是什么意思？

程颐的哲学

> **请阅读**
>
> • 指定教科书：《宋明理学》，页91—93；《两宋思想述评》，页93—94；《新编中国哲学史》（三上），页230—234。

程颐（1033—1107），字正叔，学者称其为"伊川先生"。程颐比程颢只小一岁，又比程颢寿长二十多年，他对道学的发展起了很大的作用。他在十八岁时游太学，当时著名学者胡瑗出题考试，题为"颜子所好何学论"，胡瑗得到程颐的答卷，大惊，即请他担任教学的工作。太学的同学吕希哲以对待老师的礼节和态度对程颐。治平、熙宁年间，不少大臣推荐他做官，他都谢而不受。直到哲宗即位时，一下子做了为皇帝讲书的老师。

程颐与其兄程颢的气象不同，程颢是春风和气，程颐是严毅庄重。古代传诵"程门立雪"的故事，说程颐讲学毕，闭目静坐，弟子游酢、杨时侍立于侧，不敢离去。程颐静坐毕，二人才离去，门外已雪深过尺了。程颐与程颢的不同还在于，程颢一生未写著作，程颐则有几种著作，特别是他的《程氏易传》，用功多年，影响很大。当然，也如程颢一样，讲学的语录是研究他的思想的重要资料。程颢和程颐的语录合编为《二程遗书》，在研究时，往往需要分辨哪些语录是程颢的，哪些语录是程颐的，以便准确地掌握二人的思想。

伊川青年时写《颜子所好何学论》，其中说："然则颜子所独好者，何学也？学以至圣人之道也。圣人可学而至欤？曰：然。学之道为何？曰：天地储精，得五行之秀者为人，其本也真而静；其未发也，五性具焉，曰仁义礼智信。形既生矣，外物触其形而动于中矣。"前面已经说过，二程青年时从周敦颐学，周令"寻孔颜乐处"，所以胡瑗出的这个颜子所好何学的题目，对程颐来说，是不生疏的。在程颐的这篇文章中，可以看到周敦颐对他的明显的影响。如《通书》有《圣学》首句即"圣可学乎，曰可"，程颐说"圣人可学而至"。《太极图说》的影响也历历可见，劳思光在教科书《新编中国哲学史》（三上）中说："所谓'得五行之秀'，即'图说'所谓'秀而最灵'；'形既生矣'乃'图说'中语；'五性'亦然。此是伊川确曾读'太极图说'之证据。"（页232）又说："伊川少年确受濂溪影响，但伊川为学旨趣自少年即不在'宇宙论'一面；故虽袭'图说'语，而自家自别有用心处。"（页232—233）劳氏此说甚为有见，盖程颐青年时曾受周敦颐的影响，但其思想发展的方向确实与周的宇宙论中心类型的哲学不同。

道与阴阳

> **请阅读**
>
> ● 指定教科书：《宋明理学》，页93—94；《两宋思想述评》，页94—98；《新编中国哲学史》（三上），页257—264。

《宋明理学》第二章第四节"程颐"，第（一）为"理与气"，主要从三个方面讲程颐有关道和理的思想，即一、道是所以然；二、道是体，器是用；三、道是生生之源。在上节已经指出程颢"天者理也"思想的意义，在这一点上，程颐与程颢是相同的。程颐在《易传》解释乾卦时说："夫天专言之，则道也，天且弗违是也。分而言之，则以形体谓之天，以主宰谓之帝，以功用谓之鬼神，以妙用谓之神，以性情谓之乾。""专言之"是就全体而言，此段是说，就其整体说，天就是道，即天道，指天所遵循的法则；分开说，其苍苍形体称为天，其主宰的作用称为帝，变化莫测的功能称为神，其刚健的性情称为乾。可见，程颐对天理天道的看法与程颢在根本上是一致的。

要了解程颐对道（理）的理解，不仅要从形而上和形而下的区分来掌握，更要从"所以然"的观念来看。程颐的这段话很能说明他的思想:"离了阴阳更无道,所以阴阳者是道也。阴阳,气也。气是形而下者,道是形而上者。"(《遗书》十五)他区分了"阴阳"和"所以阴阳"。道固然不能离开阴阳,但是道并不就是阴阳。阴阳是气,是形而下者;道是所以阴阳者,是形而上者。两者是不同的。

> **活 动**
>
> 4. 汉唐学者对"一阴一阳之谓道"如何解释?试收集几种资料。

教科书《宋明理学》在讨论程颢思想时指出:"凡是物质的东西、具体的东西都是属于'形而下'的,是'器';凡是普遍的、抽象的东西都是属于'形而上'的,是'道'。感性地存在的东西是形而下的,只有用理性才能把握的东西是形而上的。天地、万物、阴阳都是形而下的器,事物的规律、本质、共相才是形而上的道。"(页80)这对程颐是同样适用的。对于程颐,道是形而上的,与阴阳不同,但形而上的东西很多,如冯友兰就认为程颐讲的道是共相,劳思光则认为道是本性,究竟程颐自己是如何了解的呢?

从上面所引用的语录可知,程颐对道的理解是"所以然",他的另一段语录说:"'一阴一阳之谓道',道非阴阳也,所以一阴一阳,道也。如一阖一辟谓之变。"(《遗书》三)这是说,《易传》说"一阴一阳之谓道",并不是说阴阳就是道。道并不是阴阳,"所以一阴一阳"才是道。对此,《宋明理学》解释说:"一阴一阳是指气的不间断的循环过程,道则是指一阴一阳开合往来过程的内在根据。"(页93)又说:"强调气的往来运动,其中有一种支配它如此运动的规律作为内在根据。程颐以'所以一阴一阳'解释道的思想,把道作为二气运行的所以根据和规律,就在一种新的意义上把《系辞》中这一古老的命题解释为理与气的关系,这对宋明理学的理论思维的发展起了一种促进的作用。"(页93—94)

根据这一思想,程颐认为,不仅阴阳运动有其所以然,天地万物无不有其所以然,事物的所以然就是事物的"理"。人的穷理,就是要穷事物的所以然。劳思光曾提出,天道观是强调一共同的存有原则,本性观是强调各类存有的殊别之性(页44、208),又认为明道强调前者,伊川注重后者。从前节叙述可见,明道以理为宇宙生生之理,可谓主张有一存有之共同原则、规律运行于万有中。伊川则既讲存有规律,又讲各类本性,而把两者统一于"所以然"的概念。

动静与变化

> **请阅读**
>
> ● 指定教科书:《宋明理学》,页97—102。

二程的思想中虽然不重视宇宙的发生、开始这一类问题,但是,二程都很重视研究宇宙万物的运动变化。在这一点上,程颐因为作过《易传》,对动静变化的讨论更多。《宋明理学》从四个方面叙述了程颐的动静变化观。

程颐有一句名言:"动静无端,阴阳无始,非知道者,孰能识之!"(《经说》卷一)又说:"动静相因而成变化。"(同上)看来,程颐的这个观点是对道教万物始于无和佛教万法归于空的批判的回应,也是对周敦颐"太极动而生阳"的宇宙发生论的一种修正。程颐认为:"阴阳开阖,本无先后,不可道今日有阴,明日有阳。"(《遗书》十五)《宋明理学》指出,按照周敦颐的宇宙发生论,阴阳的发生似乎有一个开始,而程颐从本体论的立场出发,对他来说,动和静,阴和阳,既没有开始,也不会有终结。因为宇宙并不是从一个原始实在中逐渐演化出来的,宇宙的对立统一和动静变化,是一个永恒的无尽的过程(页97)。

程颐另一句名言是:"先儒皆以静为见天地之心,盖不知动之端乃天地之心也,非知道者,孰能识之!"(《周易程氏传·复卦》)《周易·象传》说"复其见天地之心乎",魏晋玄学的代表王弼把天地之心解释为"寂然至无",程颐针对王弼等人说:"自古儒者皆言静见天地之心,唯某言动而见天地之心。"(《遗书》十八)程颐此说是强调世界无绝对静止之时,运动是宇宙的根本法则。周敦颐说"一动一静,互为其根",而程颐强调,在动与静二者当中,动才是更根本的,才能体现宇宙生生变易的根本规律。

程颐更言:"屈伸往来只是理……,物极必反,其理须如此。"(《遗书》十五)所谓屈伸往来只是理,并非说理在那里屈伸往来,而是说,事物的屈伸往来、消长盈虚,乃是必然的规律。同时,事物的屈伸往来,又循着物极必反的基本法则,事物的运动状态发展到极点,就要为另一种相反的状态所替代,如从盛到衰、从生到死、从静到动、从治到乱等等。

程颐对"对待"亦非常重视,教科书《宋明理学》引用他说:"理必有对待,……一不独立,二则为文,非知道者,孰能识之!"又引程颢说:"天地万物之理,无独必有对,……每中夜以思,不知手之舞之、足之蹈之也。"(页100—101)"理必有对待"和"理无独必有对",不是说理在那里自己相对,而是说,有上就有下，有善就有恶，有阴就有阳，有是就有非，这都是自然的天理，普遍的法则。《宋明理学》概括说："有一种现象，必然存在着与之相反的另一种现象，对立是普遍的，是必然的，也是自然的，这种对立正是生生变化的根源，又是宇宙变化的基本法则。"（页101）程颐认为，只有真正理解这种法则的人，才可以称为"知道者"。

测试题三

1. "物极必反"的思想在宋以前的中国哲学史上有何表现？
2. 伊川《易传》中释乾卦曰："夫天专言之，则道也，天且弗违是也。分而言之，则以形体谓之天，以主宰谓之帝，以功用谓之鬼神，以妙用谓之神，以性情谓之乾。"试以白话解说之。
3. 试说明伊川"所以一阴一阳道也"的思想。
4. 何谓"屈伸往来只是理"？
5. 何谓"理无独必有对"？

体与用

> **请阅读**
> - 指定教科书：《宋明理学》，页94—95；
> - 指定读物：朱伯崑：《易学哲学史》第二卷，页208—223。

程颐哲学中有一个著名的命题："体用一源，显微无间。"这个命题是怎样提出来的？你可从《宋明理学》中得知，这个命题出自程颐的《易传序》。的确，程颐有关体用的思想是他在解释

《周易》的性质和体例时产生出来的。

程颐在其《易传》中解释乾卦初九爻辞"潜龙勿用"时说："理无形也，故假象以显义。"意谓乾卦的刚健不息之理，是通过乾卦所取的物象，即龙象来显示的。如初九爻是第一阳爻，借潜龙之象，显示阳气萌生。所以程颐又说："理无形也，故因象以明理。"（《答张闳中书》，《二程集》，1981）这也是说，卦的义理是无形的，但卦理可由卦象显示出来。"假象以显义"和"因象以明理"都是把《周易》的义理看成是最根本的，把象看成义理的显现。

在这个基础上，程颐在《易传序》中把理作为"体"，把象作为"用"，他说："得于辞，不达其意者有矣；未有不得于辞而能通其意者也。至微者理也，至著者象也。体用一源，显微无间。观会通以行其典礼，则辞无所不备。"意思是说，不领会卦爻辞就不能懂得卦的义理，就不能懂得圣人之意。理是体，象是用，理是无形的，是隐藏在象之后的，故是"微"；象是有所显现的形象，故是"著"。但理在象中，象以显理，体用不离，理象合一。这就叫作"体用一源，显微无间"。伊川有一学生尹和靖看了《易传序》，曾问，"体用一源，显微无间"，莫太泄露天机否？伊川回答："如此分明说破，犹自人不解悟"。（见《程氏外书》卷十二，《二程集》，1981）可见，程颐自己对这两句话也是很自负的。

活 动

5. "体用一源，显微无间"是否只有易学上的意义？试依指定读物《易学哲学史》说明之。

程颐把解释《周易》的这个体用思想进一步加以推广到天下的理、事关系，就得出："至显者莫如事，至微者莫如理。而事理一致，微显一源。古之君子所谓善学者，以其能通于此而已。"（《遗书》二十五）这样，《易传序》中的"体用一源，显微无间"的命题就不限于易学了。照程颐的看法，万事万物都有这样的理事关系。朱伯崑在指定读物《易学哲学史》第二卷解释此段话说："程氏认为，任何事物皆有两个方面：理与事。理指一物一事之所以然，事指表现于形迹者。理为体，事为用，理为微，事为显，二者是一致的，不相分离。"（页216）

教科书《宋明理学》对此也有明晰的说明："理无形无象，微妙不可见，所以说'微'。具体事物著象分明，可直接感知，所以说'著'。理是事物的本质，事物是理的表现。两者不是截然对立，而是相互统一的。"（页94—95）又指出，在哲学上，"程颐这里说的体，是指事物内部深微的原理和根源，用是指世界的各种现象。'体''用'这一对范畴之间，在中国哲学中，有第一性与第二性的不同，体是第一性的，用是第二性的。体决定用，用依赖体"（页95）。

性即理

> **请阅读**
>
> - 指定教科书：《宋明理学》，页102—104；《两宋思想述评》，页112—119；《新编中国哲学史》（三上），页234—243。

程颢的人性论有些不清楚的地方，他说孟子讲的性善，是人生而静以上的，是不容说的，这样，人的性就是"生之谓性"的性，都是受气禀影响的，有善有恶的。但他又说人性如水，性有本来之善如水的本来之清，气禀则是水中之泥沙。生之谓性如同有浊度的水，有的浊物少而又少，即自幼而善；有的浊物多，即自幼而恶。这样，他承认性在本源上是善的，又承认性有本然之善（如水有本来之清）。本来之善的观念是一种思想方式，即分别现实的存在和本来的存在，即现实性和本来性，认为在现实性的存在中还有本来性的存在，本来性是更根本的本质的东西。

程颐把这些思想发展得更清楚，他把程颢所说的性的本来之善明确解释为"理"，把气禀的影响归结为"气"。他的人性论是一种二元性的结构：

性——天命之性——本源之性——理

气——气质之性——生之谓性——才

他认为性就是理，也就是《中庸》说的"天命之谓性"，是无不善的。告子所说的"生之谓性"是才，也即材质，这是气禀，是有善有不善的。"性禀于天，才禀于气"，性和才都不能忽视，只讲性善，不讲才，是不完全的；只讲才，不讲性善，就是不明。两方面结合起来，才能全面认识人性。他的名言是："论性不论气，不备；论气不论性，不明。"张载曾初步提出"天地之性"和"气质之性"两者来说明人性，程颐也想用"天命之性"和"气质之性"来说明人性，但张、程对天命之性和气质之性的分别都只是初步的，直到朱熹才清楚地加以分别。

程颐提出"性即理也"，和程颢提出"天者，理也"一样，具有很重要的意义。朱熹后来特别称赞程颐的"性即理也"这句话，认为颠扑不破。"性即理也"的"理"是指儒家的天理在人身的表现，更是指儒家的伦理原则。

☞━━━━━━━━━━━▶ **测试题四**

1. 试说明程颐的体用观如何从解释《周易》而得出。

2. 程颐的气质之性的概念如何？

3. 试解释"至微者理也，至著者象也。体用一源，显微无间"。

4. 程颐的人性论中有什么代表性的命题？

持敬

> **请阅读**
>
> - 指定教科书：《宋明理学》，页104—111；《两宋思想述评》页98—103；《新编中国哲学史》（三上），页249—252。

"持敬"是程颐主张的修养方法。《宋明理学》指出，在敬的问题上，二程有所不同，程颢主要讲诚，而程颐则不遗余力地强调"敬"；程颐所讲的主敬的主要内容，就是外在的"整齐严肃"和内书的"主一无适"。

程颐说："只是整齐严肃，则心便一。一则自是无非僻之奸。此意但涵养久之，则天理自然明。"（《遗书》十五）整齐是指衣冠要端正，严肃是指表情要庄重，整齐严肃就是要求在容貌举止上要合于"礼"。《宋明理学》指出："他认为这看起来是一个外在修养的问题，而实际上，经过这样长久的修养而养成习惯，就会取得时时刻刻'天理自然明'的内在效果。"（页105）

所谓"主一无适"，"主一"就是专心于一个地方，"无适"就是在用心时不要四处走作。程颐认为："所谓敬者，主一之谓敬；所谓一者，无适之谓一。"当然，程颐所说的"主一"不是泛指专心于任何一件事情，他明确说："敬只是主一也。主一，则既不之东，又不之西，如是则只是中。既不之此，又不之彼，如是则只是内。存此，则自然天理明。""只是中""只是内"，就是说要使意念集中在内心。他认为，正如外在的整齐严肃，涵养久则"天理自然明"；内在的主一，也是存久便会"自然天理明"。

格物

> **请阅读**
>
> ● 指定教科书：《宋明理学》，页 111—116；《两宋思想述评》，页105—112；《新编中国哲学史》（三上），页 243—249。

"整齐严肃""主一无适"都是敬的工夫，属于涵养的范畴。在程颐看来，对一个士的精神的全面发展来说，涵养还只是一个方面，在工夫上还有另一个方面，即格物。所以他有一句名言："涵养须用敬，进学则在致知。"（《遗书》十八）

格物的概念出自《大学》。你应当记得，唐代中期的韩愈开始特别表扬《大学》，但他只关心《大学》八条目中的齐家、治国、平天下，对格物、致知、正心、诚意、修身都未提及。二程特别重视《大学》，这是他们与周敦颐、张载、邵雍不同的地方。在《大学》，他们所重视的又是"格物"和"致知"。尤其是程颐，对格物致知谈论更多，其影响更大。程颐认为，一方面要涵养，一方面要格物，这是两个不能分割的方面。

> **活动**
>
> 6. 程颐如何理解《大学》中的"格物"？

教科书《宋明理学》指出："程颐特别重视对于'格物'的解释，他的格物论经朱熹的发展成为宋明理学中最有影响的知识理论。"（页113—114）《宋明理学》对程颐的格物概念和理论作了详细的介绍，指出：程颐认为"格，犹穷也。物，犹理也"，把格物解释为"穷理"，这是他在理学史上的一大贡献，而这样一来，理学的最高范畴"理"不仅通过"天者理也"贯注于天道观，通过"性即理也"贯注于心性论，又通过以格物为穷理而贯注于知识论。

格物穷理说是以"在物为理"的本性论为逻辑前提的。所谓物之理，是指殊别意义之理，即各种事物特具之理，此种意义的理的理论，劳思光在教科书《新编中国哲学史》（三上）中称为本性论（页208）。作为"所以然"的"理"，对于事物而言，就是事物的所以然和规律。程颐说："物物皆有理，如火之所以热，水之所以寒。"又说"物理须是要穷，……语其大，至天地之高厚；语其小，至一物之所以然，学者皆当理会"（《遗书》十八）。

《宋明理学》对程颐的格物说有具体的解说，要认真阅读。在总体上说，程颐认为格物穷理的方法和途径是多样的，无分内外的；在格物的过程中，当积累到一定阶段，便会自然产生一个飞跃，达到对普遍天理的认识。《宋明理学》最后说："程颐对格物的解释，他关于格物的对象、范围、方法、程序的理论后来由朱熹加以综合发展，成为宋明时代士人精神发展的基本方法。"（页115—116）

> **测试题五**

1. 指定教科书《宋明理学》从哪几个方面介绍程颐的持敬说，

其大旨如何？
2. 试述程颐格物说中"积累可以贯通"的思想及其理据。
3. 程颐"所以然"的思想在其格物说上有何体现？

二程门人

请阅读

- 指定教科书：《两宋思想述评》，页 133；《新编中国哲学史》（三上），页 265。

活动

7. 程门中有什么著名的弟子？请写出四个人名。

陈钟凡在教科书《两宋思想述评》第十章"程氏学派"中说："程门学者，交遍中国，洛学遂为天下所宗仰。后人以明道之门，互师伊川，统称二程；实则二程自有异同，故门弟子各得其性之所近，造诣互殊。高弟如谢良佐、杨时、游酢、吕大临，世所称程门四先生者也；其影响最著者尤推杨、谢。良佐学近明道，为陆学之前驱；杨时一传为罗从彦，再传为李侗，三传而朱熹出焉。南宋两大学派之分野，其端兆于斯矣。"（页133）这一段话说得简洁扼要，应谨记。

谢显道的思想

> **请阅读**
>
> ● 指定教科书:《宋明理学》,页 128—139;《两宋思想述评》,页 133—137;《新编中国哲学史》(三上),页 266—267。

谢良佐（1050—1103），字显道，后来学者都称他为"上蔡先生"。他是程门中最有才华的，也是肯下大工夫修养自己的人。他本从明道学，明道很欣赏他，说"此秀才展拓得开，将来可望"(《两宋思想述评》，页133)。明道死后他又从伊川学，而后告别伊川回家，一年后又见伊川，伊川问他有何进步，他说这一年只是去掉一个"矜"字。伊川问他为什么这样做，他说他的毛病全在这里。伊川叹曰："此所谓'切问而近思'者也。"(《上蔡学案》，《宋元学案》卷二十四，1986，页917) 可见二程对他都很赏识。

> **活动**
>
> 8. 上蔡如何理解"穷理"?

《宋明理学》分三个小节讲述上蔡的思想。第一节是讲他对穷理学说的贡献。伊川所讲的格物穷理，是穷事物的所以然，上至天地之所以高厚，下至一草一木之所以然。在二程的用法中，"理"实际上有几种含义：指宇宙的法则，即天理；指作为人性的本质，即性理；指伦理和道德的原则规范，即伦理；指事物的本性和规律,即物理。亦可说"理"之一字,可兼指天理之必然、人性之本然、人伦之当然、事物之所以然。在程颐的格物论中,他主张这些理都是要穷的,而上蔡则受明道的影响,提出穷理就是要穷与"人欲"相对的"天理",即穷道德法则之理,以培养道德意识,穷理的主要目的不是对自然事物的认识。他更提出"穷理则是寻个是处","是处"即是非的分别,要搞清何为是,何为非,这样,穷理的过程就是使自我与道德法则合一的过程。

第二小节是讲上蔡关于"仁"的思想。他的有关仁的思想也是发展了程颢的仁学思想的。他的仁学思想主要有两方面:一方面,他提出:"桃杏之核可种而生者谓之仁,言有生之意。推此,仁可见矣。"(《宋明理学》)这是"以生论仁",认为从天道观的方面来看,仁表示宇宙的生生不已的本性,这是对程颢以理为宇宙生生之理的思想的明确发展。另一方面,他继承了明道借医家"手足不仁"之说,以仁为感通的思想,提出"心有知觉之谓仁"(《上蔡学案》,《宋元学案》卷二十四,1986,页917—918)。这是"以觉言仁"。从伦理的意义上说,仁表示意识的一种境界或状态,即觉,这个觉就像知觉到肢体的痛痒一样,去关爱与自己为一体的万物。"以觉言仁"和"以生论仁"是上蔡仁说的特色与贡献。

第三节是讲述上蔡追求不著一事于胸中的精神境界。在《二程遗书》有关谢上蔡记录的部分中,有明道的一句话:"太山为高矣,然太山顶上已不属太山。虽尧舜之事,亦只如太虚中一点浮云过目。"(《遗书》三)泰山虽高,但山外有天,尧舜的事业很伟大,但放在整个宇宙的无限时空中来看,不过像太空中一点云而已。这是要人们放开眼界和心胸,不要执著在功业上。上蔡继承此点，认为尧舜汤武做的事业，只是与天理合一，并没有把这些功业看成什么了不起的事，只是自然地做自己应当做的事而已。这种顺其自然、循理而行的境界是上蔡所追求的境界。

由以上几点可以看出，谢显道的思想完全是继承并发展了程颢的思想。

杨时的思想

> **请阅读**
>
> ● 指定教科书：《宋明理学》，页 140—145；《两宋思想述评》，页 138—143；《新编中国哲学史》（三上），页 267。

> **活动**
>
> 9. 明道对杨时有何期望？

杨时（1053—1135），字中立，号龟山先生。杨时中进士之后，先到河南去拜见明道而师事之，明道很喜欢他，认为他领会得最快。后来杨时离别明道回其福建老家，明道目送之曰："吾道南矣"，相信他会把道学传播于江南。黄百家在《宋元学案》的《龟山学案》的按语中说："二程得孟子不传之秘于遗经，以倡天下。而升堂睹奥，号称高第者，游、杨、尹、谢、吕其最也。顾诸子各有所传，而独龟山之后，三传而有朱子，使此道大光，衣被天下，则大程'道南'目送之语，不可谓非前谶也。"（页947）这是说，程门弟子虽各有所得，但只有杨时门下后来出

单元三 北宋理学（二）理学的建立

了朱熹，真正发扬光大了道学，这样看来，"吾道南矣"确实不是虚言。

杨时对二程学说的承继，主要是对程颐的一些思想的发展，这与谢上蔡主要发展程颢的一些论说不同。程颐关于"涵养未发"的问题意识对杨时影响很大。《中庸》说："喜怒哀乐未发谓之中，发而皆中节谓之和。"程颐曾与其弟子吕大临、苏季明等讨论过已发未发的问题。教科书《宋明理学》在页111—113详细地介绍了程颐的有关思想，非常重要，必须认真学习，这对学习从杨时到朱熹的思想，是很重要的。

程颐对于"已发未发"问题的看法：

• 开始时认为"凡言心者皆指已发而言"。

• 后来认为"凡言心者皆指已发而言"，此固未当。心一也，有指体而言者，寂然不动是也。有指用而言者，"感而遂通天下之故是也"（《宋明理学》，页112）。

• 反对未发之前求中，"既思于喜怒哀乐未发之前求之，又却是思也，既思即是已发"。赞成存养于未发，"存养于喜怒哀乐未发之时，则可；若言求中于喜怒哀乐未发之前，则不可"（《宋明理学》，页112）。

杨时很重视"未发"的问题，他的观点是"体验未发"："惟道心之微，而验之于喜怒哀乐未发之际，则其义自见。"（《宋元学案》卷二十五，1986，页951）又说："学者当于喜怒哀乐未发之际，以心体之，则中之义自见，执而勿失，无人欲之私焉，发必中节矣。"（同上）这是说，《中庸》所说的"中"，人要在喜怒哀乐未发的时候去体验，体验到中以后，保持勿失，不要有私欲，这样已发就可以中节了。

《宋明理学》指出，杨时的方法，是要人努力超越一切意识活动，平静思维和情绪，体验没有思维和情感活动的内心状态，在这种内向的直觉体验中，人就能体验到中，保持它而不使丧失，人就达到圆满的境界（页142）。杨时的这个思想，对南宋的理学有重大的影响。不过，杨时的这种修养工夫，比较偏于静中的工夫，与程颐的主敬持敬说，毕竟有所不同。

☞————————→ **测试题六**

1. 上蔡对"仁"有何理解？
2. 杨时如何了解"未发之中"？
3. 谢上蔡与杨龟山思想之差异何在？

摘要

　　本单元介绍北宋理学最重要的一个学派，即洛学，包括程颢、程颐及二程的主要门人谢良佐和杨时。洛学的出现和传流，真正代表理学的建立。在洛学中，后来理学所注重讨论的问题大都提出来了。或者说，洛学所讨论的问题，后来成了理学讨论的核心问题。

　　宋明儒者以二程混言，是有辨别不清的弊病。今人将二程过分对立，亦属过正。今人往往从现代西洋哲学的观点看中国古代思想，但西洋哲学中被认为重要的分别在中国哲学中不一定是很重要的。明道死后伊川曾说："吾昔为明道行状，我道与明道同。异时欲知我者，求之此文可也。"他们的思想虽在许多细节有差别，但在大体上是一致的、互相补充的。

　　明道曾多年出入佛老，二程门人也多有此类经历，因此，理学与佛教、道家、道教的思想关系是很值得研究的。道学自然是因回应佛老的挑战而兴起，但道学的哲学理论、修养方法，也未尝没有从佛老，特别是从佛教吸取一些有用的思想成分。这一课题，你可进一步深入思考。

◆ 活动题参考答案

活动 1

《识仁篇》是程颢的一段语录，后人名为《识仁篇》。其大旨是讲仁者浑然与物同体的境界，也就是与天地万物为一体的境界。

活动 2

程颢有《答横渠张子厚先生书》，是程颢给张载的回信，后人称之为《定性书》。《定性书》中所讨论的主要是定心的问题，即如何克服外在的牵扰，达到内心的安宁和平静。

活动 4

韩康伯《系辞注》认为"一阴一阳之谓道"，是指"道者何，无之称"，"阴阳虽殊，无一以待之，在阴为无阴，阴以之生；在阳为无阳，阳以成之，故曰一阴一阳也"。意思是"无"是阴阳的根本。孔颖达则谓："一谓无也，无阴无阳乃谓之道"，指道非阴非阳，不生阴阳。

◆ 测试题参考答案

━━━━━━━━➤ 测试题一

1. 理的意义可分为四种：宇宙的普遍法则，即天理；作为人性本质的理，即性理；伦理和道德的原则，即伦理；事物的本质和规律，即物理。

2. 程颢认为，区分普遍与特殊，区分理和物、道和器，是哲学的重要方法。感性地存在的东西是形而下的，用理性才能把握的东西是形而上的。他强调，《系辞》中"一阴一阳之谓道"这句话还没有真正分清道和器，只有"形而上者谓之道，形而下者谓之器"，才能"截得上下最分明"，才把感性的具体和抽象的一般本质划分开来。

3. 天理二字虽在先秦的儒家和道家思想中已经提出，但二程理解的"天理"二字的意义与古代不同。二程关于天理的思想可以"天者理也"这一命题来表达，用理来解释古代所谓天、所谓帝，把儒家的价值原则提升为贯通天人的普遍原理，变成为哲学的最高范畴，使理成为最高本体的概念。

4. 程颢所理解的天理，并非指一类事物的本质特性，而是生生之理。在他看来，宇宙是一生生大流，天理即此于穆不已的生生大流的生机和根源。

5. 这种仁的境界与道家的万物一体的境界的不同，在于此种境界指向的是一种慈悯的情怀，即亲亲、仁民、爱物，以此境界实现人的社会义务。

6. 程颢言："医书言手足痿痹为不仁，此言最善名状。"他认为仁的境界就是把自己和万物看成息息相关的整体，把宇宙的

单元三　北宋理学（二）理学的建立

每一部分都看成自己的一部分。如果不是这样，那就像肢体麻木的人感受不到肢体是自己的一部分一样，那就是不仁了。

测试题二

1. 《定性书》也影响到程颢的格物说，他说："致知在格物，物来则知起，物各付物，不役其知，则意诚不动，意诚自定则心正。"意思是说，所谓格物，是说外物来，则知觉感应而生；知觉完全顺应事物的去来，意就可以不动；意不动，便是定，便能正心。

2. 程颢主张廓然大公，物来顺应，没有从私我出发的情感，情感活动顺应事物的来去。这样就可达到"动亦定，静亦定"的境界了。

3. 程颢主张生之谓性，生之谓性的性是人的现实生命中的性，它与生命的要素"气"是相联系的，在人的现实生命中，性不离气，气不离性，这就叫作"性即气，气即性"，这里的"即"是指不离。

测试题三

1. 《周易》有"无平不陂，无往不复"。物极必反的思想在《老子》中也已经提出，如说"反者道之动"，"祸兮福所倚，福兮祸所伏"等等。在《国语·越语》中也说："日困而还，月盈而匡"。

2. "专言之"是就全体而言，此段是说，就其整体说，天就是道，即天道，指天所遵循的法则；分开说，其苍苍形体称为天，其主宰的作用称为帝，变化莫测的功能称为神，其刚健的性情称为乾。

3. 伊川有语录，说："'一阴一阳之谓道'，道非阴阳也，所以一阴一阳，道也。如一阖一辟谓之变。"这是说，《易传》所谓"一阴一阳之谓道"，并不是说阴阳就是道；道并不是阴阳，"所以一阴一阳"才是道。认为一阴一阳是指气的不间断的循环过程，道则是指一阴一阳开合往来过程的内在根据。此种思想强调气的往来运动，其中有一种支配它如此运动的规律作为内在根据。

4. 伊川常说"屈伸往来只是理"，这里所谓屈伸往来只是理，并非说理在那里屈伸往来，而是说，事物的屈伸往来、消长盈虚，乃是必然的规律。

5. "理无独必有对"，不是说理在那里自己相对，而是说，有上就有下，有善就有恶，有阴就有阳，有是就有非，这都是自然的天理，普遍的法则。有一种现象，必然存在着与之相反的另一种现象，对立是普遍的，是必然的，也是自然的，这种对立正是生生变化的根源，是宇宙变化的基本法则。

测试题四

1. 程颐解释《周易》时提出，理是无形的，是通过有形的象来表现的，这就是"因象以明理"。他认为不领会卦爻辞就不能懂得卦的义理，就不能懂得圣人之意。理是体，象是用，理是无形的，是隐藏在象之后的，故是"微"；象是有所显现的形象，故是"著"。但理在象中，象以显理，体用不离，理象合一。由此而提出体用一源，显微无间。

2. 程颐谓"气质之性，如俗言性急性缓之类。性安有缓急，此言性者，生之谓性也。……生之谓性，论其所禀也"，气质之性主要指人的禀性的刚柔缓急，这些都是气禀造成的。

单元三　北宋理学（二）理学的建立

3. 意思是说，不领会卦爻辞就不能懂得卦的义理，就不能懂得圣人之意。理是体，象是用，理是无形的，是隐藏在象之后的，故是"微"；象是有所显现的形象，故是"著"。但理在象中，象以显理，体用不离，理象合一。这就叫作体用一源，显微无间。

4. 一个是"性即理也"，以理为人性的本质。另一个是"论性不论气，不备；论气不论性，不明"，主张从性理和气禀两方面了解人性。

测试题五

1.《宋明理学》从四个方面讲程颐的持敬说。第一"整齐严肃"，即注意约束自己的容貌举止和形象，使之端正、规范、合礼。第二"主一无适"，就是使意念集中于内心，集中于意识的养善闲邪，对其他事物无所用心。第三"有主则实"，指心要以理作为主宰，使敬畏的心态占据意识的中心，就可以排除杂念的纷扰。第四"敬则自静"，针对佛老的主静的修养，程颐提出主敬，认为敬则自然生静，主敬自然带来内心的平静。

2. 程颐认为"今日格一物，明日格一物"，积累多了，就能对天下之理有贯通的了解，即掌握天地万物的根本法则。其理据是"万物一理"，认为事物的具体的理和普遍的理的关系是普遍与特殊的关系，特殊的理都是普遍的理的体现，他说："所以能穷者，只为万物皆是一理"。

3. 格物穷理说是以"在物为理"说为逻辑前提的。所谓物之理，是指殊别意义之理，即各种事物特具之理，此种意义的理的理论，与其关于所以然的理论是一致的。作为"所以然"的"理"，对于事物而言，就是事物的所以然和规律。程颐说"物物皆有理，如火之所以热，水之所以寒"，又说"物理须是要穷，……语其大，至天地之高厚；语其小，至一物之所以然，学者皆当理会"。

测试题六

1. 一方面，上蔡提出："桃杏之核可种而生者谓之仁，言有生之意。"这是"以生论仁"，认为从天道观的方面来看，仁表示宇宙的生生不已的本性。另一方面，他继承了明道借医家"手足不仁"之说，以仁为感通的思想，提出"心有知觉之谓仁"。这是"以觉言仁"。从伦理的意义上说，仁表示意识的一种境界或状态，即觉，这个觉就像知觉到肢体的痛痒一样，去关爱万物。"以觉言仁"和"以生论仁"是上蔡仁说的特色与贡献。

2. 杨时主张"当于喜怒哀乐未发之际以心体之"，即体验没有思维和情感活动时的内心状态，则自然会体验到"中"。保持勿失，就可发而中节。

3. 谢上蔡的思想主要发展了程颢的仁学，提出以生论仁、以觉言仁；而杨时更多地继承了程颐关于已发未发的修养工夫，但偏向静的工夫发展。

参考书目

朱伯崑：《易学哲学史》第二卷，北京：华夏出版社，1995。

牟宗三：《心体与性体》，台北：正中书局，1981。

侯外庐、邱汉生、张岂之编：《宋明理学史》上卷，北京：人民出版社，1997。

岛田虔次著，蒋国保译：《朱子学与阳明学》，西安：陕西师范大学出版社，1986。

张君劢：《新儒家思想史》，载刘梦溪主编《中国现代学术经典·张君劢卷》，石家庄：河北教育出版社，1996。

陈荣捷：《宋明理学之概念与历史》，台北："中央研究院"文哲研究所，1996。

冯友兰：《中国哲学史新编》第五册，北京：人民出版社，1988。

冯友兰：《中国哲学史》，香港：三联书店，1992。

黄宗羲、全祖望：《宋元学案》，北京：中华书局，1986。

程颐：《周易程氏传》，台北：成文出版社，1976。

程颢、程颐：《二程文集》，上海：商务印书馆，1937。

程颢、程颐：《河南程氏遗书》，台北：台湾商务印书馆，1965。

程颢、程颐著，朱熹编：《二程语录》，台北：台湾商务印书馆，1966。

程颢、程颐著，朱熹辑：《二程全书》，台北：台湾中华书局，1966。

程颢、程颐著，王孝鱼点校：《二程集》，北京：中华书局，1981。

程颢著，陈龙正辑：《程子详本》，台南：庄严文化事业有限公司，1995。

蒙培元：《理学的演变——从朱熹到王夫之戴震》，福州：福建人民出版社，1984。

墨子刻（Thomas Metzger）著，颜世安等译：《摆脱困境——新儒学与中国政治文化的演进》，南京：江苏人民出版社，1990。

钱穆：《钱宾四先生全集第九册·宋明理学概述》，台北：联经出版事业股份有限公司，1994。

单元四

南宋理学（一）
湖湘学派与朱熹的闽学

单元四　南宋理学（一）湖湘学派与朱熹的闽学

绪言

在单元三中，已学习了二程及其门人的思想。从总体上说，二程用"理"这一范畴，作为最高的本体；以"理"来规定人性的本质；以"理"为万物的所以然；以穷"理"为知识论的主要方法，可以说，"理学"的体系和骨架已经由二程建立起来了。在二程的体系中，形上学的讨论更为深入，圣人境界提得更为明白，所谓"为学工夫"也渐鞭辟入里。总之，理学的基础已经稳固地建立起来了。

关于二程在思想上的差别，单元三已经通过分别论述两兄弟的思想，作出介绍。虽然将二程分别论述，但不表示二人有基本之对立。劳思光在《新编中国哲学史》（三上）指出："二程之学不同，学者多能言之。然自宋至清——甚至现代，论二程之学者多抑伊川而扬明道；此固由于立论时所取设准不同，实亦是一种极欠坚稳之观点。盖明道之近于'天道观'，可视作其学说之长处，亦可视为其缺点；未易遽作定论。"（页264—265）劳说甚为稳健，二程的分别既不能夸大，更不能由此而扬明道以抑伊川。

本单元开始介绍南宋时期的理学。理学在南宋的发展，在很大程度上受到谢良佐、杨时的影响，特别是杨时对理学的传承令理学建立起来。本单元主要叙述胡宏、朱熹的思想。胡宏的父亲胡安国，曾受谢、杨很大影响；胡宏曾师杨时；朱熹更是杨时道南学派的三传弟子。杨时所承接的课题，如已发未发、格物致知，多是由伊川所倡发，但杨时进入这些课题的方向，亦与明道有关。这些课题在他的影响下，成了南宋道学的主要课题。

钱穆以宋初三先生和范仲淹、欧阳修等为宋学之初期，以周敦颐、张载、邵雍、二程等为宋学之中期，南宋则为宋学的第三期。他说："南渡以来，可说是宋学的第三期。南渡后的政治局面，较之北宋，相差是远了。但学术思想上，却并不见逊色。专就朱熹一人而论，已足掩盖北宋两期诸家之长而有余。朱熹在中国下半部学术思想史上的地位，殆可与前半部的孔子相比。没有他，恐怕周、邵、张、程诸家，也不会有那般的光辉与崇重。我们尽可说，正统宋学，完成在他的手里。他对方的陆九渊，又开启了明儒王守仁，那是明代学术思想界惟一中心人物。其他前后诸家，也还各有创辟。南宋在此短暂的偏安中，学术界有此成绩，那是中国历史上少见的一幕。"（《宋明理学概述》，1977，页121）钱穆此说是合于事实的。

本单元会使用以下指定教科书和指定读物，作为教材。

指定教科书：

- 陈来：《宋明理学》，第三章，第一节至第三节；
- 陈钟凡：《两宋思想述评》，页151—152及194—249；
- 劳思光：《新编中国哲学史》（三上），页269—319及329—335。

指定读物：

- 陈来：《朱熹哲学研究》，《理气论》第一章及《格物致知论》第一章至第三章；
- 侯外庐、邱汉生、张岂之编：《宋明理学史》上卷，第八、第十二及第十三章。

单元四　南宋理学（一）湖湘学派与朱熹的闽学

单元目标

修毕本单元，应能：
- 阐明胡宏思想的主要命题；
- 论析朱熹哲学的体系；
- 评述朱熹在理学史上的地位。

胡宏的思想

> **请阅读**
> - 指定教科书：《宋明理学》，页 146—147；《两宋思想述评》，页 151—152；
> - 指定读物：侯外庐等编：《宋明理学史》上卷，页 287—291。

胡宏（1106—1161），字仁仲，因居湖南衡山五峰讲学，学者称他为"五峰先生"。他的父亲是胡安国，谥文定。《宋元学案》述胡安国之学，全祖望的按语是："私淑洛学而大成者，胡文定公其人也。……文定几侔于龟山，盖晦翁、南轩、东莱皆其再传也。"（《武夷学案》，《宋元学案》卷三十四，1986，页1170—1171）其实，胡安国的主要著作为《春秋传》，他对南宋初的洛学的拓展，固有贡献，但其学术思想上的贡献并不大。他在荆门认识杨时，通过杨时认识谢良佐。他自己说："吾于游、杨、谢三公，皆义兼师友。"（《武夷学案》，《宋元学案》卷三十四，1986，页1173）说明他也承认程门弟子对他的影响。

胡宏是南宋前期朱熹以前最重要的思想家，全祖望说："绍兴诸儒，所造莫出五峰之上。"（《五峰学案序录》，《宋元学案》卷四十二，1986，页1366）南宋的吕祖谦认为胡宏的著作《知言》胜于张载的《正蒙》。秦桧主政时，曾笼络胡宏和胡宏的兄长胡寅，但二人都回避不理。因此胡氏兄弟的声名播于四方。胡宏在五峰讲学二十年，建立了湖湘学派，与杨时的嫡传道南学派，并为当时最大的学派。洛学在南宋的流行，正是依赖这两派的学者。

指定读物《宋明理学史》说："胡宏生平志在大道，以振兴道学自任，谓'道学衰微，风教大颓，吾徒当以死自担'。"（页288）史传谓："自幼志于大道，尝见杨中立（时）先生于京师，又从侯师圣先生于荆门，而卒传文定公之学。"（张栻《知言·序》）其实，《知言》的思想是洛学的发展，不能说是传其家学，胡宏有明确的道学意识和发展道学的理念，与其父胡安国不同。故《宋明理学史》一方面肯定其"卒传其父之学"的旧说，但另一方面也不得不承认"由于胡安国没有理学的专书，因此对于胡宏理学思想的家学渊源尚难详论"（页290）。总之，应当破除某些传统的观念，比如重视家学，或者重视是否亲自从学于某某人。其实，一个人即使没有家学影响，没有亲自从学于某人某派，也不碍他因读书而成为某一派的发扬者。

胡宏的主要著作是《知言》，后来朱熹及与朱熹同时的学者张栻（五峰门人）、吕祖谦共同写了《知言疑义》，对《知言》中的一些观点提出批评。故后来的《知言》传本，凡见于《知言疑义》的条目皆不收入。所以我们在《知言》之外，还要看《知言疑义》才能全面了解胡宏的思想。

单元四　南宋理学（一）湖湘学派与朱熹的闽学

心为已发

> **请阅读**
>
> - 指定教科书：《宋明理学》，页 148—150；《新编中国哲学史》（三上），页 332—333。

> **活 动**
>
> 1. 何谓已发未发？胡宏为何讨论此类问题？

单元三在介绍杨时思想时，已经谈到程颐、杨时有关"已发""未发"的讨论。"已发"就是喜怒哀乐之已发，"未发"就是喜怒哀乐之未发，这都是从《中庸》"喜怒哀乐之未发谓之中，发而皆中节谓之和"而来的。程颐曾与其弟子吕大临、苏季明讨论未发的问题（程颐《与吕大临论中书》，载《程氏文集》卷九；程颐与苏季明论未发见《遗书》卷十八，《二程集》，1981）。这些讨论对杨时影响很大，如程颐《与答吕大临论中书》中有吕氏的主张："此心之动，出入无时，何从而守之乎？求之于喜怒哀乐未发之际而已"，而程颐主张："若言存养于喜怒哀乐未发之时，则可；若言求中于喜怒哀乐未发之前，则不可。"程颐的意思是说，未发之前不可以求，因为"求"就是已发了，只能在未发时加以存养。既然未发之前不能"求"，只能"存养"，故杨时提倡要在未发之际"体之""验之"。

胡宏对"已发未发"的重视明显地受到杨时的影响。但是他与杨时着重讨论未发的工夫不同,他更多地讨论"未发"的概念,比如"未发是心还是性"。这个问题在程颐活着的时候,并没有加以讨论。不过,照程颐在《遗书》中的说法来看,讲"存养于未发之前",就是认为未发是指意识、情感未曾发作的时候的一种内心状态,所以是把未发作为心在时间过程中的某一种状态。换言之,所谓"未发"是指心的一种状态。更简单地说,"未发"是指心而言的。

不过,程颐在与吕大临论中书的早期,曾提出"凡言心皆指已发而言",以心为已发,以已发指心。胡宏赞成这个看法,也认为已发是指心的。那么"未发"又指什么呢?在程颐答吕大临书的最后,他说:"心一也,有指体而言者(寂然不动是也),有指用而言者(感而遂通天下之故是也),惟观其所见如何耳。"(《二程集》,1981,页608)既然这里是讨论已发未发,那么,这里所说的"寂然不动"应当是指未发,"感而遂通"应当是指已发。这样,未发是"指体而言",已发是"指用而言"。也就是说,未发是体,已发是用。程颐的这一段话,启发了胡宏,既然未发是心之体,那就可以说未发是指性而言,性不就是心的体吗?于是胡宏得到一个结论:"未发只可言性,已发乃可言心。"(《胡宏集》,1987,页115)这就比洛学原来的讨论更进一步。

不仅如此,胡宏又不赞成程颐以"寂然不动"指未发,以"感而遂通"讲已发。胡宏认为,《易传》的"寂然不动""感而遂通"都是讲"心"、已发的不同状态的,"中"才是讲"未发"的。他认为"寂然不动"只是指意识情感已发过程中的定静心境,正像程颢所说"动亦定,静亦定"一样,而不是指作为性的未发。

教科书《宋明理学》对此有清楚的解说:"胡宏认为'未

发'是指性,而不是指心;'寂然不动'是指心(当然不是指一切人心,指圣人之心),而不是指性。他进一步指出,心无论动时静时,都属于'已发',而不是'未发'。"(页149)"所以他强调'未发只可言性,已发乃可言心',认为必须把范畴弄清楚。'寂然不动'只是心的一种时态(静),并不是性,故不是'未发';'已发'并不只指心的动,也包含心的静。未发是指性,已发是指心。'中'是描述'性'的,寂感是描述'心'的。"(页149—150)

《宋明理学》最后指出,胡宏把洛学中原先注重工夫的讨论,发展为一种心性理论上的辨析。通过已发未发的讨论,胡宏建立了一个心性论,这个心性论认为,性为心之体,心为性之用,性是心之未发,心是性之已发。这是一种心性体用论。

不以善恶言性

> **请阅读**
> - 指定教科书:《宋明理学》,页153—154;《新编中国哲学史》(三上),页333—335;
> - 指定读物:侯外庐等编:《宋明理学史》上卷,页295—298。

"性"这个概念的用法,胡宏与洛学有所不同。他说:"性,其气之本乎!"(《知言·事物》,《胡宏集》,1987,页22)又说:"气有性,故其运不息。"(《知言·好恶》,《胡宏集》,1987,页11)他把性看作气之所以能运行不息的根源,这与二程讲道是阴阳之气生生流行的所以然的思想是一致的。《宋明理学》指出,这种用法是对气的运动而言的。胡宏又说："性立天下之有。"（《知言·事物》，《胡宏集》，1987，页21）这就不是仅指气之运动而言了。

> **活 动**
>
> 2. 试解释"性立天下之有"，并指出在这里"性"这一概念的特色。

教科书《宋明理学》指出，"性"这一概念就是对气和万物的存在而言的。在后一意义上，性是万物得以存在的根据，是一个本体的概念。这个意义上的性，就不是人性或具体事物的性的概念了。这种用法是二程所没有的。

正是在性是万物存在的根据这一意义上，胡宏说"性也者，天地鬼神之奥也，善不足以名之，况恶乎？"这样的宇宙的本性，"善"尚且不足以形容它，"恶"更不可能来形容它了。既然性不可以善恶言，为什么孟子讲性善呢？胡宏的解释是："孟子道性善云者，叹美之辞也，不与恶对。"就是说，孟子说的"善"不是与"恶"相对的，是超越一般善恶对立的感叹语。《宋明理学》说："作为宇宙本体的'性'是超乎善恶的，是天地万物赖以存在的根据。'性'作为宇宙本体的意义，其普遍性、终极性、重要性、决定性、根本性，远远超出了'善'所能表达的意义，因为与'恶'相对的'善'只是一个适用于人类社会伦理关系的概念。从这个方面说，伦理学的范畴'善'不足以用来描述宇宙本体。"（页153—154）

由于胡宏反对以善恶言性，后来朱熹把这种思想概括为"性无善恶"，认为这和孟子所批评的告子和佛教的无善无恶思想是同一类的思想，并对之加以严厉的批评。如果我们了解胡宏在反对以善恶言性的时候，性是指宇宙的本体而言，则可知朱熹把这种思想作为人性论来批评是不适当的。

不过也应指出，朱熹之所以会对胡宏提出这样的批评，并不是朱熹完全不能理解胡宏的那一段话，而是因为朱熹还将之联系到《知言》中的另一段话："好恶，性也。"以好恶论性，性就是无善无恶的了。故劳思光在教科书《新编中国哲学史》（三上）指出："胡氏自己立说不甚严谨，忽以'好恶'说'性'，忽以'天地之所以立'说'性'，则朱氏之反对亦理所当然。以'好恶'为'性'，则普遍意义之价值标准不能成立，而只剩下特殊意义之心理标准。"（页334）劳氏此说，较为公允。

☞ ─────────── 测试题一

1. 试述胡宏对"气"和"性"的关系的看法。
2. 试述胡宏和湖南学派关于"察识"的思想。
3. 胡宏对已发未发的主要观点是什么？
4. 朱熹对胡宏"性无善恶"的批评是否正确？试说明胡宏的观点。

天理与人欲

请阅读

- 指定教科书：《宋明理学》，页 154—155；
- 指定读物：侯外庐等编：《宋明理学史》上卷，页 298—303。

胡宏另一个被朱熹特别批评的观点是，他在《知言》中提出的所谓"天理人欲同体而异用，同行而异情"（《知言疑义》，《胡宏集》，1987，页329）。朱熹亦将此点与性无善恶联系起来，对胡宏加以批评。

朱熹说："此章亦性无善恶之意，与'好恶，性也'一章相类，似恐未安。盖天理莫知其所始，其在人则生而有之矣。人欲者，梏于形、杂于气、狃于习、乱于情，而后有者也……今以天理人欲混为一区，恐未允当。"（《知言疑义》，《胡宏集》，1987，页329）他又批评胡宏之说"是天理人欲同时并有，无先后宾主之别也"。朱熹主张"本体实然只一天理，更无人欲"（《知言疑义》，《胡宏集》，1987，页330）。总之，朱熹认为，心之本体，即天命之性，即是天理，本体上无人欲，人欲是后天才有的。胡宏说"同体"，有把人欲当作本体之嫌。故朱熹说："体中只有天理，无人欲，谓之同体，则非也。同行异情，盖亦有之。"（《朱子语类》卷一百一，1962）他还说："观天理人欲所以不同者，其本原元自不同，何待用也！"（《朱子语类》卷一百一，1962）总之，在朱熹看来，"同体异用"是不对的，"同行异情"是可说的。所以朱熹反对的是前一句，而非后一句。

其实，胡宏并没有把人欲作为本体的意思，只是他的表达不很严密。他所说的同体或同行，意义上是没有什么差别的。正如《宋明理学》所指出的："胡宏是要人在生命欲望的活动中注意循其当然之则，即是说，欲的正当展开就是'天理'，欲的不合准则的放荡才是'人欲'。"（页155）胡宏这一思想的主旨不是讲人性是否有善恶，而是强调人要在生活行为中辨清天理和人欲的分际。

牟宗三对胡宏"同体而异用，同行而异情"有这样的解释："同一'饮食男女之事'，'溺于流'者，谓之'人欲'；不溺于流者，谓之'天理'。此即所谓'天理人欲同体而异用，同行而异情'。'同体'者'同一事体'之谓，非同一本体也。'异用'是异其表现之用，非体用之用。"（《心体与性体》二，1981，页454）这个解释比较妥当。

以心主性、心以成性

> **请阅读**
>
> - 指定教科书：《宋明理学》，页155—157；《新编中国哲学史》（三上），页329—332；
> - 指定读物：侯外庐等编：《宋明理学史》上卷，页291—295。

前面已经介绍，胡宏主张性为未发，心为已发。从性是本质，心是发用来说，性是体，心是用。那么，"心"是不是只作为"性"的被动的表现呢？在道德实践中，心有没有主动性？有没有积极的意义？回答是肯定的。在这方面，胡宏有两个思想值得注意，一个是"以心主性"；一个是"心以成性"。

> **活动**
>
> 3. 试依指定教科书《宋明理学》，简释"性主乎心"的意义。

胡宏提出，"性主乎心"，这是说性主于心，即心对性有主宰的作用，我们称此为"以心主性"。心如何发挥"主"的作用呢？他认为：心纯则性定，性定则气正。这里的纯是纯一，亦即程颐所谓主一；性定，这里的性就不是指宇宙的本性，而是程颢所说的"定性"。也就是说，心能发挥其主宰的作用，性就能"动亦定，静亦定"。这就是以心主性。

胡宏把性作为宇宙的根源和本体，那么，何以古代圣贤都强调心呢？胡宏的解释是，心以成性。即是说，心可以使性得以实现，使性得以完成。人如果能做到"尽心"，即将心的能力彻底发挥出来，就能完成、实现自己的本性。这也就意味着，性并非自然地就能在人的生命中圆满实现的，而是有赖于心的尽与不尽。

牟宗三对此亦有解说："此言惟因'尽心'，始能使作为'天下之大本'之性得其具体化与真实化，彰显而挺立，以真成其为'天下之大本'也。"（《心体与性体》二，1981，页447）他认为，在五峰哲学中，性是客观性原则，心是主观性原则，如果没有心，性只能潜隐自存，不能彰显，不能具体化。客观性原则借助于主观性原则，方能在生命中呈现而具体化。所以，"心以成性"是很重要的。

☞──────▶ 测试题二

1. 胡宏如何看待"夫妇之道"？
2. 朱熹为何批评胡宏"天理人欲同体而异用"的说法？
3. 牟宗三如何解释"同体而异用"？
4. 请解释"心以成性"的意义。
5. 试据牟宗三之说，简释"心以成性"的哲学意义。

单元四　南宋理学（一）湖湘学派与朱熹的闽学

朱熹哲学体系

> **请阅读**
>
> - 指定教科书：《宋明理学》，页 160—162；《两宋思想述评》，页 194—200；《新编中国哲学史》（三上），页 269—271；
> - 指定读物：侯外庐等编：《宋明理学史》上卷，页 368—381。

朱熹（1130—1200），字元晦，号晦庵。他在十四岁时父亲亡故。父亲死前，命他禀学于三个朋友，说"吾即死，汝往父事之"。这三个人是胡宪（籍溪）、刘勉之（白水）、刘子翚（屏山）。这三个人便成了朱熹最早的老师，称为三君子。三君子和朱熹的父亲朱松都倾心于洛学，那个时候，洛学还在受禁，不能公开学习，他们就暗地里学习。受这些影响，朱熹很早就对洛学发生兴趣。不过，三君子的思想比较驳杂，胡籍溪、刘屏山都对佛老感兴趣，这也曾对青年朱熹有影响，传说朱熹参加科举考试时还带着大慧禅师的语录，就是一个例子。

胡籍溪曾学于胡安国，所以《宋元学案》把朱熹也算作胡安国的再传。其实，从思想和学术上说，朱熹所承继的是杨时开创的道南学派。朱熹二十四岁时见李侗，李侗是罗从彦的弟子，罗从彦则是杨时的传人。朱熹自见李侗后，以李侗为师，一心归于洛学。李侗把"龟山门下相传指诀"，即体验喜怒哀乐未发，传教于朱熹，又引导朱熹研习圣人的经典。李侗对朱熹评价甚高："元晦进学甚力，吾党鲜有""自见罗先生来，未见有如此者"（《朱子年谱》卷一上）。所以朱熹是杨时的三传弟子，是二程的四传弟子。

杨时倡道东南，游其门下者有很多人，罗从彦是最得其传者。罗从彦从龟山学，讲诵之余，危坐终日，以体验喜怒哀乐未发之前的气象。李侗从罗从彦学，也是默坐澄心，体验未发。李侗又以此教朱熹。朱熹对此也下了很大功夫，可是朱熹对于体验未发的理论和实践，总觉有所未契。李侗死后，他结识了胡宏的弟子张栻，受到湖南学派的已发未发说的一些影响。他仍不满足，在整理、编辑二程的语录过程中，反复体会程颐的语录，最终在四十岁的时候，确定了走程颐"主敬-穷理"的思想方向。由那时开始，他逐步建立起自己庞大的哲学体系。

理气先后

> **请阅读**
>
> - 指定教科书：《宋明理学》，页 162—165；《两宋思想述评》，页 200—203；《新编中国哲学史》（三上），页 272—280；
> - 指定读物：陈来：《朱熹哲学研究》，页 3—29；侯外庐等编：《宋明理学史》上卷，页 381—385。

在二程哲学中，特别是程颐的哲学中，已经把"道"和"阴阳"作为宇宙论最基本的范畴。道也就是理，二程说过："理便是天道也"；阴阳是气。所以道和阴阳的关系，也就是理和气的关系。不过，即使是程颐，也没有用理和气作为基本范畴来讨论。换言之，洛学中还没有明确的"理气"的问题意识。

在洛学中，理事体用的问题在解释《周易》的基础上发展起来，提出所谓"事理一致，微显一源"。朱熹进一步发展了这个讨论，认为"如果仅就理上看，理虽然没有形迹，但其中已包含了事物的本质，包含了事物发展的可能性……按照这个逻辑，事物还未存在的时候，事物的理可以预先存在，这个理决定了后来事物的必然出现和存在"（《宋明理学》，页163）。

循此思路，朱熹提出了"理在事先"，认为"未有这事，先有这理"。他指出如果不是理在事先，难道是在事物出现后，理才进入事物之中吗？朱熹所说，至少包含了两个理据。首先，一棵树生长出来，不能说树之共理在此树之前不存在。其次，一事物之出现，必是合乎某种理则始能出现（如马生牛，断无此理）。总之，"一类事物尚未产生的时候，这些事物的规律、法则、原理已经存在"（《宋明理学》，页164）。由此又可得一结论，即"一切事物的法则，包括人类社会的各种原则都是永恒存在，而且不会改变的"（《宋明理学》，页164）。

在朱熹哲学中，"理"和"气"成为其哲学体系的最基本的范畴，理气关系也就成为最重要的哲学问题。他说："理也者，形而上之道也，生物之本也。气也者，形而下之器也，生物之具也。是以人物之生，必禀此理然后有性，必禀此气然后有形。"（《答黄道夫》，《朱子文集》卷五十八，1937）本是根本，决定人物的性；具是材料，决定事物的形体。冯友兰认为，朱熹所说的理如希腊哲学所说之形式（form），气即如希腊哲学所说之材质（matter）（《中国哲学史》，1992，页903）。他又谓理是超时空之潜存（subsist），气是在时空存在（exist）（《中国哲学史》，1992，页896）。

劳思光也认为，"理"指超时空决定之形式及规律，故为形而上；"气"指时空中之存在所具之质料，故为形而下，劳氏还说明，虽然"形式""质料"是希腊哲学的词语，与朱熹并非完全等同，但"理"是取"形式"义，"气"是取"质料"义，则无可疑（《新编中国哲学史》三上，页272）。其实，与气相对而言的"理"，主要意义非指形式，而是指法则和规律。但"理-气"二分的结构，确与希腊哲学"形式-质料"分别的结构相似。

> **活 动**
>
> 4. 试依据指定教科书《宋明理学》，说明朱熹对理气先后关系的看法。

理在事先之思想体现在理气论上，则有所谓"理在气先"的讨论。朱熹虽然多次讲过理先气后，但分解地说，他认为，就现实世界来说，理与气是不能分离的，故实际上无所谓先后。但在逻辑上、理论上，必须说理在气之先，因为理是体，是本，是形而上的。最早以朱熹的理在气先说为"逻辑在先"的是冯友兰，他在《中国哲学史》中首先提出，在其晚年著作《中国哲学史新编》第五册中仍然持此说。劳思光亦认为，在运行的意义上，理气不相离；而在理论次序上，理必先于气（《新编中国哲学史》三上，页275）。

测试题三

1. 试依据《朱熹哲学研究》，简述朱熹理气观之演变。
2. 试分析"理在事先"说。
3. 冯友兰如何界定"理"和"气"的概念？试加以评论。

理气动静

> **请阅读**
> - 指定教科书：《宋明理学》，页166—167；《新编中国哲学史》（三上），页280—282；
> - 指定读物：侯外庐等编：《宋明理学史》上卷，页390—393。

朱熹哲学从其建立时起，就有一明显之特征，即对北宋各家思想的综合。在宇宙论上，他对周敦颐的《太极图说》特别重视。在两宋理学史上，朱熹的一大贡献，即提高了周敦颐的地位，并将周敦颐之"太极"解释为"理"。这个工作的意义同于程颢将五经中的"天"解释为"理"，对理学的贡献一样，使得"理"这一概念彻底地统贯于中国当时的宇宙论和本体论。

二程未曾提到过《太极图说》和周敦颐的太极思想。朱熹作《太极图说解》，以太极为"形而上之道"，为"动静阴阳之理"，这与二程不提周敦颐的太极观相比，是一个进步。然而，朱熹以太极为理，这种解释又为道学带来一些新的理论上的问题。理气的动静问题，便是其中之一。

周敦颐在《太极图说》中讲"太极动而生阳，静而生阴"，太极是自身能运动的实体。现在，朱熹把"太极"解释为理，那么，"理"是能动能静的吗？朱熹说过："理却无情意、无计度、无造作"，"理则只是个净洁空阔底世界，无形迹，他却不会造作；气则能酝酿凝聚生物也"（《朱子语类》卷一，1962）。"无情意"是没有意志感情，"无计度"是没有思想，"无造作"是没有行为和运动。这说明理本身是不会运动的。

> **活 动**
>
> 5. 朱熹在其《太极图说解》中怎样解释太极和动静？

理既然不会运动，没有动静，那理和动静有什么关系呢？朱熹在其《太极图说解》中认为，太极是"本然之妙"，动静是"所乘之机"，前者是形而上的，后者是形而下的。"妙"在《易传》里指变化不测的根源。所谓"本然之妙"是指太极是运动的内在根源和所以然。动静则是指"理"得以显现的有形的活动。

为了解释理和气的这种本然之妙与所乘之机的关系，朱熹经常用一个"人马之喻"来说明。他说："太极犹人，动静犹马，马所以载人，人所以乘马，马之一出一入，人亦与之一出一入。"（语录全文见《宋明理学》，页167）这是说：太极是理，动静是气，气运行时理随之运行，二者相依而不相离。这种关系用人乘马来比喻，太极好像是人，动静好像是马，马是载负人的，人是乘坐马的，所以马在一出一入的时候，人也随着一出一入。

正如《宋明理学》指出：理是不可能有什么动静的，而气是可以动静的，但由于理存在于气之中，气是理乘载搭寓其上的运动体，这样一来，理虽无动静，因乘载在动静的气上，就有了相对的动静。所以在朱熹的思想中，理是动静的根源，但理自身并没有独立的运动。

单元四 南宋理学（一）湖湘学派与朱熹的闽学

理一分殊

> **请阅读**
> - 指定教科书：《宋明理学》，页167—171；《两宋思想述评》，页200—203；《新编中国哲学史》（三上），页282—287；
> - 指定读物：侯外庐等编：《宋明理学史》上卷，页385—387。

> **活 动**
> 6. 理一分殊的命题是如何提出来的？

"理一分殊"是宋明理学中的一个常见的命题。这个命题最先是由程颐在与他的学生杨时讨论张载的《西铭》时提出来的。张载在《西铭》里说，天地是我的父母，而人人皆由天地所生，所以民众皆是我的同胞。又因万物亦为天地所生，故万物都是我的朋友。这种"民吾同胞，物吾与也"的境界是要人从万物一家的方面来对待民和物，是对孟子的"仁民爱物"说的新的论证和表达。杨时读过《西铭》后，觉得这种思想和墨子的"兼爱"思想相近，于是把这个问题向程颐提出来："《西铭》之书，发明圣人微意至深，然而言体而不及用，恐其流遂至于兼爱。"（《龟山集》卷十六，1972）程颐断然否定了杨时的怀疑，说"《西铭》明理一而分殊，墨氏则二本而无分"。"理一分殊"这个命题就是这样提出来的。你可参看教科书《宋明理学》的解释。

在程颐的思想里，理一分殊是一个伦理学的命题，理一是指万物一体，分殊是指义务的不同。朱熹把这个意思发挥得更清楚了，他说："以乾为父，以坤为母，有生之类无物不然，所谓'理一'也。而人物之生，血脉之属，各亲其亲，各子其子，则其'分'亦安得不殊哉！"（《西铭解义》）这说明，万物一体，这是理一，是普遍的原理；但个人对亲人、他人、万物的义务不同。这种伦理学意义上的理一分殊，其含义已在《宋明理学》提出："道德基本原理表现为不同的道德规范，具体规范中又贯穿着普遍原理。"（页168）

朱熹的贡献在于，他并没有停留于程颐所讲的"伦理"意义上的这种理一分殊，而把对这一命题的理解更扩大了。首先，他从理一分殊说发展出"统体一太极，物物一太极"的本性论，以解决"性理"的问题。他说："盖合而言之，万物统体一太极也；分而言之，一物各具一太极也。"这是说，把天地万物作为一个整体来看，其中有一个太极，是整个宇宙的本体和本性。这个太极就是理一。就每一事物来看，如果每个人都禀受了这个宇宙本体的太极作为自己的本性、性理，那么，各个人的性就是分殊。故朱熹明确说："伊川说得好，曰理一分殊，合天地万物而言，只是一个理；及在人，则又各自有一个理。"（《朱子语类》卷一）朱熹还用"月印万川"加以比喻说："本只是一太极，而万物各有禀受，又各自全具一太极尔。如月在天，只一而已，及散在江湖，则随处可见，不可谓月已分也。"每个人的人性的理虽然禀受于太极，但并不是分有了太极的一部分，人的性理和作为宇宙本体的太极是相同的。所以每个人的性都是一个太极。《宋明理学》说："在性理的意义上，理一分殊的意义是指宇宙本体的太极与万物之性的关系。"（页170）

以前的单元曾经说明，宋明理学体系中的"理"有不同的意义。由于理有不同的意义，故"理一分殊"亦有不同的意义。朱熹不仅把理一分殊从"伦理"的解释推广到"性理"的解释，他的另一个发展是将其扩大到"物理"方面。所谓物理就是每个事物具有的特殊的本质、规律。朱熹认为，宇宙万物有统一的、普遍的法则，这是理一；而每一事物又有自己的特殊的本质和规律，这是分殊；具体事物的理固然表现了普遍的理，但各个具体事物的理则是不相同的。所谓格物穷理，正是建立在这种思想上。具体事务的理不相同，所以需要格物；各种具体的物理又共同体现了普遍的天理，所以又要贯通。

☞─────────▶ 测试题四

1. 朱熹怎样用比喻说明理气的动静关系？
2. 试简述朱熹关于性理方面的理一分殊说。
3. 试复述朱熹"月印万川"的说法。
4. 请说明朱熹关于物理方面的理一分殊说。

未发已发

> **请阅读**
>
> ● 指定教科书：《宋明理学》，页 171—173。

> **活　动**
>
> 7. 朱熹所说的"龟山门下相传指诀"是指什么？

在单元三和本单元前节已经指出,杨时要学者体验于喜怒哀乐未发之际,其传人罗从彦令弟子"静中看喜怒哀乐之未发时作何气象",罗之弟子李侗以此实践,又以此教朱熹,"静中以验夫喜怒哀乐未发之前气象"。所以朱熹说:"李先生教人,大抵令于静中体认大本未发时气象分明",又说:"此乃龟山门下相传指诀。"(《答何叔京二》,《朱子文集》卷四十,1937)

朱熹虽然也在体验未发方面下过工夫,但始终没有什么受用收获。朱熹三十四岁时,李侗死去,他通过张栻了解湖南学派对此问题的看法,开始离开道南学派寻求体验的路子,朝向湖南学派在理论上辨析已发未发的方向发展。三十七岁时,他第一次建立了基于自己思考而得出的已发未发说,认为"心为已发,性为未发"。这个观点其实和胡宏的看法是一致的。他也接受了湖南学派把工夫归结为已发时的察识良心。

朱熹在四十岁时对这个问题的想法又有了改变,形成了他后来一直坚持的看法。在这种成熟的已发未发说中,朱熹对已发未发的使用有两个方面。第一,朱熹仔细考察了二程,特别是程颐对已发未发的说法,综合其意,而主张"已发"是指思虑已萌,"未发"是指思虑未萌,即以已发、未发指心理活动的不同状态。《宋明理学》指出,这种关于已发未发的观点是为了给静中涵养工夫一个地位。因为,如果以心为已发,人便只在已发上下工夫,就容易只注意明显的意识活动的修养。确立了未发作为思虑未萌时的意义,就可以使人注意从事未发时的涵养工夫。这样,他就把道南学派注重未发工夫的思想和湖南学派注重已发工夫的思想结合起来了。

朱熹虽然通过重新定义已发未发,把未发工夫和已发工夫都顾及到。但他对未发工夫的强调已不是道南学派体验未发的主静之工，而是程颐讲的主敬。他对已发工夫的了解也已经不是湖南学派的察识良心，而是程颐说的格物穷理。他主张未发时要主敬涵养，已发时要格物穷理。这种思想实际上是继承了程颐"涵养须用敬，进学则在致知"的为学宗旨。所以他的学问的方向最近于程颐。

第二，朱熹的已发未发说不仅有上述的工夫论意义，还有另一方面的心性论意义。即以性为未发，以情为已发。用已发未发来表示性和情的体用关系，体是内在的深微的东西，用是外在表现的东西，故体是未发，用是已发。他说："情之未发者性也""性之已发者情也"。

心统性情

> **请阅读**
> - 指定教科书：《宋明理学》，页 173—175；《两宋思想述评》，页 211—218；《新编中国哲学史》（三上），页 293—297。

> **活动**
> 8. "心统性情"的命题是由谁最早提出的？

"心统性情"也是宋明理学史上常见的命题，这个命题最早由张载提出，张载说："心统性情者也。有形则有体，有性则有情。发于性则见于情，发于情则见于色，以类而应也。"（《张载集》，1978，页374）张载这个说法包含有性发为情的思想，但心如何"统"之，其说并不清楚。

正如在理一分殊、已发未发的问题上一样，朱熹不仅十分强调"心统性情"，而且把心统性情的意义加以发明解释。在朱熹哲学中，"心统性情"有两个意义。第一个意义，"统"指"兼""包"。《宋明理学》指出：心是标志思维意识活动总体的范畴，其内在的本质（体）是性，具体的情感念虑之发（用）则是情。心作为系统的总体，包括体用、兼摄体用，故说心统性情（页174）。

心统性情的第二个意义是，"统"指"主"而言。朱熹说："性是体，情是用，性情皆出于心，故心能统之。统如统兵之统，言有以主之也。"在这个意义上，心统性情即朱熹常说的心主性情。这个思想是和已发未发说相联系的。它强调，如果心在未发时没有一种涵养，没有一种主宰，就会昏乱不清；如果已发时没有心的主导、统率，情就会流于陷溺。

前面说过，胡宏以性为未发，心为已发，而朱熹后来则以性为未发，情为已发。为什么朱熹要把"心为已发"改为"情为已发"呢？现在我们知道，他认为性情是互为体用的，而性心不能互为体用，心是包括体用的整体。其次，如果把心只说成是性的已发之用，就无法显示出心的主宰作用。

☞━━━━━━━━━━▶ **测试题五**

1. 朱熹的已发未发说如何把道南和湖南两派加以结合？
2. "心统性情"的命题有哪两种意义？
3. 试依据指定教科书《宋明理学》，说明朱熹的心主性情的思想。
4. 朱熹所用已发未发有哪两种意义？

天命之性与气质之性

> **请阅读**
> - 指定教科书：《宋明理学》，页175—177；《两宋思想述评》，页222—230；
> - 指定读物：侯外庐等编：《宋明理学史》上卷，页393—397。

程颐提出的"性即理"的思想，为朱熹所完全接受并加以发展，朱熹曾说："伊川'性即理也'四字，颠扑不破。"在二程，所谓性即理，是说人性的内涵即道德法则，亦与宇宙之普遍法则一致。在朱熹的理想中，"性即理"说更含有禀理为性的意义。

所谓禀理为性，是基于理气论哲学的说法，认为人之性是禀受了天理而成的，如说："性只是理，万理之总名。此理亦只是天地间公共之理，禀得来后便为我所有。"(《朱子语类》卷百十七，1962) 就是说，天地间流行的理是公共之理，人禀受天理而成为人之性，因此人的性，就是本来流行于天地间的理被禀受到特定的形气中，而成为这一形体的性。这种说法比起二程来，更有宇宙论的意义。就性是禀受于天地的理而言，性即天命之性。

《宋明理学》指出：人物的性是禀受天地之理得来的。人物未生时，天地之理流行于天地之间。理被禀受到一定形气之后才成为性。但理一旦进入形气体质，就不可避免地受到气质的"污染"。因而朱熹认为，一切现实的人性已不是天命之性的本来面目了。这个受到气质污染，并对个人直接发生作用的现实人性就是朱熹所谓的"气质之性"(页177)。

> **活 动**
>
> 9. 请用朱熹的话说明他对天命之性与气质之性的看法。

张载、二程都用过"气质之性"的概念，但他们都是把气质之性作为阴阳二气的属性，用以说明禀性的刚柔迟缓。朱熹的气质之性的概念，则既有理的作用，也有气的作用，不完全是气的作用。《宋明理学》引用朱熹的话说："朱熹说：'论天命之性则是专指理言，论气质之性则以理与气杂而言之。'"又说："朱熹举例说，天命之性如水，气质之性如盐水。"（页177）天命之性是纯善的，气质之性因掺杂有气的清浊偏正的不同影响，故气质之性是有善恶的。朱熹说过："人性本善而已，才堕入气质中便薰染得不好了；虽薰染得不好，然本性却仍旧在此。"（《朱子语类》卷九十五，1962）其实，这个说法也与程颢的人性论思想一致。我们在单元三讲程颐的"性即理"说时即指出，程颢以"水有本来之清"讲性善，是一种分别本来性和现实性的思维方法。至于朱熹，一方面讲天命之性，讲性来自流行的天理，即本源之善；一方面又讲气质之性，讲性被气质所熏染，指出本来之善"水有本来之清"，而性有本来之善。所以朱熹讲性善，是把本源之善和本来之善结合起来的。

人心道心

> **请阅读**
>
> • 指定教科书：《宋明理学》，页184—185；《两宋思想述评》，页218—222；《新编中国哲学史》（三上），页287—292。

> **活动**
>
> 10. 在朱熹哲学中,"人心"和"人欲"的分别何在?

在古文《尚书·大禹谟》中有"人心惟危,道心惟微"的说法,自洛学开始,人心和道心的问题亦成为理学道德理论的重要论题。在朱熹哲学中,"道心"是指道德的意识,"人心"是泛指一切感性欲望,而宋明理学常常要求克除与"天理"相对的"人欲",则是专指过分追求私欲而违反道德原则的欲念。

淳熙十五年,孝宗诏五十九岁的朱熹入都奏事,路上有人对朱熹说,正心诚意,这些都是皇上最不爱听的,这次千万莫提了!朱熹严肃地说:"我平生所学,只有这四个字,怎么能不说呢?"面奏时对皇帝说:"陛下即位近三十年,只是因循,而没有尺寸之效,这恐怕是由于在你的心里,天理有所未纯,人欲有所未尽,望陛下以后每一个念头都要谨而查之,使之无一毫私欲,天下大事才有可为。"这年冬天,他又上奏书说,人主之心不正,天下事无一得正,讲了一番"人心道心"的道理,要皇帝以天理之公,胜人欲之私,克己复礼,进贤退奸,以端正纲纪。

冯友兰在其《中国哲学史》中曾说:"性为天理,即所谓'道心也'。"(1992,页918)这就把朱熹讲的道心当作性。此说未妥。性是"未发",而道心与人心都是"已发"。朱熹说:"指其发于义理者而言,则谓之道心"(《大禹谟解》),可见道心是"发"。朱熹又说:"知觉从义理上去,便是道心。"(《朱子语类》卷七十八,1962)在朱熹哲学中,心与性的重要区别就是心是知觉,性是知觉之理。道心属于知觉,自属心无疑。所以朱熹自己也明确说过:"道心则是义理之心。"(《朱子语类》卷六十二,

1962）这都说明，道心是心，而不是性。

人何以有人心道心两种心？朱熹说："人自有人心、道心，一个生于血气，一个生于义理。"（《朱子语类》卷六十二，1962）教科书《宋明理学》在解释朱熹的《中庸章句序》的道心人心说时指出：凡人之生，都是禀受气以为形体，禀受理作为本性。道心即道德意识发自作为本性的理，而人心即感性情欲根于构成血肉之躯的气（页185）。

道心虽然不是性，但是朱熹往往说道心是天理。他说过："只是一人之心，合道理底是天理，徇情欲底是人欲。"（《朱子语类》卷七十八，1962）天理亦可指道德原则和道德意识；道心是合"理"的心，故可说是天理。这个用法也就是"存天理—去人欲"相对待的用法。在这种用法中，天理即道德理性与道德意识，人欲即不合道德的私欲。所以，去人欲，并不是要人禁欲。劳思光在《新编中国哲学史》（三上）亦指出："'灭人欲'，并非消灭'情'之意，只是指灭其'不正'或'不循理'者言。"（页292）

☞─────────▶ **测试题六**

1. 张载、二程、朱熹在气质之性上的说法有何不同？
2. 为什么说朱熹把本源之善和本来之善结合起来？
3. 为什么说道心不是性？
4. 人为什么会有人心道心？

单元四 南宋理学（一）湖湘学派与朱熹的闽学

格物穷理

> **请阅读**
> - 指定教科书：《宋明理学》，页180—184；《两宋思想述评》，页230—239；《新编中国哲学史》（三上），页297—303；
> - 指定读物：陈来：《朱熹哲学研究》，页189—239；侯外庐等编：《宋明理学史》上卷，页398—407。

在历史上，朱熹思想中最有影响的部分，是关于格物穷理的学说。

朱熹思想的核心是发挥《大学》所说的"格物致知、诚意正心"，他把这作为从皇帝到士人的普遍的为学要求，从这样的立场出发，他总是以"格物致知、诚意正心"来批评、要求皇帝。朱熹对《大学》格物说的发挥最早即见于上孝宗的两篇奏事。孝宗即位之初，诏求直言，朱熹当时三十三岁，立即上书奏事说："帝王之学，必须先格物致知，以彻底了解事物的变化、精细地分辨义理和是非，这样就会意诚心正，自然能够应付天下之事。"次年入对，又面见孝宗皇帝说："大学之道，在格物以致其知，陛下没有做到随事以观理，即理以应事，所以收不到治国平天下的效果。"这种对皇帝的教训和批评，自然不会使皇帝高兴。淳熙七年，朱熹五十岁，又应诏上书奏事，其中说："爱民之本在于皇帝正心术，以确立道德和法纪，现在皇上只亲近一二小人，受他们的蛊惑，安于私利，致使下面嗜利无耻之徒，贿赂风行，结伙营私。"孝宗读之大怒。

朱熹思想中最重要的部分是"格物致知"的理论。《大学》本是古代儒家一篇文献，其中提出了"三纲领、八条目"，即"明明德、亲民、止于至善"和"格物、致知、诚意、正心、修身、齐家、治国、平天下"。朱熹最重视其中的"格物"。他用"即物穷理"来解释格物，提出格物就是要穷理，也就是去了解事物的道理；而穷理必须在事物上穷，即物就是不能脱离事物。即物穷理的主要途径就是多读书、观察事物、思考其道理。1175年，朱熹四十六岁时，曾和另一位有名的学者陆九渊，在江西鹅湖寺举行学术辩论，这是南宋思想史上一次有名的事件。争论的焦点是，朱熹强调要教人广泛读书，考察事物之理，而陆九渊则主张反求内心，认为这比之读书更为重要。朱熹的主张显然是一种重视知识和学习的理性主义的方法。

朱熹认为在流传下来的《大学》中，缺少了对"格物"的解释，所以他在《大学章句》中就作了一个《补格物致知传》，根据程颐的思想，发挥他对格物致知的理解。这篇补传，在历史上影响极大，《宋明理学》页182—183有详细解说，可认真学习，并记住原文。

> **活动**
>
> 11. 朱熹的格物观念有哪三个要点？

教科书《宋明理学》首先指出朱熹的"格物"有三个要点，即"即物""穷理""至极"，可结合书中所引资料，认真阅读。然后《宋明理学》特别指出，朱熹所谓"致知"并非与格物不同的另一种工夫，并不是指努力发挥自己内在的知识。朱熹曾说："夫格物可以致知，犹食所以为饱也。"（《答江德功》，《朱子文集》卷四十四，1937）所以，致知是格物的结果与饱是食的结果是一样的。在朱熹哲学中，"格物是就主体作用于对象而言，致知则就认识过程在主体方面引起的结果而言"（《朱熹哲学研究》，1988，页214）。所谓"致知"，是指格物穷理后，人的知识得到扩充和完备，是格物的结果。

> **活　动**
>
> 12. 格物的目的是什么？

朱熹哲学中的格物，其对象是十分广泛的，而格物的目的，是了解事物的"所以然"和"所当然"。朱熹曾说："天下之物，必有所以然之故，与其所当然之则，所谓理也。"（《大学或问》卷一）"所以然"主要是指事物的本质和规律，"所当然"主要是指社会的伦理原则和规范。

格物的最高境界，是追求从积累达到贯通，朱熹说："积习既多，自当脱然有贯通处，乃是零零碎碎凑合将来，不知不觉，自然省悟。"（《朱子语类》卷十八，1962）通过不断了解各种具体事物之理（分殊），就会贯通地认识事物之间的共同的普遍之理（理一）。不过，朱熹更强调对分殊的认识，他说："圣人未尝言理一，多只言分殊。盖能于分殊中事事物物头头项项理会得其当然，然后方知理本一贯。不知万殊各有一理，而徒言理一，不知理一在何处。"（《朱子语类》卷二十七，1962）

知先行重

> **请阅读**
> - 指定教科书：《宋明理学》，页 186—188；
> - 指定读物：陈来：《朱熹哲学研究》，页 240—258。

在中国哲学史上，有所谓"知行观"。知行范畴起源甚早，《左传·昭公十年》有"非知之实难，将在行之"的用法，比《古文尚书·说命》"非知之艰，行之惟艰"的说法影响更深远。知行问题在中国近代更为诸多革命家所重视，从孙中山到毛泽东，都对知行作过哲学的讨论。近代知行问题的讨论，多是从宋明理学的知行讨论而来。在宋明理学的知行观中，最有代表性的有两家，即朱熹和王阳明。

儒家哲学中的知行问题，所讨论的主要是道德知识与道德践履的关系。对于宋明理学来说，所谓知行问题常常是"致知与力行"关系的简略用法而已。与"力行"相对的"致知"，和与"格物"相对的"致知"，在意义上有所不同。与"力行"相对的"致知"，是指求得知识；"力行"则是指对既有道德知识的实践，而非泛指一般行为。

朱熹的知行观，其要点有二。第一，知在先。"这个思想是说，人必须首先了解什么是道德的人、道德的行为、道德的原则，才能使自己在行为上合乎道德原则，履行道德行为，成为道德的人。所以朱熹重视格物致知、读书穷理，认为只有先知晓事物的当然之则，才能作出合乎当然之则的行为。"（《宋明理学》，

页 187）

第二，行为重。就整个道德修养的程序看，知在行先，先须致知，而后力行。但就道德修养的目的和完成，力行更为重要。格物致知只是求知其所以然和所当然，这只是具备了成圣的必要条件，这个条件还不充分。"只有在格物致知之后，力行所知，切己修养，以及推及齐家治国平天下之诸实践，在内在外彻底践行所当然而不容己者，才能真正达到圣贤的地位。"（《宋明理学》，页 187）

> **活动**
>
> 13. 试举出朱熹的一句话，以说明其知行观。

朱熹的这段名言代表了他的立场："知行常相须，如目无足不行，足无目不见。论先后，知为先；论轻重，行为重。"（《朱子语类》卷九，1962）这就是说，知与行不能分离，正像眼睛与双脚的关系一样，没有眼睛，脚无法看路；没有双脚，眼睛就无法走路。要先致知，而后加以力行；要致知，但力行更为重要。

测试题七

1. 试说明朱熹哲学中格物和致知的关系。
2. 试述朱熹哲学中格物的对象和途径。
3. 宋明理学的知行问题，其意义为何？

摘要

钱穆《朱子新学案》说："在中国历史上，前古有孔子，近古有朱子，此两人，皆在中国学术史及中国文化史上发出莫大声光，留下莫大影响。旷观全史，恐无第三人堪与伦比。孔子集前古学术思想之大成，开创儒学，成为中国文化传统中一主要骨干。北宋理学兴起，乃儒学之重光，朱子崛起南宋，不仅能集北宋以来理学之大成，并亦可谓其乃集孔子以下学术思想之大成。"（1988，页1）钱穆对朱熹是作了全面的肯定的。

陈钟凡在《两宋思想述评》则一面指出朱熹之成就，一面指出其学说之消极处："惟朱熹综合北宋群言，参以两氏精义，儒家之说，至是乃确立一不拔之新基，浸成人间最有威权之一宗教焉，则熹之力也。特于理欲之别，辨之过严，遂致矫恶过于善善，方外过于直内；独断过于怀疑，拘名义过于得实理，尊秩序过于守均衡；尚保守过于求革新；视见在之和平，过于未来之希望；虽适合于诸夏众庶之心理，终为奸雄所凭借，以之维系一世之人心，借以保持其一姓之君统。此其说所以盛行于元明以来而不敝也。"（页247—248）

◆ 活动题参考答案

活动1

"已发"就是喜怒哀乐之已发，"未发"就是喜怒哀乐之未发，这都是从《中庸》"喜怒哀乐之未发谓之中，发而皆中节谓之和"而来的。程颐曾与其弟子吕大临、苏季明讨论未发的问题，这些讨论对杨时影响很大，而胡宏对此问题的重视又明显受到杨时的影响。

单元四 南宋理学（一）湖湘学派与朱熹的闽学

活动 2

这句话是说，性是万物得以存在的根据。在这里，性是一个本体的概念。这个意义上的性，不是人性或具体事物的性的概念。这种用法是二程所没有的。

活动 5

朱熹解释为："太极者本然之妙，动静者所乘之机"。

活动 6

杨时读过《西铭》后，觉得这种思想和墨子的"兼爱"思想相近，于是把这个问题向程颐提出来："西铭之书，发明圣人微意至深，然言体而不及用，恐其流遂至于兼爱。"（《龟山文集》卷十六）程颐断然否定了杨时的怀疑，说"《西铭》明理一而分殊，墨氏则二本而无分"。"理一分殊"这个命题就是这样提出来的。

活动 7

龟山即杨时，杨时提倡体验于喜怒哀乐之未发，其后道南学派罗从彦、李侗都继续加以提倡，故朱熹说这是杨时一派的传承宗旨。

活动 8

张载最先提出"心统性情"，但其说并不清楚，是朱熹将此命题发展为清楚的哲学命题，在后来产生很大影响。

活动 9

朱熹说:"论天命之性则是专以理言,论气质之性则以理与气杂言之。"

活动 13

朱熹说"论先后,知为先;论轻重,行为重",此可代表朱熹知先行重的立场。

◆ 测试题参考答案

☞——————→ 测试题一

1. "性"这个概念的用法,胡宏与洛学有所不同。他说:"性,其气之本乎!"(《知言·事物》)又说:"气有性,故其运不息。"(《知言·好恶》)他把性看作气之所以能运行不息的根源,和支配气之运动的根据。这与二程讲道是阴阳之气生生流行的所以然的思想是一致的。

2. 湖南学派的"察识"说是要求人在日用之间察见自己意识活动中的良心,察见后努力操存涵养,不断扩充。湖南学派把这种修养方法叫作"先察识后涵养"。这种察识是在心的已发上从事的工夫。

3. 胡宏认为已发是指心,未发是指性,他说:"未发只可言性,已发乃可言心。"他把未发理解为体,把已发理解为用,认为心和性是体与用的关系。

4. 朱熹把胡宏的观点概括为"性无善恶"是不正确的。胡宏的观点是"不以善恶言性"。因为在胡宏看来,性是宇宙万物

单元四 南宋理学（一）湖湘学派与朱熹的闽学

的本体。性作为宇宙本体的意义，其普遍性、终极性、重要性、决定性、根本性，远远超出一般的"善、恶"所能表达的意义。因为与"恶"相对的"善"只是一个适用于人类社会伦理关系的概念。从这个方面说，伦理学范畴的"善""恶"都不足以用来描述宇宙本体。

☞ **测试题二**

1. 胡宏说："夫妇之道，人丑之者，以淫欲为事也。圣人安之，以保合为义也。接而知有礼焉，交而知有道焉。"这是认为夫妇间的性关系并非丑事，而是合乎《周易》所说的"保合"的意义。同时，良性关系应有其礼和道，即有其所当遵行的准则与规范。

2. 朱熹以为胡宏的"同体"的意思，是指天理人欲都是本体上所有的。朱熹则认为本体上、本原上只有天理，人欲是后来派生出来的，两者是有先后宾主之别的。

3. 牟宗三对胡宏"同体而异用，同行而异情"有这样的解释："同一饮食男女之事，溺于流者，谓之人欲；不溺于流者，谓之天理。此即所谓天理人欲同体而异用，同行而异情。'同体'者'同一事体'之谓，非同一本体也。'异用'是异其表现之用，非体用之用。"

4. 这是说，心可以使性得以实现，使性得以完成。人如果能做到"尽心"，即将心的能力彻底发挥出来，就能完成、实现自己的本性。这也就意味着，性并非自然地就能在人的生命中圆满实现的，而是有赖于心的尽与不尽。

5. 牟宗三对胡宏"心以成性"亦有解说："此言惟因'尽心'，始能使作为'天下之大本'之性得其具体化与真实化，彰显而挺立，以真成其为'天下之大本'也。"他认为，在五峰哲学中，性是客观性原则，心是主观性原则。如果没有心，性只能潜隐自存，不能彰显，不能具体化。客观性原则借助于主观性原则，方能在生命中呈现而具体化。所以，"心以成性"是很重要的。

测试题三

1. 《朱熹哲学研究》认为，朱熹早年受程颐的本体论影响，认为理气无先后；后受邵雍易学宇宙论的影响，认为理在气先；晚年则主张理气在事实上无先后，但在逻辑上理在气先。

2. 朱熹有见于一类事物的理对此类中个别事物而有普遍性、先在性，但据此认为一类事物的理可以先于此类事物而存在，这就把理绝对化了。理在气先的思想显然是把理在事先的思想进一步推展到宇宙本源问题上的结论。

3. 冯友兰认为理和气的分别，相当于希腊哲学中的"形式"和"质料"的分别。其实，与气相对而言的"理"，主要意义非指形式，而是指法则和规律。但"理-气"二分的结构，确与希腊哲学"形式-质料"分别的结构相似。

测试题四

1. 他说："太极犹人，动静犹马"，"马之一出一入，人亦与之一出一入。"这是说，太极是理，动静是气，气运行时理随之运行。这种关系用人乘马来比喻，太极好像是人，动静好像是马，马是载负人的，人是乘坐马的，所以马在一出一入的时候，人也随着一出一入。

2. 朱熹认为整个宇宙的本体为一太极，可称为宇宙太极。万物则禀受此宇宙太极为自己的本性。前者是一，后者是多。但每个事物的本性都与宇宙太极完全一致，所以又可说每个事物中都有一个太极。不仅每个事物的太极与宇宙太极相同，各个事物的太极也完全相同。

3. 朱熹说："本只是一太极，而万物各有禀受，又各自全具一太极耳。如月在天，只一而已，及散在江湖，则随处而见，不可谓月已分也。"又说"释氏云：一月普现一切水，一切水月一月摄，这是那释氏也窥见得这些道理。"

4. 朱熹认为，宇宙万物有统一的、普遍的法则，这是理一；而每一事物又有自己的特殊的本质和规律，这是分殊；具体事物的理固然表现了普遍的理，但各个具体事物的理则是不相同的。由此可知，性理意义上的理一分殊，与物理意义上的理一分殊是不同的。

测试题五

1. 道南讲体验未发，湖南讲察识已发。朱熹仔细考察了二程，特别是程颐对已发未发的说法，综合其意，而主张"已发"是指思虑已萌，"未发"是指思虑未萌，即以已发、未发指心理活动的不同状态。这种关于已发未发的观点是为了给静中涵养工夫一个地位。因为，如果以心为已发，人便只在已发上下工夫，就容易只注意明显的意识活动的修养。确立了未发作为思虑未萌时的意义，就可以使人注意从事未发时的涵养工夫。这样，他就把道南学派注重未发工夫的思想和湖南学派注重已发工夫的思想结合起来了。

2. 一种是指心兼性情，以性为体，以情为用，而以心为兼摄体用的意识系统总体。另一种是指心主性情，强调心在道德修养中的主宰作用。

3. 心主性情有对情、对性两种意义。就其对情而言，是指已发时心对情的主宰作用,即理性对情感的主导。就其对性而言,是指未发时心的涵养决定着性能否发挥其对意识的支配作用。

4. 朱熹所用已发未发,第一种意义,是指心理活动的动和静的不同状态。第二种意义是指性情的关系,认为性是未发,情是已发。

测试题六

1. 张载、二程的气质之性是作为阴阳二气及形质自身的属性,用以说明禀性的刚柔迟缓,而朱熹的气质之性的概念,则是指对每个人直接发生作用的现实人性,是有道德属性的。

2. 朱熹讲天命之性,认为人性禀受于天理,这是肯定人性的本源之善。又讲气质之性,指出气质之性是本性被气质薰染的体现,仍肯定气质之性中有本来之善。

3. 性是"未发",而道心与人心都是"已发"。朱熹说:"指其发于义理者而言,则谓之道心。"可见道心是"发"。朱熹又说:"知觉从义理上去,便是道心。"在朱熹哲学中,心与性的重要区别就是心是知觉,性是知觉之理。道心属于知觉,自属心无疑。所以朱熹自己也明确说过:"道心则是义理之心。"这都说明,道心是心,而不是性。

4. 朱熹认为,凡人之生,都是禀受气以为形体,禀受理作为本性。道心发自作为本性的理,而人心根于构成血肉之躯的气。

测试题七

1. 朱熹所谓"致知"并非与格物不同的另一种工夫,并不是指努力发挥自己内在的知识。朱熹曾说:"夫格物可以致知,犹食所以为饱也。"所以,致知是格物的结果与饱是食的结果是一样的,在朱熹哲学中,格物是就主体作用于对象而言,致知则就认识过程在主体方面引起的结果而言。所谓"致知",是指格物穷理后,人的知识得到扩充和完备,是格物的结果。

2. 朱熹说:格物的用力之方,或考之事为之著,或察之念虑之微,或求之文字之中;或索之讲论之际。使于身心性情之德、人伦日用之常、天地鬼神之变、鸟兽草木之宜,皆见其所当然和所以然。

3. 宋明理学中所谓知行问题常常是"致知与力行"关系的简略用法。与"力行"相对的"致知",和与"格物"相对的"致知",在意义上有所不同。与"力行"相对的"致知",是指求得知识;"力行"则是指对既有道德知识的实践,而非泛指一般行为。致知和力行的关系即求知和践行的关系。

参考书目

田浩(Hoyt Tillman):《朱熹的思维世界》,台北:允晨出版事业公司,1996。

牟宗三:《从陆象山到刘蕺山》,台北:学生书局,1979。

牟宗三:《心体与性体》第二册,台北:正中书局,1981。

朱熹:《大学或问》(明刻本)。

朱熹著,张伯行编:《朱子文集》,上海:商务印书馆,1937。

朱熹著,黎靖德编:《朱子语类》,台北:正中书局,1962。

朱熹:《朱子遗书》,台北:艺文印书馆,1969。

朱熹:《周易本义》,上海:上海古籍出版社,1987。

朱熹著,郭齐、尹波点校:《朱熹集》,成都:四川教育出版社,1996。

侯外庐、邱汉生、张岂之编:《宋明理学史》上、下卷,北京:人民出版社,1997。

胡宏著,吴仁华点校:《胡宏集》,北京:中华书局,1987。

岛田虔次著,蒋国保译:《朱子学与阳明学》,西安:陕西师范大学出版社,1986。

唐君毅：《中国哲学原论——原教篇》，香港：新亚研究所，1977。

容肇祖：《明代思想史》，台北：台湾开明书店，1982。

麦仲贵：《宋元理学家著述生卒年表》，香港：新亚研究所，1968。

麦仲贵：《明清儒学家著述生卒年表》，台北：学生书局，1977。

张君劢：《新儒家思想史》，载刘梦溪编《中国现代学术经典·张君劢卷》，石家庄：河北教育出版社，1996。

陈来：《朱熹哲学研究》，北京：中国社会科学出版社，1988。

张载：《张子全书》，台北：台湾商务印书馆，1968。

张载著，章锡琛点校：《张载集》，北京：中华书局，1978。

陈荣捷：《朱学论集》，台北：学生书局，1982。

陈荣捷：《近思录详注集评》，台北：学生书局，1992。

陈荣捷：《宋明理学之概念与历史》，台北："中央研究院"文哲研究所，1996。

冯友兰：《中国哲学史新编》第五册，北京：人民出版社，1988。

冯友兰：《中国哲学史》上、下册，香港：三联书店，1992。

黄宗羲、全祖望：《宋元学案》，北京：中华书局，1986。

程颢、程颐著，王孝鱼点校：《二程集》，北京：中华书局，1981。

杨时：《龟山集》，台北：台湾商务印书馆，1972。

蒙培元：《理学的演变——从朱熹到王夫之戴震》，福州：福建人民出版社，1984。

墨子刻（Thomas Metzger）著，颜世安等译：《摆脱困境——新儒学与中国政治文化的演进》，南京：江苏人民出版社，1990。

刘述先：《朱子哲学思想的发展与完成》，台北：学生书局，1982。

蔡仁厚：《宋明理学——北宋篇》，台北：学生书局，1977。

蔡仁厚：《宋明理学——南宋篇》，台北：学生书局，1980。

钱穆：《钱宾四先生全集第九册·宋明理学概述》，台北：联经出版事业股份有限公司，1993。

钱穆：《朱子新学案》上、中、下册，成都：巴蜀书社，1988。

单元五

南宋理学（二）
江西陆学与浙东事功学派

单元五　南宋理学（二）江西陆学与浙东事功学派

绪言

在单元四，已学习了朱熹的思想。朱熹的哲学，其特点可以说是以太极为理，以性为理，以格物为穷理，从而构成一套突出理性本体、理性人性、理性方法的哲学体系。宋明理学中的"理学派"经他之手，完整地建立起来，并成为南宋道学的主流。

正是在朱熹活动的时代，"心学"亦经历了由开始发展到成熟的阶段，与朱熹同时的陆九渊，可说是宋明心学体系的建立者。他在朱熹已成为著名学者的情况下，独立思考，自立一说，决不随时尚转移；并且大胆向朱熹挑战，与朱熹反复辩论，由此建立了江西学派。他的出现，使得思想界以"朱陆"并称，造成了南宋思想格局的根本改变。南宋以后，整个宋明理学一直处于"朱陆之分"中，这也在根本上为宋明理学在日后的发展，规定了基本方向。

冯友兰最早提出，明道为心学之先驱，而伊川为理学之先驱。冯友兰所提出的理据是，明道不言理可离物而独存，伊川则言理可离物而独立；明道不注重分别形而上形而下，伊川则注重分别形而上形而下；明道的修养发展主张以诚敬存心，伊川则主张今日格物明日格物（《中国哲学史》，1992，页299、301及314）。冯友兰此说中的前两条，在前面的单元中已经指出其未妥之处。但后一条，确实是二程间的分别，只是这种分别还不能直接说明程颢是心学的先驱。

全祖望在《宋元学案》中认为："程门自谢上蔡（显道）以后，王信伯（王苹）、林竹轩（林季仲）、张无垢（张九成）至于林艾轩（光朝），皆其（指陆象山）前茅，及象山（陆九渊）而大成。"（《象山学案序录》，《宋元学案》卷五十八，1986，页1884）他又说："洛学……而其入吴也以王信伯（王苹）。信伯极为龟山（杨时）所许，而晦翁（朱熹）最贬之，其后阳明又最称之。予读信伯集，颇启象山之萌芽。其贬之者以此，其称之者亦以此。象山之学，本无所承，东发（黄震）以为遥出于上蔡，予以为兼出于信伯，盖程门已有此一种矣。"（《震泽学案序录》，《宋元学案》卷二十九，1986，页1047）这也是把洛学传统中一些主观唯心之论和注重内心修养的人说成是开象山之先河。陈钟凡在《两宋思想述评》中指出，"其说虽出于意拟，亦未尝全无依据"（页257）。曾春海认为上述程门唯心论者们，"言殊意同，一脉相通，我们可以说这是前人的思想蕴涵在前，呼之欲出，象山顺着趋向衍生昌明于后"（《陆象山》，1988，页36）。总之，在传承之迹上看，象山与程门没有多大关系，但程门以下，确有一些人，提出一些思想，开象山之先河。象山自己，则是直接继承了孟子的思想而来的。

朱熹的思想可以说是在与各家辩难中建立和丰富起来的。当朱熹前期，他与湖南学派的张南轩（栻）、浙东学派的吕东莱（祖谦）辩难甚多，而彼此关系一向融洽。而且张、吕与朱熹共同推动了南宋道学的深入发展。朱熹中年与陆学冲突，往来辩论，后来势成水火。与陆学对立时，朱熹又与浙东功利之学形成对立。故本单元在主要叙述象山之学之后，介绍浙江事功之学的代表陈亮、叶适。陈亮、叶适被视为"功利主义儒家"，他们与道学分歧很大，但与道学也有相当密切的关联。

本单元会使用以下指定教科书和指定读物，作为教材。

指定教科书：

单元五　南宋理学（二）江西陆学与浙东事功学派

- 陈来：《宋明理学》，第三章第四节；
- 陈钟凡：《两宋思想述评》，第十四章及第十六章；
- 劳思光：《新编中国哲学史》（三上），页335—400。

指定读物：

- 侯外庐、邱汉生、张岂之编：《宋明理学史》上卷，第十四章；
- 冯友兰：《中国哲学史新编》第五册，第五十六章。

单元目标

修毕本单元，应能：

- 阐述陆九渊哲学的主要概念和内容；
- 说明朱陆之辩的影响和意义；
- 分析事功学派理论的得失。

陆九渊的哲学

> **请阅读**
>
> - 指定教科书：《宋明理学》，页188—190；《两宋思想述评》，页256—258；《新编中国哲学史》（三上），页380—381。

陆九渊（1139—1193），字子静，号象山，江西人，故其学又称为江西陆学。据其弟子杨简为他所作的《行状》，他在幼年时听别人诵读伊川语录，曾对人说："伊川之言，奚为与孔子、孟子不类?"初读《论语》,他"即疑有子之言支离"。表现出他自幼就对知识的外求反感,而倾向于内心的生活。

陆九渊十四岁时,"因读古书至宇宙二字,解者曰:'四方上下曰宇,往古来今曰宙',忽大省曰:'……宇宙内事乃己分内事,己分内事乃宇宙内事'。又曰:'宇宙便是吾心,吾心即是宇宙。东海有圣人出焉,此心同也,此理同也;西海有圣人出焉,此心同也,此理同也;南海北海有圣人出焉,此心同也,此理同也。千百世之上至千百世之下,有圣人出焉,此心此理,亦莫不同也。'"(《年谱》,《陆象山集》卷三十六,1992)

活 动

1. 象山之学有何授受?

陆九渊晚年时,学生问他:"先生之学,亦有所受乎?"他回答说:"因读孟子而自得之。"(《语录》,《陆象山集》卷三十五)他自认为只有他才真正继承了孟子的思想:"窃不自揆,区区之学,自谓孟子之后,至是而始一明也。"(《与路彦彬》,《陆象山集》卷十,1992)所以,曾春海说他是"跨越时空直契孟子"(《陆象山》,1988,页16)。

在朱熹和陆九渊的晚年,二人之间,曾以书信往来的形式,发生过一场关于周敦颐《太极图说》的激烈辩论,对朱陆两家的对立关系影响很大。其争论的主要焦点是:(1)"无极"的提法是否为道家思想之表现;(2)《太极图说》能不能代表儒家思想;(3)太极是不是本体。在这几个问题上,陆九渊的看法与朱熹的看法完全对立,他认为无极是出于老子,认为《太极图说》是周敦颐不成熟的作品,认为太极只是"中",没有本体的意义。陆

单元五　南宋理学（二）江西陆学与浙东事功学派

九渊的提法显示，他除了对朱熹的太极宇宙论提出挑战外，还对宇宙根源和本源的问题没有兴趣。

《宋明理学》分六节讲述陆九渊的思想，本单元则分四项来着重介绍：（1）本心的概念，（2）心即是理，（3）尊德性而后道问学，（4）自作主宰。陆九渊使用的概念不甚严密，容易引起误解，可参考《宋明理学》，认真思考学习。

本心

> **请阅读**
>
> ● 指定教科书：《宋明理学》，页190—192。

> **活　动**
>
> 2. 陆学中"本心"的意义为何？

《宋明理学》首先指明"本心"是陆九渊思想中最重要的概念，然后通过陆九渊的话认识他讲的"本心"是指何人都有的道德理性，亦即是人人不学而能的"良心"。又指出陆九渊的本心的思想来自孟子，最后通过例子加以证明。《宋明理学》强调说："从孟子到陆九渊，本心指先验的道德意识，这个说法强调道德意识是每个人心的本来状态。"（页192）

冯友兰在其《中国哲学史》下册中曾说："象山一派所谓之心，正朱子所谓之心。"（1992，页350）其实，朱熹所谓的心是指经验意识，而陆九渊的心则指"放之四海而皆然"的普遍的本心。劳思光在《新编中国哲学史》（三上）指出，陆九渊哲学中的"本心"（有时亦简称为心）概念，与朱熹不同，朱熹强调心的经验意义，其所用"心"，是认识主体，多指经验心。陆九渊所说的本心，是强调心的普遍性，是取其超验意义，即超越经验存在的自觉能力（页382、383）。他又说："至陆氏其他言论文字中，用'心'字亦有泛指人心而言者，但不可与其所谓'本心'相混。冯友兰以为陆氏之'心'即朱氏之'心'，陆氏云'心即理'则异于朱氏，其说则误。"（页385）劳说较妥。以本来性-现实性的分析来看，朱熹所用的心的概念，多是指现实性而言；而陆九渊所用的心的概念，多为本心之简称，是指本来性而言，二者是不同的。

　　劳思光将宋明理学的发展过程分为三期：周敦颐、张载、程颢的"天道观"的宇宙论哲学为第一期；程颐、朱熹的"本性论"的形上学为第二期；陆九渊、王阳明的"心性论中心"的哲学为第三期。他认为陆王哲学的贡献，在于肯定了最高的主体性。他还说："就宋代而论，陆氏所代表之方向，势力甚小。然就理论标准看，则陆氏代表者乃第三阶段——即立'主体性'而归向'心性论中心之哲学'之阶段，与孔孟本旨已渐逼近矣。"（《新编中国哲学史》三上，页50）劳说以陆王为第三期，固无不可；但劳氏以孔孟为心性中心的哲学，忽略早期儒家的天道观，亦未稳妥。劳氏指出陆学的意义在肯定主体性，此为不易之论。

单元五 南宋理学（二）江西陆学与浙东事功学派

心即是理

> **请阅读**
>
> ● 指定教科书：《宋明理学》，页 192—196；《两宋思想述评》，页 260—262；《新编中国哲学史》（三上），页 379—385。

> **活 动**
>
> 3."心即是理"命题中的"心"指何而言？

"心即理"是陆九渊哲学中最重要的命题。这里的心即是本心。心即理就是指本心即理。理字在陆九渊哲学中，则既指价值标准，又指事物规律（《新编中国哲学史》三上，页384）。按照《宋明理学》的提法，心即理这个命题有两个意义：一是指本心是道德原则的根源；二是指本心之理与宇宙之理是相同的。

《宋明理学》接着指出，在陆九渊哲学中，"心"这一概念的使用并不严格，他有时用"心"指本心，有时用"心"指一般的知觉主体，"由于陆九渊在概念运用上并未严格区分'心'与'本心'，在以心为一般知觉主体的同时又常在本心的意义上使用心这一概念，这就造成了一种印象，似乎他以为一切知觉活动都合乎理。他的'心即理'的命题所以受到普遍怀疑，其根源即在这里"（页 194—195）。朱熹之所以强烈反对陆九渊，就是因为，在朱熹看来，心是知觉思虑之心，有善有恶，是决不能说心即是理的。劳思光说，朱熹的"心"，非理之根源，而只能观照万理；

陆九渊则认为"心"本身是价值标准之根源，本身是一普遍者，其所谓"心即理"并非如世俗想象的一切任经验心做主，经验心在陆九渊看来不是本心（《新编中国哲学史》三上，页383）。

但是就陆九渊本人来说，他说的心即理，并不是泛指经验知觉即是理，而是指本心即理。《宋明理学》进一步加以分析说，陆九渊认为任何时代的任何人，其本心都是相同的，这就意味着四方上下、古往今来的人的心共同构成了一个大心，这个大心亦即是宇宙的实体，而个体的心只是这宇宙实体的表现（页195）。

最后《宋明理学》指出，虽然陆九渊主张心即理，但陆九渊并不否认宇宙之理的客观存在，并不认为宇宙之理为人心所生。他较多强调的是内心的道德准则与宇宙普遍之理的同一性，而不是指宇宙之理是人心的产物（页196）。陈钟凡在《两宋思想述评》中释陆九渊心即理时说："理为宇宙之根本原则，亦即吾心之根本原则；盖宇宙与吾心同属此理之所表现，故曰：'宇宙便是吾心，吾心即是宇宙。'以吾心所具之理，即宇宙之理，宇宙与吾心实无二致也。"（页260）

陈钟凡论陆九渊心即理说，分别从"先天禀赋""良知良能""性善"几方面说明"心即理"的理由，最后提出："九渊之学，以一心为宇宙人生之主宰，近纯粹惟心之主张。且此心即在于我，非由外铄，亦后代自我思想之萌芽……至九渊言'宇宙便是吾心；吾心即是宇宙。'乃以自我为其研究之中心，变前人客观的宇宙，而为主观的宇宙，启明代陈献章、王守仁自我主义之先声，实近代思想之一大转捩也。"（《两宋思想述评》，页262）陈钟凡以陆九渊思想为唯心主义，这是近代以来哲学史的普遍见解；又以陆九渊思想为自我主义，他所用自我主义一词，指一种以宇宙万物皆为我的精神之表现的思想。这是从陆九渊"宇宙便是吾心"来判定的。其实，陆九渊的哲学固然可说是唯心论，但他承认有客观的宇宙之理，所以不能归结为唯我主义。

☞ ⟶ **测试题一**

1. 试述陆九渊在鹅湖之会所写的诗。
2. 陆九渊的"心即理"的命题何以受到普遍的怀疑？
3. 试解释"心即是理"这个命题的两种意义。

尊德性

> **请阅读**
>
> • 指定教科书：《宋明理学》，页 199—202。

《宋明理学》的第四小节首先介绍了著名的"鹅湖之会"。鹅湖之会不仅是朱、陆唯一一次面对面的辩论冲突，也集中反映了两家在学术思想上的差别。陆九渊在《年谱》中对鹅湖之会曾有记述："鹅湖之会，论及教人，元晦（朱熹）之意，欲令人泛观博览，而后归之约。二陆（陆九渊兄弟）之意，欲先发明人之本心，而后使之博览。朱以陆之教人为太简，陆以朱之教人为支离。"（《年谱》，《陆象山集》卷三十六，1992）争论不欢而散。

其实，上面引用的《年谱》中的记录，虽然大体上体现了两家的分歧对立，但并不完全。朱陆之争不仅是"教人"的问题，也是每个士人"为学"的问题。所以朱陆之争的焦点是在传统所谓"为学之方"上面。"为学"也是宋明理学的基本概念，是指人的精神发展。这里的"学"不是仅仅学习知识，而是学为圣人。另外，陆九渊并不是要人贬低博览，然他对经典的注解、文献的研究终有排斥之意。他始终认为注重经典学习是支离。同时，朱熹主张主敬以立其本，穷理以进其知，认为涵养、致知如车之两轮，把朱熹的思想概括为"令人泛观博览，而后归之约"也不恰当。

活动

4. 朱熹主张把尊德性和道问学两方面结合起来，陆九渊对此有何反应？

《宋明理学》指出："朱熹、陆九渊争论的焦点是如何看待和处理为学工夫中心性的道德涵养与经典的研究两者之间的关系。"（页200）《中庸》说"尊德性而道问学"，朱熹认为应当把"尊德性"和"道问学"两方面结合起来，陆九渊对此表示反对："吾以为不可，既不知尊德性，焉有所谓道问学？"（《语录》，《陆象山集》卷三十四，1992）陆九渊认为尊德性和道问学两者不是平衡的，一为主，一为次；一为本，一为末，不能把二者并列，必须以尊德性为主、为本。

怎样尊德性呢？《孟子》中说"先立乎其大者"，陆九渊认为这"大者"就是本心，立本心就是德性。他并不反对《大学》的格物、致知说，但他主张格物就是格此本心，穷理就是穷此心之理，致知就是不失本心。一句话概括之：为学工夫就是"发明本心"。舍此以外，都是支离，都是无本之学。《宋明理学》指出，陆九渊认为经典和知识的学习并不能自然地增进道德，这是对的；但陆九渊有贬低读书学习、轻视知识和经典的倾向，这与孔子思想既重视学习也重视修养、既重视礼节规范又重视德性的看法有所不同，也是他受到朱熹批评的原因之一。

单元五　南宋理学（二）江西陆学与浙东事功学派

自作主宰

> **请阅读**
>
> - 指定教科书：《宋明理学》，页 202—208；《两宋思想述评》，页 262—265。

> **活 动**
>
> 5. 何谓"收拾精神"？

陆九渊的名言是"收拾精神，自作主宰"。所谓"收拾精神"，是指把精神收摄向里，而不要把精神花费在对外部事物，特别是经典的注疏的追求上面。所谓"自作主宰"，是指不要依傍外在的权威和圣贤的经典，而要以自己的本心作为判断和实践的准则。（《宋明理学》，页 207—208）

陆九渊的语录有一个明显的特色，就是他用"自"字特别多。他的语录中充满了"自主""自立""自信""自诚""自道""自反""自得"等等，他还强调说："圣贤道一个'自'字煞好。"（《语录》，《陆象山集》卷三十四，1992）这种对"自"的强调，无疑是对"主体性"的强调。所谓自作主宰也就是要人树立起道德的主体性。

这种主体性的建立，亦可由其另一有名的命题看出："六经皆我注脚"。这是强调把自己本心作为最高的权威，而把历史上的经典只看成是古人良心表现的记录。这样，六经不过是本心的具体例证，因为本心是四方上下、古往今来都一样的、普遍的，我的心和千百年前圣人之心没有不同，所以我只要求自己的本心，而不需要追逐六经。

强调主体性的路子，是注重"自""内"，而反对"他""外"，就是说，不要在外在寻找道德意识的根源，而应当开发内在的道德源泉。教科书《宋明理学》指出："一个人若能保有本心，就像有源之流，终能盈科而放乎四海。他认为朱子不去发明和保有内在的道德源泉实际上是求无源之水，无源之水不可能沛然成流，因此所谓道德的修养工夫就是要挖掘出内在的源泉，保有扩充，混混不舍。""陆九渊发明本心的本源之学旨在为人的道德行为找到一种取之不尽、用之不竭的内在源泉，以最大限度地获得道德的自觉性和自主性。"（页204）《宋明理学》所说的陆学的这个特征，要仔细体会。

《宋明理学》亦指出，陆氏对"自"的强调，有时使得他对本心的现成强调得有些过分，如说："目能视，耳能听，鼻能知香臭，口能知味，心能思，手足能运动，如何更要甚存诚持敬？"（页206）这是明显反对程颐的整齐严肃的持敬思想，也是反对朱熹的主敬思想。但把能孝能悌说成像耳目自然知觉一样，就容易把道德能力说成是无须修养的本能，把本来性说成为现实性；把本心是理，说成经验心是理了。在工夫上就会导致因放任自然而不假修为。朱熹也是抓住这句和佛教相似的话而加以批评的。

☞———————→ 测试题二

1. 何谓"自作主宰"？
2. 陆九渊与朱熹的主要分歧何在？

单元五　南宋理学（二）江西陆学与浙东事功学派

3. 试依陆九渊"年谱"，概述鹅湖之会的争论。
4. 何谓"六经皆我注脚"？

朱陆异同

> **请阅读**
>
> - 指定教科书：《两宋思想述评》，页 267—269；《新编中国哲学史》（三上），页 346—359。

> **活　动**
>
> 6. 朱陆哲学思想分歧的要点何在？

以上分四个小题介绍了陆九渊的主要思想。最后，再集中讨论一下"朱陆异同"的问题。冯友兰在其《中国哲学史》十四章特辟"朱陆异同"一节，他指出，朱陆的分歧虽集中表现于为学和修养方法，但其后实有哲学的分歧："朱子言性即理，象山言心即理。此一言虽只一字之不同，而实代表二人哲学之重要的差异。"（1992，页 348）冯友兰此说确能抓住要点。

然而，何以朱子讲性即理，而象山讲心即理？冯友兰以为，朱子所见的实在有二世界，一在时空，一不在时空；盖朱子的心是具体的，理则是抽象的，心与理完全不在同一世界之内；而象山哲学中只有一个世界，即只有一在时空之世界（1992，页 349）。冯友兰此种解释便有其新实在论的色彩。其实朱子也说"理在事中"，主张时空的世界里有真理在，就这一点而言，朱陆不相违。二人的差别特在对"心"的了解。朱熹讲的"心"是现实性的经验意识，在这个立场上自然不能主张心即是理。陆九渊讲的"心"是本然性的普遍理性，在此意义上，可说心（本心）即是理。

陈钟凡《两宋思想述评》把朱陆之异归纳为五点：（1）在宇宙论上，朱熹说："若气不结聚时，理亦无所附著。"他讲理气，为二元论，陆九渊不赞成这个表述，他认为"此理在宇宙间，何尝有所碍"，讲理之充盈天地，实不必讲气，是一元论；（2）在心性论上，朱熹分心为道心人心，分性为天命之性气质之性，属二元论；陆九渊则不分，为一元论；（3）在人生论上，朱熹严辨天理人欲，陆九渊则认为不能把天人这样分裂；（4）在方法论上，朱熹主格物穷理，则理由外入，陆九渊主张名心即理，理由内出；（5）在行为论上，朱熹以道问学为主，贵经验，陆九渊以尊德性为主，贵直觉。陈氏此说，可以参考（页269）。

钱穆的《宋明理学概述》有一观点亦值得注意，他认为陆九渊教人之法，与二程接近，而朱熹的泛观博览，倒是与程门传统不同。他说："其实，程门教人，又何尝如熹般，先要人泛观博览？直从杨时、罗从彦到李侗，那一个不是在默坐澄心？……可见他们亦如九渊般不主张多看书。即湘学如张栻，也不务泛观博览。只熹才破此传统，从中期宋学返到初期，这是熹在正统宋学中最特殊处。九渊却才更近中期宋学与程门教法。"又说："程颐因其兄所教太高太简，始说：'涵养须用敬，进学则在致知。'把下一语来补充上一语。熹又从颐说再转进一步，却回到初期宋学之泛观博览。"（1994，页169）钱穆此说亦未妥。杨、罗、李虽以体验未发为宗旨，却无心即理的思想；朱熹的思想虽与道南、湖南不同，但是从道南、湖南转进至程颐，其思想完全是由程颐思想而进一步发展的，其所有主张在程颐思想中皆有根据，故不可说朱熹破洛学传统。又朱熹本非要人泛泛博览，而是主张涵养、致知交相互发，反对专求内心。

陆学与禅学

> **请阅读**
>
> ● 指定教科书：《新编中国哲学史》（三上），页 394—397。

在朱熹活着的时候，就常常批评陆学为禅学，朱熹说："金溪（象山）学问真正是禅，……只某便识得他。"（《朱子语类》卷百二十四，1962）此后朱学者常常用禅学批评包括陆学在内的心学，以至于视陆学为禅学几乎成了流行的看法。《陆象山集》记载陆九渊的一个学生说："天下皆说先生是禅学，独某见得先生是圣学。"（《语录》卷三十四，1992）可见，陆九渊生时，已经"天下皆说其学为禅学"了。

朱熹的弟子陈淳（字北溪，1153—1217）曾说："象山本得于光老"（《北溪大全集》卷十四，1972），光老指德光禅师（1121—1203）。宋末周密著《齐东野语》卷十一"道学"条云："张（子韶）尝参宗杲禅，陆（象山）又尝参杲之徒德光，故其学往往流于异端而不自知。"（1983）其实，朱熹年轻时才真正向大慧宗杲的弟子学过禅，后来也与禅师有交游，而陆九渊并没有真正参过禅。陈淳和周密的说法是不可靠的。

> **活 动**
>
> 7. 王阳明如何反对以陆学为禅学？

明代王阳明坚决反对这种指陆学为禅的做法："故吾尝断以陆氏之学，孟氏之学也。而世之议者，以其尝与晦翁（朱熹）之有异同，而遂诋以为禅。夫禅之说，弃人伦、遗物理，而要其归极，不可以为天下国家。苟陆氏之学而果如是也，乃所以为禅也。今禅之说，与陆氏之说、孟氏之说，其书具存；学者苟取而观之，其是非同异，当有不待于辨说者。"（《象山先生全集叙》，《阳明全书》，1966）这是说，陆学是孟子学，人们因为他与朱熹不同，便攻击他为禅学，这是不对的。因为禅学是出世主义，与陆学完全不同。劳思光在《新编中国哲学史》（三上）中说："象山承孟子而肯定主体性，其精神方向仍是化成世界，而非舍离世界；则与佛教根本不同。"（页395）

不过朱熹以来，批评陆学为禅学的主要根据，并非陆学主张出世，实为陆学以"心"为学问根本。劳思光在《新编中国哲学史》（三上）中指出："自伊川谓'圣人本天，释氏本心'，后学宗之，遂以为凡以'心'或'主体性'为归宿之哲学理论，即属于佛教一路。……人之议象山近禅或属于释氏之学者，大致皆因不知'心性论'非释氏所专有之故。今日学者，倘能纵目观世界哲学思想之源流演变，则肯定主体性不必即归于佛教，乃不疑之义。而同属肯定主体实有之系统，又有互相不同之方向，亦是极易了解者。故旧日视为难解决之'心学'与佛教关系问题，在今日则极易解决。"（页394—395）劳氏此说甚为平正。

最后再引劳思光之说作为结论："佛教之主体乃一超离之主体；所显现之'主体自由'亦只是静敛意义之超离自由。儒学在孟子学说中，即已建立主体之肯定，但儒学以建立文化秩序，在当前世界中实现'理'为宗旨。……其以教化为主之精神方向仍始终未变。"又指出，儒学所肯定的是健动的主体自由，其精神方向是肯定世界而非否定世界（《新编中国哲学史》三上，页395）。总之，儒家心学之肯定主体，乃肯定道德之主体，其主体不是超离的主体，而是规范的主体；其主体的自由不是静敛的，而是健动的；其对世界的态度是肯定而不是舍离。

测试题三

1. 以陆学"本心"而批评其为禅学，是否适当？请据劳思光之说加以分析。
2. 请依劳思光之说，辨析儒家与佛教对主体肯定之不同。
3. 试复述陈钟凡对朱陆异同的归纳。
4. 程伊川如何判别儒释？

陈亮、叶适的事功思想

请阅读

- 指定教科书：《两宋思想述评》，页279—287；《新编中国哲学史》（三上），页335—346；
- 指定读物：冯友兰：《中国哲学史新编》第五册，页227—245；侯外庐等编：《宋明理学史》上卷，页426—467。

陈亮（1143—1194），字同甫，学者称他为龙川先生。他是浙江永康人，故旧称其学为永康学派。陈亮为人才气超迈，有英气，喜谈兵，议论风生，下笔数千言立就，能为豪放之词、雄劲之文。但其平生坎坷，屡遭入狱。绍熙四年他五十岁才中进士，皇帝亲点为第一名。可惜次年即死。他的著作为《陈亮集》，中华书局1987年的增订本是最好的版本。

陈亮力主抗金，年轻时即作《中兴五论》，后又上孝宗皇帝三书，献恢复之策，可惜都未被采纳。他不满于当时道学者注重正心诚意而少谈事功，斥责道学不积极于抗战，他说："始悟今世之儒士，自以为得'正心诚意'之学者，皆风痹不知痛痒之人也。举一世安于君父之仇，而方低头拱手以谈性命，不知何者为性命乎？"（《上孝宗皇帝第一书》，《陈亮集》卷一，1987）"他反对性命之学，主张做大有为的英雄豪杰。"（《宋明理学史》上卷，页426）

他反对道学讲道德性命，认为道学流行，使人都不注重经世致用，他说："道德性命之说一兴，而寻常烂熟无所能解之人，自托于其间，以端悫静深为体，以徐行缓语为用；务为不可穷测，以盖其所无。"（《选吴允成序》）他认为无能之辈自托道学，以静养性，以掩盖他们在事务方面的无能；所以道学流行大有害处。

冯友兰在指定读物中指出："在表面上看起来，陈亮也是继承北宋道学的。他辑周敦颐、张载和二程的哲学著作及言论为《伊洛正源书》，又辑张载和二程讲'法度'的言论为《三先生论事录》，又辑程颐论'礼义'的言论为《伊洛礼书补亡》。他对于二程和张载的推崇不亚于朱熹，但实际上他的哲学思想是背叛了二程。"（页230）陈亮写的文章中也用过不少道学的词句，这些都是事实。其实，陈亮从来都对道学没有兴趣，那些编张载、二程书活动不过是表面上的行为，只是在他长期不能中进士

单元五　南宋理学（二）江西陆学与浙东事功学派

的情况下，对道学名士的一种姿态和妥协，他需要利用和道学名士的结交，以保障自己的出路。他的精神是反道学的，是事功主义的。

所以，陈亮在给朱熹的信中公开表明："研穷义理之精微，辨析古今之同异，原心于秒忽，较理于分寸，以积累为工，以涵养为主，睟面盎背，则亮于诸儒诚有愧焉。至于堂堂之阵，正正之旗，风雨云雷交发而并至，龙蛇虎豹变见而出没，推倒一世之知勇，开拓万古之心胸，自谓差有一日之长。"（《甲辰答书》，《龙川文集》）从"研穷义理之微"到"睟面盎背"的一大段都是讲道学家的特征，他认为，在正心诚意、穷理涵养的性命之学方面，他不如道学诸儒；但在讲求恢复大计，论兵阵之事，能有万古心胸，建大事业的气魄这方面，他则自认比道学有所长。

在其《勉强行道大有功》中，陈亮说："天下岂有道外之事哉"，"道非出于形气之表，而常行于事物之间者也"（《陈亮集》卷九，1987）。本来二程都是讲道外无物，朱熹也是讲理在事物中，但陈亮与程朱不同处在于，同样讲道在事物，二程、朱熹是要人在物上穷天理，而陈亮是要人通达事物造就事功。所以他又说："夫源渊正大之理，不于事物而达之，则孔孟之学真迂阔矣。"他反对离开事功讲性命之学，认为所谓道或理的把握，必须体现在对事物的经世事功上面，而不是在讲求性命之中。

从淳熙十一年至淳熙十三年，朱熹曾和陈亮就王霸义利问题反复辩论，这也是南宋思想史上朱陆之辩以外的重大辩论，影响也很大。辩论的中心是如何看待汉唐的功业，汉唐的事功是否合乎天理。朱熹认为三代的圣王都是以行王道为出发点，故三代的历史是合于天理的王道政治。至于汉唐的帝王，他们都是以自己的利益为出发点，虽然他们也能建功立业，但其政治终归以霸道为主，未能行道，故未能合乎天理。陈亮则反对朱熹的看法，主张汉唐合乎天理。

陈亮很清楚朱熹是从心念动机上判定义利王霸。做事的动机合于天理，是义、是道；做事的动机是欲望，就是利、是霸。陈亮则认为合不合道，不是看心的正心诚意与否，而应当看事业功业。这与他辨析性命之学和事功之学的立场是一致的。正如朱熹的概括，陈亮"推尊汉唐，以为与三代不异"，"但有救时之志、除乱之功，则其所为虽不尽合义理，亦自不妨为一世英雄。"（《寄陈同甫八》，《陈亮集》卷二十八，1987）陈亮反对汉唐只行人欲的看法，而认为汉唐的事功亦是合乎天理的（《新编中国哲学史》三上，页342）。

> **活 动**
>
> 8. 朱、陈二人在辩论中，对"天理"的理解是否完全一致？试加以解释。

朱、陈二人对"天理"的理解实际上是有不同的。朱熹将天理理解为道德是非的原则，而陈亮将天理理解为解决历史问题的法则。但是，陈亮自己始终没有把天理的两种意义分别开来，而总是顺着朱熹的天理说来讨论。这就使他在辩论中不能不处于困境。

针对陈亮的看法，朱熹曾作出批评："尝谓天理人欲二字，不必求之于古今王伯之迹，但反之吾心义利邪正之间，……视汉高帝唐太宗之所为而察其心，果出于义耶，出于利耶？……若以其能建立国家、传世久远，便谓其得天理之正，此正是以成败论是非。"（《答陈同甫》，《陈亮集》卷二十八，1987）朱熹认为汉唐君主多有乱伦逆理之事，不能够因其建立事功便说他们是一切得天理之正。他把陈亮的思想归结为"以成败论是非",是"义利双行,王霸并用",混淆了"是非"和"成败"。

与朱熹、陈亮同时的另一学者陈傅良,当时写信给陈亮,评论这一场辩论:"功到成处便是有德,事到济处便是有理,此老兄(陈亮)之说也;如此,则三代圣贤枉作工夫。功有适成,何必有德,事有偶济,何必有理,此朱丈之说也;如此,则汉祖唐宗贤于盗贼不远。"(《致陈同甫书》,《陈亮集》卷二十九,1987)他把陈亮的立场概括为"功到成处便是有德,事到济处便是有理"是很恰当的。但他也没有作出分析。如果说事功之成就意味着道德意义上的合理,这是不对的。但如果说事功之成就意味着对历史和事实的法则的某种符合,则是可以的。

根据劳思光的分析,理有两种,一种是"是非之理",即"天理-人欲"相对而言的天理;一种是"非是非之理",即成败本身是否符合客观之理。前者是道德的评价,后者是历史的评价。劳氏指出,儒家自来重道德意义之善恶是非,不重事实意义的得失成败,只求自己所行合乎义理,不计客观上是否成功。此一精神方向,可以董仲舒"正其谊不谋其利,明其道不计其功"代表。儒家此种看法和态度,其价值无可否认,但对解决历史难题的要求,则显示出缺陷(《新编中国哲学史》三上,页337—338)。从伦理学上的道德判断来说,汉唐不能说是合乎天理;但从解决所面对的历史难题而言,汉唐又必有合于历史事实之法则者。陈亮之所见,即在后一方面。

最后我们引劳氏之说作为总结:"朱氏此论,甚为明确;'成败问题'与'是非问题'本不能混;陈氏本应问:在'成败'处是否另有一种'理'?如此则可以透出真问题所在。但陈氏不能如此扣紧说,反而欲将'是非'与'成败'混而论之,则朱氏

一驳即倒。"（《新编中国哲学史》三上，页343）

叶适（1150—1223），字正则，晚居永嘉（今温州）城外水心村讲学，故学者称其为水心先生，其学派亦称为永嘉学派。他的著作已由中华书局出版为校点本，共两种，一为《叶适集》，一为《习学记言序目》。

> **活动**
>
> 9. 请说明"永嘉学派"的广狭二义。

所谓永嘉学派，有广狭二义。从广义来说，是泛指北宋以来出生于浙东永嘉地区的一批学者；从狭义来说，则指南宋时期从薛季宣、陈傅良到叶适所形成的一个学派（《叶适》，《中国古代著名哲学家评传》续编三，1982，页468—472）。叶适曾学于薛季宣，薛季宣受学于伊川弟子袁道洁，但薛氏学问以博通古今制度为主，已与洛学传统不同。因此，永嘉事功之学，自薛氏至叶适，应看作宋代的独立学派。不过，永嘉与道学仍有一定的关系，朱熹认识薛季宣，薛氏后学陈傅良、叶适对朱熹很尊敬，叶适在朝时曾为朱熹受到攻击抱不平；朱熹晚年被诬称为"伪学"，叶适还被视作朱熹"伪学"一派而受过打击。

叶适重视事功，反对空谈道义，他说："'仁人正谊不谋利，明道不计功'，此语初看极好，细看全疏阔。古人以利与人，而不自居其功，故道义光明。后世儒者行仲舒之论，既无功利，在则道义乃无用之虚语尔。"（《习学记言序目》卷二十三，1977）董仲舒说"仁人正其谊不谋其利，明其道不计其功"，浙东学派（永康和永嘉）当时加以批评。朱熹淳熙九年、十年在浙江，即亲闻此说，他说："在浙中见诸葛诚之千能云：'仁人正其义不谋其利，明其道不计其功'，仲舒说得不是。只怕不是义，是义必有利；只怕不是道，是道必有功。"（《朱子语类》卷百三七，1962）叶适继承了浙东学派的这些讲法，认为董氏的话看起来不错，但仔细分析，全属空话，如果没有功利，道义也就没有用。

叶适又说："上古圣人之治天下，至矣。其道在于器数，其通变在于事物；……则无验于事者，其言不合。无考于器者，其道不化。论高而实违，是又不可也。"（《进卷·总义》，《叶适集》，1961，页639）这是说"道"必须体现在器物度数与事变上，如果不能在事功上体现，这种"道"说得再高，也是没有用处的。

叶适这种功利思想，使得他有一种反形而上学的倾向，他说："后世学者，幸六经之已明，五行八卦，品列纯备，道之会宗，无所流变，可以日用而无疑矣。奈何反为'太极''无极''动静''男女''清虚一大'，转相夸授，自贻蔽蒙？"（《习学记言序目》卷十六，1977）这是直接批评周敦颐、张载、二程的。他认为具体事物已经具备，应当注重日用事物，不必讨论太极动静、清虚一大这类与日用事功无关的形而上的问题。可见他对抽象的哲学问题没有兴趣。

叶适对道学也有明确的批评，他说："'道学'之名，起于近世儒者，其意曰：举天下之学皆不足以致其道，独我能致之，故云尔。其本少差，其末大弊矣。"（《答吴明辅书》，《叶适集》，1961，页554）叶适没有系统的哲学著作，也没有形成一套完整的哲学体系，但他有一种批判的精神，对诸子百家，对经典，对同时学者，他都有批评。全祖望说："永嘉功利之说，至水心始一洗之。然水心天资高，放言砭古人多过情，其自曾子、子思而下皆不免，不仅如象山之诋伊川也。要亦有卓然不经人道者，未可以方隅之见弃之。"(《水心学案序录》,《宋元学案》卷五十四,1986,页1738)其实叶适思想中并未洗去功利之说,而有所继承;至于其针砭古人,其批评精神是可嘉的。

陈钟凡在《两宋思想述评》中述叶适思想大旨后说:"统观适之学说,批评为其特长,经纶实所不逮。世人每言永嘉学者,慨然以天下为己任,其豪情盛概,诚有足多。惜其气虽盛而学不充。"(页287)

▶ 测试题四

1. 陈亮所讲的"道在事物",与二程、朱熹有何不同?
2. 简述朱、陈王霸之辩发生的原因和讨论的焦点。
3. 陈傅良如何概括朱熹、陈亮的王霸义利之辩?
4. 叶适如何批评董仲舒的义利说?
5. 叶适是从哪个角度批评张载、程颐的?

摘要

江西陆学和浙东事功之学,都是朱熹哲学的对立面,朱熹哲学是在同他们的争论中不断发展的,他们的思想也是在与朱熹思想的往来辩难中成熟、明朗化的。因此,各种思想的互动,是思想均衡发展的有利条件。可惜的是,在朱熹和陆学、浙学的论争中,争论的双方往往不能平心讨论,没有一种宽容的研讨真理的气氛,而受制于正统−异端的狭隘观念。

陆学突出本心,强调道德主体性,在哲学史上有相当的贡献。但在有关"恶"的来源上,无法说明。象山死,朱熹率门人往寺中哭之，良久曰："可惜死了告子。"（《朱子语类》卷百二十四，1962）朱熹晚年还说："陆子静之学，看他千般万般病，只在不知有气禀之杂。"（《朱子语类》卷百二十四，1962）朱熹认为告子、象山不能正视气质带来的先天之恶。只讲生之自然即是性，心之自然即是理，都是把恶的问题看得过于简单。

永康、永嘉可合称浙东学派，浙东事功学派并不是反儒学的学派，而是儒学中倾向功利主义的一派，对儒家的价值体系，浙东学派与道学一样，都是肯定而力图加以继承的。浙东学派可说是承接了宋代事功儒学的传统，也是对南宋社会危机的回应。北宋王安石说过，圣人之术"在于安危治乱，不在章句名数"（《临川文集·答姚辟书》），强调儒家原则的体现关键在治国安邦的实践。叶适说："以利和义，不以义抑利"（《习学记言序目》卷二十七，1977），谋求达到义利的统一。值得注意的是，浙东事功儒学并非把个人的利欲作为基点，而是求公利为目的，是儒家传统中的安民富民思想的开展。

◆ **活动题参考答案**

活动4

陆九渊说："既不知尊德性，焉有所谓道问学？"认为两者不是平衡的，必须以尊德性为主、为本。

活动6

朱熹讲"性即理"，反对讲"心即理"；陆九渊坚持"心即理"。

活动7

王阳明认为禅学是"弃人伦、遗物理",不能用来治理国家,而陆学与禅学是完全不同的。

◆ 测试题参考答案

☞———————— 测试题一

1. 鹅湖之会上,陆九渊作诗一首:"墟墓兴哀宗庙钦,斯人千古不磨心。涓流积至沧溟水,拳石崇成泰华岑。易简工夫终久大,支离事业竟浮沉。欲知自下升高处,真伪先须辨只今。"

2. 在陆九渊哲学中,"心"这一概念的使用并不严格,他有时用"心"指本心,有时用"心"指一般的知觉主体。由于陆九渊在概念运用上并未严格区分"心"与"本心",在以心为一般知觉主体的同时,又常在本心的意义上使用心这一概念,这就造成了一种印象,似乎他以为一切知觉活动都合乎理。他的"心即理"的命题所以受到普遍怀疑,其根源即在这里。

3. 心即理这个命题有两个意义:一是指本心是道德原则的根源;二是指本心之理与宇宙之理是相同的。

☞———————— 测试题二

1. 陆九渊所谓"自作主宰",是指人应真正树立主体的道德自觉,让本心良心成为意识的主宰,而不要追随外在权威和经典成说。

2. 陆九渊与朱熹学说的主要分歧在于:陆九渊强调尊德性,朱熹强调道问学;陆九渊讲心即理,朱熹主张性即理;陆九渊重在发明本心，朱熹强调格物穷理。

3.《年谱》中对鹅湖之会曾有记述："鹅湖之会，论及教人，元晦之意，要人泛观博览，而后归之约。二陆之意，欲先先发明人之本心，而后使之博览。朱以陆之教人为太简，陆以朱之教人为支离。"争论不欢而散。

4. 这句话的意思是，六经不过是我的本心的具体例证，而本心是四方上下、古往今来都一样的、普遍的；既然我的心和千百年前圣人之心没有不同，所以我只要求自己的本心，而不需要追逐六经。这个思想又表达为"六经注我"。

测试题三

1. 劳思光指出：自伊川谓"圣人本天，释氏本心"，后学宗之。遂以为凡以"心"或"主体性"为归宿之哲学理论，即属于佛教一路。……人之议象山近禅或属于释氏之学者，实亦以象山以"心"为归宿。其实，此种议论之不当，皆因不知心性论非释氏所专有。近日学者，倘能纵目观世界哲学思想之源流演变，则肯定主体性不必即归于佛教，乃不疑之义。而同属肯定主体实有之系统，又有互相不同之方向，亦是极易了解者。故旧日视为难解决之心学与佛教关系问题，在近日则极易解决。

2. 佛教之主体乃一超离之主体，所显现之主体自由，亦只是静敛意义之超离自由。儒学在孟子学说中，即已建立主体之肯定，儒学所肯定的是健动的主体自由，其精神方向是肯定世界而非否定世界。总之，儒家心学之肯定主体，乃肯定道德之主体，其主体不是超离的主体，而是规范的主体；其主体的自由不是静敛的，而是健动的；其对世界的态度是肯定而不是舍离。

3. 陈钟凡把朱陆之异归纳为五点：（1）在宇宙论上，朱熹说："若气不结聚时，理亦无所附著。"他讲理气，为二元论，陆九渊则认为"此理在宇宙间何尝有所碍"，讲理不必讲气，是一元论；(2) 在心性论上，朱熹分心为道心人心，分性为天命之性气质之性，属二元论；陆九渊则不分，为一元论。(3) 在人生论上，朱熹严辨天理人欲，陆九渊则认为不能把天人这样分裂；(4) 在方法论上，朱熹主格物穷理，则理由外入，陆九渊主张名心即理，理由内出；(5) 在行为论上，朱熹以道问学为主，贵经验，陆九渊以尊德性为主，贵直觉。

4. 伊川说："圣人本天，释氏本心。"即认为儒家以天为本，佛教以心为本。

测试题四

1. 同样讲道在事物，二程和朱熹是要人在物上穷天理，而陈亮是要人通达事物造就事功。所以陈亮说："夫源渊正大之理，不于事物而达之，则孔孟之学真迂阔矣。"他反对离开事功讲性命之学，认为对"道"或"理"的把握，必须体现在对事物的经世事功上面，而不是在讲求性命之中。

2. 从淳熙十一年至淳熙十三年，朱熹曾和陈亮就王霸义利问题反复辩论，这也是南宋思想史上朱陆之辩以外的重大辩论，影响也很大。辩论的中心是如何看待汉唐的功业，汉唐的事功是否合乎天理。朱熹认为三代的圣王都是以行王道为出发点，故三代的历史是合于天理的王道政治。至于汉唐的帝王，他们都是以自己的利益为出发点，虽然他们能建功立业，但其政治终归以霸道为主，未能行道，故未能合乎天理。陈亮则反对朱熹的看法，主张汉唐既能建功立业，亦必合乎天理。

3. 陈傅良概括说：功到成处便是有德，事到济处便是有理，这是陈亮的观点。功有适成,何必有德;事有偶济,何必有理,这是朱熹的观点。

4. 叶适重视事功,反对空谈道义,他说:"'仁人正谊不谋利,明道不计功',此语初看极好,细看全疏阔。古人以利与人,而不自居其功,故道义光明。后世儒者行仲舒之论,既无功利,在则道义乃无用之虚语尔。"他认为董氏的话看起来不错,但仔细分析,全属空话,如果没有功利,道义也就没有用。

5. 叶适有一种反形而上学的倾向,他从这种反形而上的角度批评张载、二程说:"后世学者,幸六经之已明,五行八卦,品列纯备,道之会宗,无所流变,可以日用而无疑矣。奈何反为'太极''无极''动静''男女''清虚一大',转相夸授,自贻蔽蒙?"这是直接批评周敦颐、张载、二程的,他认为具体事物已经具备,应当注重日用事物,不必讨论太极动静、清虚一大这类与日用事功无关的形而上的问题。

参考书目

王阳明:《阳明全书》,台北:台湾中华书局,1966。

田浩(Hoyt Tillman):《朱熹的思维世界》,台北:允晨出版事业公司,1996。

田浩(Hoyt Tillman):《功利主义儒家——陈亮对朱熹的挑战》,南京:江苏人民出版社,1997。

牟宗三:《从陆象山到刘蕺山》,台北:学生书局,1979。

牟宗三:《心体与性体》,台北:正中书局,1981。

朱熹著,黎靖德编:《朱子语类》,台北:正中书局,1962。

周密著,张茂鹏点校:《齐东野语》,北京:中华书局,1983。

侯外庐、邱汉生、张岂之编:《宋明理学史》上、下卷,北京:人民出版社,1984。

岛田虔次著,蒋国保译:《朱子学与阳明学》,西安:陕西师范大学出版社,1986。

容肇祖:《明代思想史》,台北:台湾开明书店,1982。

陆九渊:《陆象山全集》,北京:中国书店,1992。

崔大华:《南宋陆学》,北京:中国社会科学出版社,1984。

麦仲贵:《宋元理学家著述生卒年表》,香港:新亚研究所,1968。

麦仲贵:《明清儒学家著述生卒年表》,台北:学生书局,1977。

张君劢:《新儒家思想史》,载刘梦溪编《中国现代学术经典·张君劢卷》,石家庄:河北教育出版社,1996。

陈来:《朱熹哲学研究》,北京:中国社会科学出版社,1987。

陈亮著,邓广铭点校:《陈亮集》(增订本),北京:中华书局,1987。

陈淳:《北溪大全集》,台北:台湾商务印书馆,1972。

陈荣捷:《朱学论集》,台北:学生书局,1982。

陈荣捷:《宋明理学之概念与历史》,台北:"中央研究院"文哲研究所,1996。

冯友兰:《中国哲学史新编》第五册,北京:人民出版社,1988。

冯友兰:《中国哲学史》,香港:三联书店,1992。

楼宇烈:《叶适》,载《中国古代著名哲学家评传》续编三,济南:齐鲁书社,1982。

黄宗羲、全祖望:《宋元学案》,北京:中华书局,1986。

曾春海:《陆象山》,台北:东大图书公司,1988。

叶适著,刘公纯、王孝鱼、李哲夫点校:《叶适集》,北京:中华书局,1961。

叶适:《习学记言序目》,北京:中华书局,1977。

蒙培元:《理学的演变——从朱熹到王夫之戴震》,福州:福建人民出版社,1984。

墨子刻(Thomas Metzger)著,颜世安等译:《摆脱困境——新儒学与中国政治文化的演进》,南京:江苏人民出版社,1990。

刘述先:《朱子哲学思想的发展与完成》,台北:学生书局,1982。

蔡仁厚:《宋明理学——北宋篇》,台北:学生书局,1977。

蔡仁厚:《宋明理学——南宋篇》,台北:学生书局,1980。

钱穆:《钱宾四先生全集第九册·宋明理学概述》,台北:联经出版事业股份有限公司,1993。

钱穆:《朱子新学案》上、中、下册,成都:巴蜀书社,1986。

元代理学

单元六

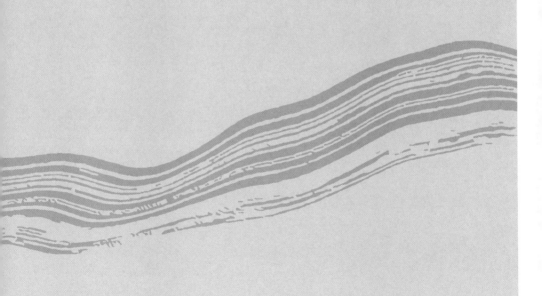

单元六 元代理学

绪言

13世纪，北方的蒙古民族，以其骁勇的铁骑，横卷亚欧。在东亚大陆，经过长期的战争，在相继灭了金、宋后，建立了新的统一的全国政权，这就是元朝。1276年，元军攻陷南宋首都临安，结束了北宋以来中原与北方民族的长期对峙，形成了唐以后的一次更大的统一。

朱熹死于1200年，从朱熹死到南宋亡，有七八十年的时间。在这期间，南宋的思想基本上分为朱、陆两大派。朱熹死后不久，庆元党禁解除，朱熹被谥为"文公"，理宗褒奖朱熹的《四书集注》，道学恢复发展。在这种情况下，一方面朱熹的亲传弟子如黄榦、陈淳等的学术活动更为活跃，但他们多在民间讲学；另一方面私淑朱熹的学者如真德秀、魏了翁在朝中为朱熹和道学争得了地位。

在南宋后期，理学实际上已经获得了统治的地位。朱熹的地位也得到充分肯定，朱熹门人黄榦在他为朱熹所作的《行状》中说："道之正统，待人而后传。自周以来，任传道之意，得道统之正者，不过数人。而能使斯道章章较著者，一二人而止耳。由孔子之后，曾子、子思继其微，至孟子而始著。由孟子而后，周程张子继其绝，至先生（朱熹）而始著。"魏了翁在朱熹的年谱序中也说"予谓朱子之功不在孟子之下"，都把朱熹作为儒家道统中的集大成者。后来《宋史》特立"道学传"，并引用黄榦之语，成了主流思想的公论。到了元朝，更明确把朱熹的《四书集注》作为科举考试的标准，朱学的地位也就屹然不可动摇了。当然，朱熹的学术之所以能获得如此地位，首要的原因是其学术思想的成就，《宋元学案》的编者之一全祖望曾在《晦翁学案序录》中称道朱熹："致广大，尽精微，综罗百代矣！江西之学，浙东永嘉之学，非不岸然，而终不能讳其偏。"(1986，页1495）朱学的后人及私淑者，更在南宋末将道学传于北方，为朱子学在北方的流行、为元代理学的开展打下了基础。

南宋后期的陆学也在发展，发展的主要地区，一在陆九渊的家乡江西，一在浙东。两地弟子的风格和对陆学心学的建树也有不同。江西学者，多着力于构筑陆学的门户，而浙东心学学者多着力于陆学的阐发（《宋明理学史》上卷，1997，页580）。这一时期陆学不绝如缕的发展，影响不仅在于陆学的延续本身，更在于影响了朱学，使得朱陆合流，成了元初的一种倾向，从而影响到整个元代理学的格局。

本单元共有四个项目，依次为：（1）元代的社会背景；（2）许衡的思想；（3）刘因的思想；（4）吴澄的思想。可在了解宋末思想状况和元初文化背景的基础上，逐一把握元代几个重要思想家的思想，以及元代思想发展的一般趋向。

本单元会使用以下指定读物，作为教材。

• 徐远和：《理学与元代社会》、绪论、第二章第一节、第三章第一节及第四章第一节。

• 侯外庐、邱汉生、张岂之编：《宋明理学史》上卷，第二十四章至第二十六章。

单元六 元代理学

单元目标

修毕本单元，应能：
- 论述元代理学发生的背景；
- 阐析元代理学的兴起和传播过程；
- 说明许衡、刘因、吴澄的主要思想。

元代初期的社会文化

请阅读

- 指定读物：徐远和：《理学与元代社会》，页1—11；侯外庐等编：《宋明理学史》上卷，页679—692。

元朝是蒙古族建立和统治的王朝。蒙古人最初生活在额尔古纳河上游，8世纪前后迁至呼伦贝尔草原。1206年铁木真征服各部族，成为蒙古大汗，号为"成吉思汗"。1271年元世祖忽必烈建立元朝，1279年元灭南宋。元代的中国是一个多民族的国家，元代把各族人分为蒙古、色目、汉、南四个不平等的级别。但元代的政治制度和官僚体制，多采用汉制。

北宋前期契丹人建立的"辽"对宋朝威胁最大，1125年女真人建立的"金"灭辽，两年后又灭北宋，成为宋朝最大的患敌；而最终金与南宋都灭于"元"。虽然中原王朝被北方压迫渐南移，而最终灭亡，但中原文化早已影响北方各民族。辽于上京设国子监，地方设府学、州学，以儒家经典作为教育的重要内容，如道宗时发诏："设学养士，颁五经传疏"（《辽史·道宗一》）。金设国子监，统领国子学，县以下亦设学，学校课程多袭中原旧制，如太学课程以"六经"《论语》《孟子》为主，兼习道家。辽修孔子庙，行春秋祭，道宗时儒学盛行，金世宗、章宗都推崇儒学。金末，洛学仍在金地流传，为元代的理学在北方奠定了基础。

活动

1. 元代何时规定以朱熹书为科举考试标准？

元代承宋，学校由大司农主掌，学校体制分为国学、乡学、书院、社学四种，以"五经"和"四书"为基本教材。元代在赵复、许衡的影响下，于皇庆二年规定，科举考试均用朱熹的注释作标准。

《理学与元代社会》的绪论指出，蒙古贵族征服中原汉地后，一方面采取中国传统的统治方式，以建立中央集权的政权；另一方面，在意识形态上采用儒家的理学作为统治思想。对理学在元代传播的过程，徐远和认为理学在元代的发展经历了一个曲折的过程，在大体上，元代的理学分为三个时期：元灭宋以前为"传播期"；元灭宋至英宗新政为"形成期"；此后至元亡为"停滞期"（《理学与元代社会》1992，页1）。

随着金人占领北方，宋室南渡，洛学向南发展，经道南和湖南，而发展到朱熹的体系，使道学在南宋得到了极大的发展。与此成为对照，金地则盛行苏学（苏轼），故有"苏学行于北，洛学行于南"的说法。直至金元之际，北方的理学才重新抬头。金末北方理学的复起,有两个原因:一个是洛学本发生于北方,虽然二程弟子多流寓南方,但仍有一些弟子在北方活动,故洛学在北方并未绝迹,仍绵延不绝。另一个是金末正值朱熹学说在南宋流行,朱学在此时亦借偶然机会传入中原(《理学与元代社会》,1992,页2)。

传播期里最重要的事件是赵复的北上。赵复,德安人(今湖北安陆),私淑程朱之学,其学术活动约在1230—1260年间进行。1235年元军攻陷德安,时北方学者姚枢在军前供职,负责搜罗人才,他"凡儒、道、释、医、卜占一艺者,活之以归"(《鲁斋学案》,《宋元学案》卷九十,1986,页2994)。姚枢在德安发现了赵复,把他送往燕京。赵复的北上,为元代的理学开创了新局面,其贡献有三:

- 把程朱理学系统介绍到北方。"至燕,以所学教授学子,从者百余人。当是时,南北不通,程、朱之书不及于北,自先生而发之。"(《鲁斋学案》,《宋元学案》,1986,页2994)
- 开北方书院讲学之风。赵复将程朱之学尽授予姚枢,姚建太极书院,赵复即主讲于太极书院,在院中立周敦颐祠,以二程、张载、朱熹等配祀。
- 赵复开始建立元代北方理学的传授体系。如姚枢从学于赵复,后"退隐苏门,以传其学,由是许衡、郝经、刘因皆得其书而崇信之,学者称之曰江汉先生。"(《鲁斋学案》,《宋元学案》,1986,页2994)全祖望说:"河北之学,传自江汉先生。曰姚枢、曰窦默、曰郝经,而鲁斋(许衡)其大宗也,元时实赖之。"(《鲁斋学案》,《宋元学案》,1986,页2994)河北即指当时北方,因他之传,姚、窦、郝、许皆服膺理学,其中许衡成为元初理学的大家(《理学与元代社会》,1992,页6)。

清代学者黄百家也说："自石晋燕云十六州之割，北方之为异域也久矣，虽有宋诸儒叠出，声教不通。自赵江汉以南冠之囚，吾道入北，而姚枢、窦默、许衡、刘因之徒，得闻程朱之学，以广其传，由是北方之学郁起。"（《鲁斋学案》，《宋元学案》，1986，页2995）杨时告别程颢时，程颢说"吾道南矣"，黄百家"吾道之北"的说法即以赵复比杨时，许其有传道之功。所以徐远和也说："赵复是宋元之际在北方传播理学的第一位有影响的人物，堪称'道北第一人'，对于元代理学有首倡之功。"（《理学与元代社会》，1992，页14）

　　赵复的著作传流不多，其理学思想的核心，是强调"道统"观。对此，徐远和分析其意义说："如果说……程朱关于'道之正统待人而后传'的道统接续论同确立理学的儒家正统地位有关，那么，以赵复为代表的元代道统论，则是在蒙古族入主的历史条件下，一方面保存传统的汉民族文化，使其免遭灭亡的厄运；另一方面用以理学为主体的较高的理论形态感召蒙古族统治区的汉族地主阶级知识分子，影响和改造异族文化。"（《理学与元代社会》，1992，页16）

　　徐远和更对元朝统治下理学家对道统与皇族关系的看法作了说明："道统高于皇统。道统至善已成为两宋以来理学政治观的一个特点。道统与皇统分裂为二，正是这一观点，决定了理学家在社会危机时代，能从维护中原传统文化的需要出发，'从道不从君'，超越皇统，突破种族意识的藩篱，坚持在外族统治下推行至高无上的道统。"（《理学与元代社会》，1992，页17）这些看法是颇有启发性的。

测试题一

1. 赵复的贡献有哪三点？

2. 复述黄百家的"吾道入北"说。
3. 试依《理学与元代社会》说明元代理学对道统与皇统的看法。

许衡的思想

> **请阅读**
> - 指定读物：徐远和：《理学与元代社会》，页40—67；侯外庐等编：《宋明理学史》上卷，页692—703。

　　许衡（1209—1281），字仲平，河内（今河南沁阳）人，学者称其为鲁斋先生，其学派为鲁斋学派，《宋元学案》有《鲁斋学案》。许衡年轻时求学于姚枢，姚枢当时隐居于苏门，研究赵复传来的朱熹《四书集注》等道学书籍，许衡在姚枢处得到赵复所传程朱之书，读之默契，一一手写而归，从此成为朱熹派理学的学者。许衡是北方人，不是宋人，所以他后来仕元比较积极，曾任国子祭酒。

　　《理学与元代社会》先介绍许衡哲学中的形上学。许衡的《稽古千文》中曾有太极说，谓："太极之前，此道独立。道生太极，函三为一。一气既分，天地定位。万物之灵，惟人为贵。"（1992，页42）但徐远和对"太极究竟是理，还是气"未作清楚说明。其实，《汉书·律历志》说："太极元气，函三为一。"许衡这里所说的太极即是元气，是从《汉书》来的。问题是"道生太极"的"道"是什么？许衡在写《稽古千文》时，还没有获读朱熹的主要著作，由此推断，《稽古千文》中的思想应受到道家的一些影响，是许衡思想未定型时的作品。在朱熹哲学中，太极是最高的本体,所以不能说道生太极。

> **活 动**
> 2. 许衡如何回答"理出于天,天出于理"的问题?

在许衡的《鲁斋遗书》中,《语录》所载的思想就是许衡成熟的思想了,他的思想多受朱熹思想的影响。许衡一方面主张理气二者相即不离,如说:"事物必有理,未有无理之物,两件不可离,无物则理何所寓。"(《语录》上,《鲁斋遗书》卷一)另一方面,又在回答"理出于天,天出于理"的问题时,说:"天即理也。有则一时有,本无先后。有是理而后有是物。"(《语录》上,《鲁斋遗书》卷一)这也是继承了朱熹关于理气无先后、但在逻辑上理在先的思想。

徐远和在讨论许衡的形上学思想的同时,明确提出:"许衡是朱熹的崇拜者,其思想学说属于朱熹理学的范畴"。(《理学与元代社会》,1992,页 42)因此,对以许衡思想为"心学"的观点进行了辨析。徐远和指出,许衡说:"盖上帝降衷,人得之以为心。心形虽小,中间蕴藏天地万物之理,所谓性也,所谓明德也;虚灵明觉,神妙不测,与天地一般。"这里的意思是说,人心来源于天,心之思维活动十分广大,具有神妙不测的功能;心与天地,所同者是其"用",而非其"体";许衡主张天即理、性即理,但从未说过"心即理"(《理学与元代社会》,1992,页 45)。所以,许衡的思想在哲学上是与心学不同的。

最后,徐远和总结其心物论说:"许衡对心物(包括心与理)关系所作的论述,仍未超出心具理的含义。他所主张的是'性即理'的理本体论,而无所谓'心即理'或'心即天'的心本体论或心学思想。换言之，许衡的哲学不是以心为本体的心本论思想体系，而是以道（理）为本体的理本论思想体系。"（《理学与元代社会》，1992，页46）

《理学与元代社会》论许衡的第三节，叙述许衡的格致知行思想（1992，页50—55）。文中先叙述许衡有关格物的思想，指出许衡继承了程朱的格物致知说，对朱熹在《大学章句》中的格物致知传，更作了逐一的解释。而许衡的解释，在所有基本点上，与朱熹完全没有什么不同（1992，页51）。

> **活 动**
> 3. 许衡知行观的三个特点为何？

对许衡的知行观，《理学与元代社会》从三方面指出其特点。其一，明确以"知""行"为"两事"；其二，提倡"真知力行"；其三，主张"知行并进"。最后强调"此三者构成了许衡知行学说的主要内容。而这个学说又以重视道德践履，即'力行'的特点著称于后世"（1992，页51—55）。

在具体地发挥程朱的知行观上，许衡也有一些新的说法。如孔子自叙其为学历程说："吾十有五而志于学，三十而立，四十而不惑，五十而知天命，六十而耳顺，七十则从心所欲不逾矩。"许衡以不惑、知命、耳顺都属于"知"，但三者有深浅不同；而以从心所欲不逾矩为属"行"。其次，许衡把《系辞》的"穷神知化"，解释为"穷神是知，知化是行"。这两条许衡的解释，都是强调知行为二事，这其实与他所说的知行并进是有些不一致的。

不过，在倡导力行的方面，许衡的确有些体之于身的发明。

如有人说依理而行事多不乐，许衡回答："天下事只问是与不是，休问乐与不乐。"一事当前，只看是不是应当做，而不要考虑是否得到快乐。这就把道德践履视为行其当然，而与快乐主义划清了界限。他又说"不问利害，只求义理"，这又与功利主义区别开来。董仲舒"正其谊不谋其利"的说法，还只是说道德行为不求其好处；许衡所说，则即使有害处，义理所在之处亦需力行，不能回避。他还说："反身而诚，是气与理合为一；强恕而行，是气与理未合。"气表示感性、欲望，理是指理性、意志；强恕而行，是理性强制欲望，是道德实践的初级阶段；而孟子讲的"反身而诚乐莫大焉"，是欲望顺合理性，是道德实践的高级阶段。他对义、命的分别也很精彩："凡事理之际有两件：有由自己底，有不由自己底。由自己底有义在，不由自己底有命在。归于义、命而已。"（《鲁斋学案》，《宋元学案》卷九十，1986，页2997）

> **活 动**
>
> 4. 许衡讲的"理一"和"分殊"是指什么？

关于人性与人性的修养，《理学与元代社会》亦辟有专节论述（页55—60）。许衡的人性论的独到之处，是以"理一分殊"来说明人的性命之别。他说："仁义礼智信是明德，人皆有之，是本然之性，求之在我者也，理一是也。贫富、贵贱、死生、修短、祸福，禀于气，是气禀之命，一定而不可易者也，分殊是也。"（《语录》下，《鲁斋遗书》）这是说，仁义礼智是"本然之性"，是"理一"；贫富贵贱是"气禀之命"，是"分殊"。在宋代理学中"气禀"有两方面意义，一是以气禀讲性，一是以气禀讲命，前者是讲气对人性的影响，后者是讲气对人的命运的决定作用。宋儒把天命之性又叫作"本然之性"，以之与"气质之性"（亦即气禀之性）相对，本然之性的意思就是指未受气质熏染的性之本体。而许衡则以"本然之性"与"气禀之命"相对。许衡肯定了朱熹以仁义礼智为本然之性的思想，认为本然之性人人相同，所以说是"理一"；而认为人的气命各个不同，所以说是"分殊"。

关于人性之修养，《理学与元代社会》指出，许衡认为恶的来源是气，许衡主张"为恶者气，为善者性"（《语录》下，《鲁斋遗书》），"人之良心，本无不善，由有生之后，气禀所拘，物欲所蔽，私意妄作，始有不善"（《小学大义》，《鲁斋遗书》卷三）。于是，既然人之不善是由于气禀、物欲造成的，要恢复本性，就要变化气质，而变化气质，则只有靠修养才能实现。修养的方法有三：一曰持敬，二曰存养，三曰省察。持敬要求主一收敛，存养主要指未发的戒慎恐惧，省察是指已发时的对理性和欲望的辨察（页59—60）。

从理学史上看，许衡思想还有一突出之点，即对"治生"的强调和肯定。"治生"指生计的安排，即在农工商业中择一以为经济生活之保证，许衡这一思想在明清时代影响尤大（可参看余英时《中国近世宗教伦理与商人精神》，载《中国思想传统的现代诠释》）。许衡说："学者治生，最为先务。苟生理不足，则于为学之道有所妨。彼旁求妄进，及做官谋利者，殆亦窘于生理所致。士君子当以务农为生，商贾虽逐末，果处之不失义理，或以姑济一时，亦无不可。"（《鲁斋学案》，《宋元学案》卷九十，1986，页3001）这是说，学者应先把个人和家庭的经济生活安排妥当，否则就会影响为学之道。

那些求官谋利者，往往就是出于经济生活没有保证。对士君子来说，治生应当以务农为主来解决。许衡的这一思想，摆脱了颜回"一箪食，一瓢饮"理想主义的空洞说教，现实地指出了"生理"的安排对为学的重要性。同时，他对经商的态度也较以前的儒者宽容，虽然他仍持农本商末的看法，但对学者务商亦未一概排斥。

> **测试题二**
>
> 1. 许衡思想是否为"心学"？试依《理学与元代社会》说明。
> 2. 许衡认为应如何处理"是"与"乐"的关系？
> 3. 许衡如何发展董仲舒的"义利"思想？
> 4. 许衡认为在修养方法上有哪三点？
> 5. 试述许衡"治生"之说。

刘因的思想

> **请阅读**
>
> - 指定读物：徐远和：《理学与元代社会》，页78—93；侯外庐等编：《宋明理学史》上卷，页704—720。

元代北方的理学有两大派，除了许衡代表的鲁斋学派之外，还有刘因及其代表的静修学派。刘因（1247—1293），字梦吉，保定容城（今河北徐水）人，学者称其为静修先生。"刘因父祖本金朝人，世代业儒。当蒙古崛起漠北，威胁金朝时，刘因祖父举家随金之王室迁开封。待元兵进逼开封，刘因父亲又举家北归。次年（1234），金室由汴梁溃走蔡州，旋即亡国。又过十五年（1249），刘因生于保定容城。应该说，刘因生于斯时斯地，当为元朝的子民，但刘因在诗词中，却是眷恋金朝文物，自视为亡金的遗血。"（《宋明理学史》上卷，1997，页704）另一方面，他是北方人，又生于蒙古灭金之后，而非宋人，故其对北方统一南方持积极态度。但蒙古统一中国后，他又不像许衡那样与蒙元政治积极合作。从这里可以看出刘因的政治态度和对出处的慎重。

刘因早年学习训诂疏释之学，"后于赵江汉复得周（敦颐）、程（二程）、张（载）、邵（雍）、朱（熹）、吕（祖谦）之书。"（《静修学案》，《宋元学案》卷九十一，1986，页3020）所以全祖望说："静修先生亦出于江汉之传，又别为一派。"（《静修学案序录》，1986，页3020）这是说刘因是许衡以外，赵复所传的另一支。黄百家在"静修学案"的按语说："有元之学者，鲁斋、静修、草庐三人耳。草庐后至。鲁斋、静修，盖元之所借以立国者也。"（《静修学案》，《宋元学案》卷九十一，1986，页3021）把刘因看作和许衡并列的元代大理学家。

在《宋元学案》的《静修学案》附录里，有一则重要的故事："初，许衡之应召也，道过真定，因（刘因）谓曰：'公一聘而起，无乃速乎？'衡（许衡）曰：'不如此则道不行。'及先生（刘因）不受集贤之命，或问之，乃曰：'不如此则道不尊。'"（1986，页3022）这是说，元世祖召许衡做官，许衡得召便往；经过刘因的家乡时，刘因问许衡，你一闻召即马上赴官，这也太快了吧？许衡的回答是"不如此则道不行"。后来元朝召刘因做集贤学士，他不接受，有人问他为什么，他回答说："不如此则道不尊。"《宋明理学史》和《理学与元代社会》两书大体上都把刘因的思想分为四个方面来介绍，即：天道、人性、观物、经史。读者可比较两本读物的叙述和分析，参考本单元的论述，以掌握刘因的思想。

刘因的天道思想的核心，是重视"天道生生"。此种思想，可见于其《游高氏园记》，其中说："夫天地之理，生生不息而已矣。凡有所生，虽天地亦不能使之久存也。""成毁也，代谢也，理势相因而然也"，"天地之间，凡人力之所为，皆气机之所使，既成而毁，毁而复新，亦生生不息之理耳"（《静修先生文集》卷十八，1985）。这是说，万事万物生生不息，是天地之理的作用和表现；所谓生生不息，并不是说已生者可以永远存在下去，而是说旧的东西不断消尽，新的东西不断生成；这种有生有死、有毁有成的现象，正是天地之理。

刘因的"天道生生"思想，其特点还在于他把事物的新陈代谢，不仅视为天理的表现，而且看作"理"和"势"相互作用的结果，即所谓"理势相因而然也"。他还提出，成毁代谢不仅指自然世界，亦指"人力之所为"的世界；就人力所为的世界来说，人的有为（而不是无为），是受"气机"的推动。这种人为世界受气机所使的思想，是说事物都是成久必毁的；人造成一个事物，此事物终究要毁亡。既然有史以来的事实如此，这个道理人也看得很清楚，人为什么还要为而不已呢？刘因的解释是，这就是"气机"所使然，也就是说，人虽知理是如此，但被气机的"势"所鼓动，仍然会代代为之不已。而这种"为之不已"，又正是天地生生之理的体现。因为，如果人看到事物生而必毁，便不再有为，而静默无为，那生生之理对于人类社会不就体现不出来了吗？

> **活动**
>
> 5. 刘因关于心性修养的看法如何？

《宋明理学史》上卷接着论述刘因的心性思想。概括说来，刘因主张平心、静气、致谨三者结合。他在《驯鼠记》中提出，"心之机一动，而气亦随之"；他主张"人之气不暴于外，则物之来不激之而去，其来如相忘；物之去不激之而来，其去也亦如相忘"；它把"平吾之心也，易吾之气也""安静慈祥之气与物无竞"当作追求的目标；而又指出"虽然，持是说以往，而不知所以致谨焉，则不流于庄周、列御寇之不恭而不已也"。

这是说，人之一身，心和气是互相影响、互相牵动的，心的动会影响气，气之暴会影响心。养气尤为重要，人的气如不暴而发于外，而是充满安静的气，这样外物之来去也不会影响自身。所以平心静气是基本的方法，也是应当努力追求的境界。刘因着重指出，如果只知道平必静气，而不能"致谨"，就会走向庄子和列子的不讲礼法而任自然的道路上去。致谨就是程颐讲的主敬和《中庸》说的戒慎恐惧。如果刘因只讲平心静气，就难与道家划清界限，而对"致谨"的强调，显示出他理学家的儒家本色。

刘因的弟子为刘因所作的墓表中说："其学本诸周、程，而于邵子观物之书，深有契焉。"明末思想家刘宗周也说"静修颇近乎康节"（《静修学案序录》，《宋元学案》卷九十一，1986，页3020），刘因思想确实受邵雍（康节）影响不少。《理学与元代社会》也指出，刘因把邵雍的"先天图"与周敦颐的"太极图"加以比较，认为二者完全对应，思想完全一致，"刘因想把周、邵之学统一起来的意图是很明显的"（1992，页82）。

刘因不仅在宇宙论上受邵雍影响，在"观物"方面也受到邵雍很大影响。《理学与元代社会》对此的观察，亦为中肯："刘因深契于邵雍的观物说，提出'以道观物'的思想。他批判庄周所谓'齐物'的错误在于'一举而纳事物于幻，而谓窈冥恍惚中，自有所谓道者存焉'。并且说：'吾之所谓齐也，吾之所谓无适而不可也，有道以为之主焉。故大行而不加，穷居而不损，随时变易，遇物赋形，安往而不齐、安往而不可也！此吾之所谓"齐"与"可"者，必循序穷理而后可以言之。'"（1992，页89）又指出，这里有两个可注意之点，一是强调"齐物"乃循序穷理以后事，这说明刘因坚持程朱格物致知说的基本立场；二是提出齐物"有道以为之主"，此即是邵雍的"以道观物"（1992，页89）。

庄子的"齐物论"是否认事物的差别，刘因这里的思想是说，他所理解的"齐物"和"无适而不可"，也就是顺事物之自然，这是可以说的。但与庄子的不同在于，刘因是要以"道"来统率乎"齐"和"可"的，这里所说的"道"，是指儒家的"道"。这与他用"致谨"来保障平心静气是一致的。有了儒家的这个道做主，才能在"大行"和"穷居"时都保持无适而不可的境界。《孟子·尽心上》说："君子所性，虽大行不加焉，虽穷居不损焉。"孟子的意思是说，君子的理想，不论遇到什么样的外在环境，都是不会改变的。也就是外物的环境的变化差别，对于君子是没有什么根本的意义，这也可以说是一种"齐物"，一种"无适而不可"。但是刘因有一个前提，这就是儒家的道、价值理想。可见，刘因是以儒统道，在儒家的基本前提下，吸收改造道家的思想。

刘因说："道之体本静，出物而不出于物，制物而不为物所制……凡事物之肖夫道之体者，皆洒然而无所累，变通而不可穷也。"(《退斋记》,《静修先生文集》卷十八,1985)这是说,道体是静的,是能主宰物而不受物的支配的。人和事物若能仿效道体,也应该是静的,主宰物而不受外物所支配的,这样的人就能洒然而无累、活泼、自由。刘因用"静"来表述理学"定性"的境界,是可以的,但把道体本身也说成是"静",这与宋代道学的提法,却又不同,似乎显示他受到一些道家的影响。

最后来看刘因的经史思想。《宋明理学史》上卷认为,刘因对六经的看法主要有两点,一是提出理学本于六经,二是"古无经史之分"(1997,页717)。接着叙述了刘因对儒家经典的看法。

活 动

6. 刘因前后有其他思想家亦论及经史问题,试举几例。

就第一点来说,刘因的提法,其实不是理学本于六经,而是"议论本于注疏"。他说:"六经自火于秦,传注于汉,疏释于唐,议论于宋,日起而日变。学者当知其先后,不以彼之言而变吾之良知也。近世学者往往舍传注、疏释,便读诸儒之议论,盖不知议论之学自传注疏释出。"(《叙学》,《畿辅本》卷一)这是说,学风之流行,每个时代不一,但前后变化有关联,不能把最近流行的和以往的东西对立起来,宋代理学家的语录是议论,但这些议论是来自于汉唐儒者对六经的注疏。《宋明理学史》上卷指出:"因此,读书'必先传注而后疏释,疏释而后议论。'这些说法,意在强调汉、唐传注、疏释的重要","总之,刘因所谓理学出自汉、唐训诂,是意在说明六经为根本"(1997,页718)。

就第二点来说,刘因的思想的确很有见地。刘因说:"古无经史之分,《诗》《书》《春秋》皆史也。"《宋明理学史》上卷列

举了在刘因前后的思想家论经史的问题:

- 谓经为史,早在隋朝的王通的《文中子》("中说""王道")中就已经提出过,但王通是就体裁而言。而把经与史视为一而二、二而一的说法,可以说是刘因较早提出来的(1997,页719)。

- 明代王阳明说:以事言谓之史,以道言谓之经,事即道,道即事。《春秋》亦经,五经亦史。

- 明代李贽说:经史相为表里。

在学术史上最著名的,是清代章学诚奋然提出"六经皆史",其思想源头可说是由刘因开了先河。《宋明理学史》分析说:"清代汉学盛行的时候,六经被捧为神圣的经典,一些汉学经生,皓首穷年,终生埋首于经典的一字一音考据,致使思想枯竭。章学诚于此,奋然独起,提出'六经皆史'的口号,以冲击汉学所依据的经典。这对当时的汉学经生起了止迷促醒的作用"(1997,页720),由此指出,"章学诚把儒家经典降为史料,具有离经叛道的思想意义,刘因是不可与之比并的。刘因只是在谈到宋代理学时,把六经作为'明镜''平衡'和历史的借鉴而论及'古无经史之分'的。但是,不能不承认,章学诚的'六经皆史'论,多少还是受到刘因的影响,甚至他在《文史通义》中讲的'古无经史之分',也可能就是袭用刘因的提法。"(《宋明理学史》,1997,页720)

测试题三

1. 黄百家如何评论许衡、刘因、吴澄在元代思想中的地位?
2. 刘因怎样以"理势"论天地生生之道?
3. 刘因如何看待"齐物"?

4. 刘因如何论"经"与"史"?

吴澄的思想

> **请阅读**
>
> - 指定读物：徐远和：《理学与元代社会》，页 103—124；侯外庐等编：《宋明理学史》上卷，页 721—748。

吴澄（1249—1333），就其师承来说，他是饶鲁的再传弟子，而饶鲁是黄榦的高弟。黄榦是朱熹的女婿，也是朱熹重要的弟子。所以在师承上说，吴澄是朱熹的四传弟子。但他的思想不完全继承朱熹学派，也受陆学影响很大。特别是，他和陆九渊是同乡，同为江西抚州人，所以他对本乡先贤的推崇，也是他和会朱陆的原因之一。吴澄的思想主要是理气论、性说和存心说。

吴澄，字幼清，本为南宋抚州人，因曾在所居草屋讲学，学者称其为草庐先生。吴澄自幼聪颖好学，青年时受学于饶鲁弟子程若庸，研究六经，潜心理学。二十七岁时宋亡，入元后，长期隐居不仕。五十余岁后，始应召出仕，历任江西儒学副提举、国子监丞、国子司业、翰林学士、经筵讲官等。主要著作有《五经纂言》，文集为《草庐吴文正公集》（《理学与元代社会》，1992，页 103）。

吴澄二十七岁以前生活在南宋，其后，大半生在元代渡过。他与许衡同为元代名儒，有"南吴北许"之称。许衡是北方人，由金入元，其理学思想粗而未细，其功绩主要在传播理学和确立理学的地位。而吴澄青年时代在南宋度过，直承朱熹理学的端绪，因而比起许衡，可谓"正学真传，深造自得"。他在理论上更深入、更广博，带有综合性的特点，堪称为理学的大家（《宋明理学史》上卷，1997，页732）。

由于吴澄是由朱熹、黄榦一线传下来的学者，所以他有很强的道统意识和自觉。他曾作《道统图》，他还用《周易》的"元、亨、利、贞"的模式来观察道统的发展历程，他说："中古之统，仲尼其元，颜曾其亨，子思其利，孟子其贞乎。近古之统，周子其元，程张其亨，朱子其利也。孰为今日之贞乎？未之有也，然则可以终无所归哉？"这是说，如果以"元、亨、利、贞"作为一个开始、生长、成熟、总结的周期模式，古代的道统传流，孔子是"元"，颜回、曾子是"亨"，子思是"利"，孟子是"贞"。这个周期发展得很完整。而中古的道统发展，在吴澄看来，周敦颐是"元"，二程张载是"亨"，朱熹是"利"。这样，"贞"还没有出现，谁能成为代表总结阶段的"贞"呢？显然，他自己是以"贞"自任的，他在给人的信中也说"以绍朱子之统而自任者，果有其人乎？"所以《新元史》说他"其以道自任如此"。《宋明理学史》上卷亦指出："朱熹只是处于'利'，而不是终结的'贞'，这并不符合朱熹在这个阶段是理学集大成者的历史地位。但吴澄所以要这样去排列近古阶段，显然是他自己俨然想以'贞'为己任，以跻身于宋儒诸子的地位"，"实际上，早在他作《道统图》之前，已萌此念。他在《谒赵判簿书》中，自述他在十六岁，即已'厌科举之业，慨然以豪杰之士自期'"（1997，页733—734）。

活动

7. 吴澄经学思想的四个特点为何？

单元六　元代理学

吴澄一生在经学方面用力甚多，著述亦富，早年作《孝经章句》，校定易、诗、书、春秋、仪礼等，中年到晚年，完成《五经纂言》。他的经学思想有四个特点：第一，强调治经要在辨别真伪；第二，十分重视经传之分；第三，注疏重视发挥义理；第四，《易学》崇尚象数（《理学与元代社会》，1992，页106—110）。

吴澄的理气论是接着朱熹学派的理气论讲的，他说："自未有天地之前，至既有天地之后，只是阴阳二气而已。本只是一气，分而言之，则曰阴阳；又就阴阳中细分之，则为五行。五行即二气，二气即一气。"（《答人问性理》，《吴文正集》卷三，1985）这是说，天地是有成毁的，没有天地之前，气已存在；天地消毁之后，气仍存在。宇宙间唯一永恒的存在物是气。一气可分为阴阳二气，阴阳二气可再分为五行。

气是唯一的、永恒的存在物，那么，理的地位又如何呢？吴澄接着说："气之所以能如此者，何也？以理为之主宰也。理者，非别有一物在气中，只是为气之主宰者即是。无理外之气，亦无气外之理。"（《答人问性理》，《吴文正集》卷三，1985）这里有两点值得注意：第一，朱熹认为理气在实际上没有先后，但在逻辑上理先气后。吴澄不再重视朱熹讨论的理气先后的问题，他强调的是，宇宙中实际存在的只是气，而所谓理，是气的活动的主宰，即规律。第二，朱熹虽然讲在实际运行上理气不相分离，但说"理与气决是二物"，把理看成是实体化的东西。而吴澄强调，理在气中，但理不是作为一物在气之中，强调理不是实体，理只是气之条理和规律。所以清人黄百家解释吴澄的"理在气中"说云："百家谨案，理在气中一语，亦须善看。一气流行，往来过复，有条不紊。从其流行之体谓之气，从其有条不紊谓之理，非别有一理在气中也。"(《草庐学案》,《宋元学案》卷九十二,1986,页3042)这个说明是很恰当的。《理学与元代社会》指出:"'理在气中'命题的提出,在理学发展史上具有重大意义,它开启了明代理气一元论的先河。"(1992,页113)

在"太极"的问题上,与朱熹一样,吴澄也是以太极为"道"、为"至极之理"。他说:"太极与此气非有两物,只是主宰此气者便是,非别有一物在气中而主宰之也。"(《答王参政仪伯问》,《吴文正集》卷二,1985)又说:"太极阴阳五行,同时而有者也,非渐次生出。"(《答田副使第三书》,《吴文正集》卷三,1985)"开物之前,混沌太始,混元之如此者,太极为之也。开物之后,有天地,有人物,如此者,太极为之也。闭物之后,人销物尽,天地又合为混沌者,亦太极为之也。"(《答田副使第三书》,《吴文正集》卷三,1985)这是说,宇宙由混沌变为开物,最后天地销尽又归于混沌,都是太极的作用使然。这个思想,也就是程朱所说的"所以然",指太极是宇宙万物存在、变化的所以然,即根据和规律。所以他也说:"气之循序而运行者为四时,气之往来屈伸而生成万物者为鬼神,命各虽殊,其实一也。其所以明,所以序、所以能吉凶,皆天地之理主宰之。"(《易纂言》卷九)

吴澄的人性论是从其理气论直接推下来的。他说:"人得天地之气而成形,有此气即有此理;所有之理谓之性。此理在天地,则元亨利贞是也。其在人而为性,则仁义礼智是也。性即天理,岂有不善!但人之生也,受气有或清或浊之不同,成质有或美或恶之不同,……惟其气浊而质恶,则理在其中者,被其拘碍沦染而非复其本然矣。此性之所以不能皆善,而有万不同矣。"(《答人问性理》,《吴文正集》卷三,1985)

这段话是说，天地间一气运行，理在气中，理是气之所以能运行者。人之生，禀受天地间的气而成为自己的形体，所禀受来的气之中就有理，气中所具有的理就是性。所以性本来就是天理，是没有不善的。但是由于每个人都是具体的，所禀受得来的气各有不同，有清有浊，这就使得处于形气中的理要受到形气的影响，如果气浊质恶，性就会"被其拘碍沦染"，即受到污染。从而，人的现实的人性，便不能皆善，而有了各个不同的差别。对圣人来说"此理在清气美质之中，本然之真，无所污坏，此尧舜之性所以为至善"。对一般人来说，气质总是有不清不美之处，性也就不是全善的了。

据吴澄传："至大元年，召为国子监丞。升司业。为学者言：'朱子于道问学之功居多，而陆子以尊德性为主。问学不本于德性，则其蔽必偏于语言训释之末，故学必以德性为本，庶几得之。'议者遂以先生为陆氏之学。"（《草庐学案》，《宋元学案》卷九十二，1986，页3037）其实，吴澄的那番话，是对国子监的学生讲的，并不表示吴澄站在陆学一边，反对朱熹。

> **活动**
> 8. 吴澄重视尊德性，他主张如何尊德性？

吴澄说过："徒求之五经，而不反之吾心，是买椟而弃珠也。此则至论。不肖一生，切切然惟恐其堕此窠臼。学者来此讲问，每先令其主一持敬，以尊德性，然后令其读书穷理，以道问学。"（《草庐学案》，《宋元学案》卷九十二，1986，页3041）从这段话可以看出，吴澄是主张先尊德性而后道问学，他是把"反之吾心"放在首位的。然而，这并不能说明他是主张陆学的，因为他所理解的"尊德性"的方法，乃是"主一持敬"。而主一持敬，是程颐、朱熹的涵养之方，是陆学所反对的。吴澄说："仁，人心也，敬则存，不敬则亡。"（《草庐学案》，《宋元学案》卷九十二，1986，页3042）这是以主敬为心法。又说："人之一身，心为之主。人之一心，敬为之主。主于敬，则心常虚，虚则物不入也。主于敬，则心常实，实则我不出也。"（《草庐学案》，《宋元学案》卷九十二，1986，页3042）这完全是程颐讲的"有主则实"的主敬法（见《宋明理学》，页107）。他还说："敬则心存，心存而一动一静皆出于正。"（《草庐学案》，《宋元学案》卷九十二，1986，页3044）可见他讲"存心"，也是以敬来存心。朱熹本来在理论上也是强调"主敬以立其本"，把主敬涵养作为"本"。只是在实践上，朱熹在道问学方面花的工夫较多。从这里来看，吴澄并没有离开朱熹学派的宗旨。

宋儒如张载、二程有所谓"见闻之知"和"德性之知"的分别，认为德性之知不是来自见闻之知。在这个问题上，吴澄的说法有其特点。他说："知者，心之灵，而智之用也，未有出于德性之外者。曰德性之知，曰见闻之知，然则知有二乎哉？"（《草庐学案》，《宋元学案》卷九十二，1986，页3040）照其说法，知只有一种，即只有德性之知，无所谓见闻之知。见闻是有的，见闻之知是没有的。因为在他看来，知是理性、理论，而不是感性、经验。说见闻之知，如说感性的理论一样，是不通的，理论就是理性的，不能是感觉的。但感觉并非没有意义，感觉可以帮助形成理性认识，所以他说："夫闻见者，所以致其知也。""盖闻见虽得于外，而所闻所见之理则具于心；故外之物格，则内之知致。此儒者内外合一之学。"（《草庐学案》，《宋元学案》卷九十二，1986，页3040）

> **活 动**
>
> 9. 吴澄如何以"内外合一"之学批评佛老与记诵之学?

根据这种内外合一之学,他批评佛老否定排斥见闻,"专求于内,而无事于外";他批评记诵之学求外忘内,"博览于外,而无得于内",认为两者都是不正确的。他的观点是以外证内,以见闻来发明其内心的知识,而批评"记诵之徒,则虽有闻有见,而实未尝有知也"。他的基本看法是,既要多学多识,又要化见闻为心知,最终还是要达到明理于心的目的。正如他说:"所贵乎读书者,欲其因古圣贤之言,以明此理存此心而已。"(《草庐学案》,《宋元学案》卷九十二,1986,页3047)

徐远和的《理学与元代社会》以"宗朱兼陆"为吴澄的学术立场,并对有关吴澄学术思想倾向的不同意见作了归纳:一种意见认为吴澄之学是朱学,一种意见认为吴澄之学是陆学,一种意见认为吴澄之学是"和会朱陆"。徐远和特别将以吴澄为陆学的理由归纳为四点:其一,吴澄主张尊德性为本;其二,吴澄赞成"本心";其三,吴澄肯定易简工夫;其四,吴澄赞扬陆九渊。徐远和对这四点一一作了辩证,认为这四点都不能证明吴澄之学为陆学。

徐远和对吴澄学术思想的看法,值得参考,他说:"从以上分析中可以看出,判断吴澄之学为陆学的种种根据是难以成立的。吴澄始终比较自觉地继承和发挥朱熹的理学思想,不过,他较少门户之见,不是株守一家之言,而是兼取诸家之长,以补朱熹理学之短。他主观上并不是要和会朱陆,而只是吸取陆学的某些合理因素,以利于发展朱熹理学。"(《理学与元代社会》,1992,页124)在这一点上,《宋明理学史》说"吴澄基本上是传袭了陆九渊明心以穷理的心学，而不是朱熹的穷理以明性的格物"（1997，页745），是不妥当的，没有完全把握吴澄思想的本来性格。但该书说"吴澄的理学可以说是从宋代程、朱理学到明代王学的过渡"（1997，页748），还是不失为一种学术史的见解。

☞————————→ **测试题四**

1. 吴澄如何以道统自任？
2. 试说明吴澄关于"理"的思想。
3. 吴澄认为人的现实人性是有善恶差别的，他是如何加以解释的？
4. 试述吴澄有关"敬"的思想。
5. 有关吴澄的思想倾向，学术界有几种看法，徐远和的观点是什么？

摘要

元代思想在总体上的特点有二，其一，许衡推行朱学、刘因尊崇朱子、吴澄是朱熹的四传，元代的代表人物都是以朱学为主的。其二，元代的代表人物都不反对陆学，而且吸收、甚至表扬陆学。这两方面结合起来，使得以往的学术思想史研究，都认为元代的思想以朱陆的"和会"为主要特征。

元代后期的思想家郑玉说过一段有名的话："陆氏之称朱氏曰'江东之学'，朱氏之称陆氏曰'江西之学'。两家学者各尊所闻，各行所知，今二百余年，卒未能有同之者。以予观之，陆子之质高明，故好简易；朱子之质笃实，故好邃密。盖各因其质之所近而为学，故所入之途有不同尔。及其至也，三纲五常、仁义道德，岂有不同者哉？况同是尧舜，同非桀纣，同尊周孔，同排佛老，同以天理为公，同以人欲为私。大本达道，无有不同者乎？……朱子之说，教人为学之常也，陆子之说，高才独得之妙也。二家之学，亦各不能无弊焉。陆氏之学，其流弊也，如释子之谈空说妙……朱氏之学，其流弊也，如俗儒之寻行数墨……然岂二先生立言垂教之罪哉？盖后之学者之流弊云尔。"（《送葛子熙之武昌学录序》）郑玉认为朱陆方法不同，目的一致，他举出朱陆的不同，也指出二家后学的流弊。应当说，他的看法是比较公允的。

元代朱学已成为官学，但朱学者多以肯定态度兼取陆学之长，因之，陆学的思想在各个理学的派别中，在不同程度上得到了张扬，这使得本不景气的陆学反而通过朱学得到传延。元代朱陆合流的趋势，使得元代理学成为从南宋朱陆对立到明代心学大行之间的过渡环节。

◆ **活动题参考答案**

活动 4

许衡以"理一"指人的本然之性，以"分殊"指人的贫富、祸福的命运。

活动 5

概括说来，刘因主张平心、静气、致谨三者结合。他认为，平心静气是修养的基本方法，也是应当努力追求的境界。他同时着重指出，如果只知道平心静气，而不能"致谨"，就会走向庄子和列子的不讲礼法而任自然的道路上去。致谨就是程颐讲的主敬和《中庸》说的戒慎恐惧。这显示出他的理学家的儒家本色。

活动 8

吴澄说:"学者来此讲问,每先令其主一持敬,以尊德性,然后令其读书穷理,以道问学。"从这段话可以看出,吴澄是主张先尊德性后道问学,他是把"反之吾心"放在首位的。然而,这并不能说明他是主张陆学的,因为他所理解的"尊德性"的方法,乃是"主一持敬"。而主一持敬,是程颐、朱熹的涵养之方,是陆学所反对的。

◆ 测试题参考答案

测试题一

1. 赵复的贡献有以下三点:一、把程朱理学系统地介绍到北方;二、开北方书院讲学之风;三、建立了元代北方理学的传授系统。

2. 清代学者黄百家说:"自石晋燕云十六州之割,北方之为异域也久矣,虽有宋诸儒叠出,声教不通。自赵江汉以南冠之囚,吾道入北,而姚枢、窦默、许衡、刘因之徒,得闻程朱之学,以广其传,由是北方之学郁起。"杨时告别程颢时,程颢说"吾道南矣",黄百家"吾道入北"的说法即以赵复比杨时,许其有传道之功。

3. 徐远和认为,元朝统治下,理学家视道统高于皇统,并不认为道统与皇统总是一致的。这一观点,使得元代理学家在社会危机时代,能从维护中原传统文化的需要出发,"从道不从君",

超越皇统，突破种族意识的藩篱，坚持在外族统治下推行至高无上的道统。

测试题二

1. 许衡对心物（包括心与理）关系所作的论述，都未超出朱学"心具理"的含义。他所主张的是"性即理"的理本体论，而从未言及"心即理"或"心即天"的心本体论或心学思想。因而，许衡的哲学不是以心为本的心本论思想体系，而是以道（理）为本论的理本论思想体系。

2. 许衡说："天下事只问是与不是，休问乐与不乐。"要求人们在实际生活中只注重"是非对错"，而不要考虑快乐与否。这就把道德践履视为行其当然，而与快乐主义划清了界限。

3. 许衡认为"不问利害，只求义理"，这与功利主义有所区别。董仲舒"正其谊不谋其利"的说法，还只是道德行为，不求其好处；许衡所说，则即使有害处，义理所在之处亦需力行，不能回避。

4. 许衡认为，人之不善是由于气禀、物欲造成的，要恢复本性，就要变化气质，而变化气质，只有靠修养才能实现。修养的方法有三：一曰持敬，二曰存养，三曰省察。持敬要求主一收敛，存养主要指未发的戒慎恐惧，省察是指已发时的对理性和欲望的辨察。

5. 许衡思想有一突出之点，即对"治生"的强调和肯定。"治生"指生计的安排，即在农工商业中择一以经济生活之保证，许衡这一思想在明清时代影响尤大。许衡说："学者治生，最为先务。苟生理不足，则于为学之道有所妨。彼旁求妄进，及做官谋利者，殆亦窘于生理所致，士君子当以务农为生，商贾虽逐末,果处之不失义理,或以姑济一时,亦无不可。"这是说,学者应先把个人和家庭的经济生活安排妥当,否则就会影响为学之道。那些求官谋利者,往往就是出于经济生活没有保证。对士君子来说,治生应当以务农为主来解决。许衡的这一思想,摆脱了颜回"一箪食,一瓢饮"理想主义的空洞说教,现实地指出了"生理"的安排对为学的重要性。同时,他对经商的态度也较以前的儒者有所改变,虽然他仍持农本商末的看法,但对学者务商亦未一概排斥。

测试题三

1. 黄百家在《宋元学案》的按语说:"有元之学者,鲁斋、静修、草庐三人耳。草庐后至。鲁斋、静修,盖元之所借以立国者也。"他把许、刘、吴视为元代理学的代表。又认为吴澄后出,而把许衡和刘因看作元代立国的思想凭借。

2. 刘因的天道生生思想,是把事物的新陈代谢,不仅视为天理的表现,而且看作"理"和"势"相互作用的结果,即所谓"成毁也,代谢也,理势相因而然也"。他还提出,成毁代谢不仅指自然世界,亦指"人力之所为"的世界;就人力所为的世界来说,人的有为(而不是无为),是受"气机"的推动。这种人为世界受气机所使的思想,是说事物都是成久必毁的;人造成一个事物,此事物终究要毁亡。既然有史以来的事实如此,这个道理人也看得很清楚,人为什么还要为而不已呢?刘因的解释是,这就是"气机"所使然,也就是说,人虽知理是如此,但被气机的"势"所鼓动,仍然会代代为之不已。而这种"为之不已",又正是天地生生之理的体现。因为,如果人看到事物生而必毁,便不再有为,而静默无为,那生生之理对于人类社会也就体现不出来了。

3. "齐物"之说出于庄子，庄子是否认事物的差别，而刘因所理解的"齐物"和"无适而不可"，是指顺事物之自然。与庄子的不同在于，刘因是要以"道"来统率乎"齐"和"可"的，这里所说的"道"，是指儒家的"道"。他认为有了儒家的这个道做主，才能在"大行"和"穷居"时都保持无适而不可的境界。

4. 刘因说"古无经史之分"，开清人章学诚"六经皆史"说的先河。

测试题四

1. 吴澄论道统说："中古之统，仲尼其元，颜曾其亨，子思其利，孟子其贞乎。近古之统，周子其元，程张其亨，朱子其利也。孰为今日之贞乎？未之有也，然则可以终无所归哉？"这是说，如果以"元、亨、利、贞"作为一个开始、生长、成熟、总结的周期模式，古代的道统传流，孔子是"元"，颜回、曾子是"亨"，子思是"利"，孟子是"贞"。这个周期发展得很完整。而中古的道统发展，在吴澄看来，周敦颐是"元"，二程张载是"亨"，朱熹是"利"。这样，"贞"还没有出现。显然，他自己是以成为代表总结阶段的"贞"而自任的。

2. 吴澄关于"理"的思想，第一，以理为气的主宰；第二，认为理在气中，但不是气中的一物；第三，理气同时而有，无所谓先后。

3. 性本来是禀受得来的天理，是没有不善的。但是由于每个人所禀受得来的气各有不同，有清有浊，这就使得处于形气中的理要受到形气的影响，如果气浊质恶，性就会"被其拘碍沦染"，即受到污染。从而，人的现实的人性，便不能皆善，而有了各个不同的差别。

4. 吴澄说："仁，人心也，敬则存，不敬则亡。"这是以主敬为心法。又说："人之一身，心为之主。人之一心，敬为之主。主于敬，则心常虚，虚则物不入也。主于敬，则心常实，实则我不出也。"这完全是程颐讲的"有主则实"的主敬法。他还说："敬则心存，心存而一动一静皆出于正。"可见他所说的存心，也是以敬来存心。朱熹本来在理论上也是强调"主敬以立其本"，把主敬涵养作为"本"，只是在实践上，朱熹在道问学方面花的工夫较多。从这里来看，吴澄并没有离开朱熹学派的宗旨。

5. 关于吴澄思想倾向，有三种基本看法：一种意见认为吴澄之学是朱学，一种意见认为吴澄之学是陆学，一种意见认为吴澄是学"和会朱陆"。徐远和认为是"宗朱兼陆"，即宗主朱学，兼收陆学之长。

参考书目

余英时：《中国思想传统的现代诠释》，台北：联经出版事业公司，1987。

吴澄：《吴文正集》，台北：台湾商务印书馆，1985。

侯外庐、邱汉生、张岂之编：《宋明理学史》上、下卷，北京：人民出版社，1997。

柯劭忞：《新元史》，北京：中国书店，1988。

岛田虔次著，蒋国保译：《朱子学与阳明学》，西安：陕西师范大学出版社，1986。

唐宇元：《吴澄》，载《中国古代著名哲学家评传续编》，济南：齐鲁书社，1982。

陈荣捷：《宋明理学之概念与历史》，台北："中央研究院"文哲研究所，1996。

麦仲贵：《宋元理学家著述生卒年表》，香港：新亚研究所，1968。

张君劢：《新儒家思想史》，载刘梦溪编《中国现代学术经典·张君劢卷》，石家庄：河北教育出版社，1986。

黄宗羲、全祖望：《宋元学案》，北京：中华书局，1986。

许衡：《许鲁斋集》，北京：中华书局，1985。

冯友兰：《中国哲学史新编》第五册，北京：人民出版社，1988。

曾春海：《陆象山》，台北：东大图书公司，1988。

蒙培元：《理学的演变——从朱熹到王夫之戴震》，福州：福建人民出版社，1984。

墨子刻（Thomas Metzger）著，颜世安等译：《摆脱困境——新儒学与中国政治文化的演进》，南京：江苏人民出版社，1990。

刘因：《静修先生文集》，北京：中华书局，1985。

单元七 明代前期的理学：朱学的复兴

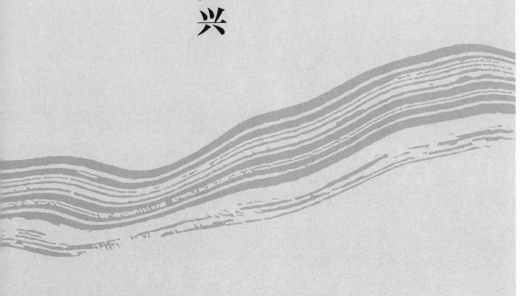

单元七 明代前期的理学：朱学的复兴

绪言

明太祖于洪武二年（1369），定都金陵，同年，定中原，攻陷元都（北京），重新建立起由汉族统治的中国。思想文化的发展进入了一个新的时期。明代思想发展的主要体现，就是理学深入、细致的展开，和更广泛的普及。黄宗羲在《明儒学案》的"发凡"中说："有明文章事功，皆不及前代，独于理学，前代之所不及也，牛毛茧丝，无不辨晰，真能发先儒之所未发。"（1985，页17）这段话是很合乎实情的。

朱熹死后，不久，庆元党禁解除，到了宋理宗时，对朱熹褒奖有加，《四书集注》流行海内。朱学经过三、四传，信从的士人增多，在思想界已占了优势。从南宋末赵复将朱熹书传至北方，许衡、刘因始得朱书而兴起，元初的思想，尤其在统治中心的北方，是以朱学为主的。就是在南方，如吴澄的思想，也还是尊崇朱学的。所以，可以说，从南宋后期到整个元代，朱学相对于陆学而言，是占着优势的。当然，正如单元六指出，元代的思想，特别在中期和后期，以宗朱兼陆或和会朱陆为普遍风气。

14世纪后半叶，朱元璋推翻了元朝的统治，建立了明朝。朱姓的明朝统治者，比元朝更自觉地推崇朱熹的学说和思想。三部《大全》的纂修，就表现了这一点。所谓三部《大全》是指《五经大全》《四书大全》和《性理大全》，共260卷，这种大规模的官修理学书籍，是宋代和元代所没有的。

明太祖洪武年间，大学士解缙上书，称："愿集一二志士儒英，臣请得执笔随其后，上溯唐、虞、夏、商、周、孔，下及关、闽、濂、洛，根实精明，随事类别，勒成一经，上接经史。"（《明史·解缙传》）永乐十二年（1414），明成祖亲自下谕曰："'五经''四书'皆圣贤精义要道，其传注之外，诸儒议论有发明余蕴者，尔等采其切当之言，增附于下。其周、程、张、朱诸君子性理之言，如《太极图》《通书》《西铭》《正蒙》之类，皆六经之羽翼，然各自为书，未有统会，尔等亦别类聚成编。务极精备，庶几以垂后世。"（《大明太宗孝文皇帝实录》，卷一五八）要求翰林学士胡广等一方面纂修"五经""四书"的大全，收入传注以外的诸儒议论，一方面类聚性理大全，将周、程、张、朱的著作汇集分类整理。永乐十三年，在不到一年的时间，三部大全修成，明成祖亲自为序，又命礼部刊赐天下，以期达到"家孔孟而户程朱"（《胡广进书表》语）的目的。于是，程朱之学不仅是科举的考试标准，也是明王朝肯定的思想形态了。《性理大全》标志着明代国家正式提倡理学，这对理学在明代的发展起了推动作用。所以容肇祖说："从14世纪中叶到17世纪初期，这是明代理学的时期，有这考试制度和君主的提倡及拥护为之背景。"（《明代思想史》，1982，页3）

但是，不能因此以为，明代朱熹学派的学者发扬朱学只是为了迎合统治集团的倡导。从程颐到朱熹，他们在生时都受到当朝统治者的压制和打击，他们的弟子也是不顾禁令学习程朱之学的。就是士大夫中对朱熹学说的服膺者，也往往出于学术的传承，宋元时代，金华地区的朱学一直发展不断，黄榦的弟子、后传弟子组成的金华学派，经历了元代不到百年的社会变化，在明初仍然坚持着。明初的宋濂是"开国文臣之首"，就是金华朱学的传人，其弟子方孝孺以身殉道，被认为是"程朱复出"，得称为"千秋正学""明之学祖"。他们的学术风节对士大夫影响甚

单元七　明代前期的理学：朱学的复兴

大，是当时士大夫的精神象征。在这种感召之下，北方的曹端、薛瑄，南方的吴与弼、胡居仁，在学术上各自开辟了新的境界，而又共同体现了明代前期朱学的复兴。

本单元会使用以下指定教科书和指定读物，作为教材。

指定教科书：

- 陈来：《宋明理学》，第四章第一、二节。

指定读物：

- 容肇祖：《明代思想史》，页13—23。
- 侯外庐、邱汉生、张岂之编：《宋明理学史》下卷，页135—148。
- 冯友兰：《中国哲学史新编》第五册，页170—183。

单元目标

修毕本单元，应能：

- 阐述明代前期朱学思想家曹端、薛瑄的思想要点；
- 说明薛瑄思想与朱熹的关系；
- 评价吴与弼在明代理学上的地位。

曹端的思想

> **请阅读**
>
> - 指定教科书：《宋明理学》，页219—224。

曹端（1376—1434），字正夫，号月川，河南渑池人。他的弟子彭泽曾说："我朝一代文明之盛，经济之学，莫盛于刘诚意、宋学士；至道统之传，则断自渑池曹先生始。"（《师说》，《明儒学案》，1985，页2）这是说，明初经国治民的学问，以刘基、宋濂为最高。至于道统的传承流播，则是从曹端开始。明末大儒刘宗周也说："方正学（方孝孺）而后，斯道之绝而复续者，实赖有先生（曹端）一人，薛文清（薛瑄）亦闻先生之风而起者。"（《师说》，《明儒学案》，1985，页2）这是说，方孝孺之后，理学能延续下去，全靠曹端。明代前期最有成就和影响的薛瑄，也是在曹端的影响下出现的。

明初朱子学有复兴之迹，一时名士都表彰朱子之学。前述解缙上书中，已将濂洛关闽并称，宋濂曾作《理学纂言序》，对朱熹很恭维："自孟子之殁，大道晦冥，世人擿埴而索涂者千有余载。天生濂洛关闽四夫子，始揭白日于中天，万象森列，无不毕见，其功固伟矣。而集其大成者，唯考亭朱子而已。"（《宋学士全集》卷五）方孝孺也说："乾淳之学，莫盛于朱子，博文以致其知，主敬以笃其行，而审于义理之辨。"（《赠卢信道序》，《逊志斋集》十四）这都以濂、洛、关、闽并称，而以朱熹为集大成。（乾淳是指南宋乾道淳熙年间，即朱熹活动的时期。）

活动

1. 试述曹端求学的心路历程。

曹端的老师没有什么名气，也没有什么传承，所以后人说曹端："先生之学，不由师传，特从古册中翻出古人公案，深有悟于造化之理。"（《师说》，《明儒学案》，1985，页2）就是说，曹端不像宋濂、方孝孺是金华朱学的传统下来，他的学问是自己读古人书而体会出来的。据曹端自己所作的《年谱》所言，他的求学历程是相当艰苦的，"至四十而犹不胜其渺茫浩瀚之苦；又十年，恍然一悟，始知天下无性外之物，而性无不在焉，所谓太极之理，即此而是。"（《师说》，《明儒学案》，1985，页2）这是说，他到四十岁在为学上仍然找不到门径，到五十多岁，才悟天下无性外之物，也就是天下万事万物都有性，这就是太极。

后人说曹端"深有悟于造化之理"，造化是指自然之理，曹端对太极动静这一类造化之理，深有体会之功。他曾经作《太极图说述解》，在朱熹的《太极图说解》的基础上进一步加以阐发，其中也有一些独到的见解。

《太极图说述解》解释周敦颐《太极图说》的首句"无极而太极"说："'无'谓无形象、无声气、无方所。'极'谓至极，理之别名也。'太'者，大无以加之称。天地间凡有形象声气方所者，皆不甚大。如此极者，虽无声气，而有形象方所焉。惟理则无形象之可见，无声气之可闻，无方所之可指。而实充塞天地，贯彻古今，大孰加焉？自孟子而后，真知灼见，唯一周子耳，故其言曰'无极而太极'。"（《周子全书》卷五）这个讲法比朱熹更细致了。

朱熹的《太极图说解》中有两句名言："太极者本然之妙，动静者所乘之机"，曹端则发挥之曰："太极者，本然之妙，而有动静焉；动静者，所乘之机，而无止息焉。"根据这种发挥可见，与朱熹的不同处在于，曹端认为太极有动静，动静无止息。在介绍朱熹哲学体系的单元四中已经提到，朱熹以太极为理，动静为气，认为理是无动静的，气是有动静的。而曹端讲"太极有动静"，显然是与朱熹的思想有所不同的。

曹端的问题是这样产生的，在他看来，在周敦颐的《太极图说》中，"阴阳之生，由乎太极之动静"，阴阳的产生是由太极的动和静所引起的，这表明周敦颐是肯定太极是能动能静的。可是朱熹以人和马比喻太极和动静，认为"太极不自会动静，乘阴阳之动静而有动静"。这种"太极不自会动静"的说法与周敦颐肯定太极能动静的说法并不一致，所以曹端不赞成朱熹人马之喻的说法，而且专作了一篇《辨戾》，来对朱熹提出异议。

《宋明理学》页220引述了这篇文章，并对曹端在《辨戾》中阐发的"太极能动静"说作了清晰的说明和解释。文中指出："曹端不赞成朱熹这个用人骑马而动来比喻太极的做法。他认为，如果只说理乘气动如人乘马，那么理的作用就完全表现不出来了，理就成了一种完全被动的、在事物运动过程中不起作用的东西了。他指出，即使就人乘马这个比喻来说，还应区分活人乘马和死人乘马的不同。死人乘马只是被动地乘载在马上随其动静而动静，活人乘马则是主动地驾驭马的前进或停止……他认为，朱熹所理解的人乘马实际上是死人乘马的关系。"（页221）按照曹端的理解，太极动静的关系，应当是"活人乘马"。

《宋明理学》继而指出，曹端对朱熹的异议，实际上是要强调"理"的能动性，即理对事物运动的能动、主宰作用。强调理虽然乘载于气之上，但更对气有主导、驾驭的作用。《宋明理学》最后指出，曹端的想法，从理学史来看，是有相当理由的，因为二程把理定义为气之动静的所以然，这种内在地支配气之运动的理，并不是"死理"，而朱熹所使用的人马之喻，的确没有办法显示出理作为"所以"的作用（页221）。

曹端对太极动静、理气动静的看法，对后来的理学家有不少影响。黄宗羲在《明儒学案》中就指出，由于曹端的影响，在曹端之后"薛文清有日光飞鸟之喻,一时之言理气者,大略相同尔"(《诸儒学案上二·学正曹月川先生端》,《明儒学案》卷四十四,1985,页1064),就是说,薛瑄等人谈理气都是受曹端的影响。由此可见,曹端在明代哲学中确实是有一定地位的。

宋代理学中周敦颐、二程都讲到寻孔颜乐处的问题。这种"乐"的精神境界和儒家的道德修养有何关系?元代理学中许衡主张,天下事只问是不是,不管乐不乐。《宋明理学》在论曹端的第二小节,以"敬与乐"为题,讲述了曹端的看法。可对照周敦颐、二程的思想来了解。

刘宗周曾对明代儒者各有评语,黄宗羲作《明儒学案》时把刘宗周的这些评语列为《师说》。《师说》对曹端的评论中有一句话:"谓先生为今之濂溪可也",认为曹端的学术思想与周敦颐相似。其实,曹端与周敦颐有一点很大的不同,那就是周敦颐讲"主静",而曹端实际上是讲"主敬"的。所以黄宗羲在《明儒学案》中写的《诸儒学案上二·学正曹月川先生端》里也说曹端"立基于敬"。

《宋明理学》一方面举出曹端论"敬"的语录,并说明:"他所说的敬,主要是指时常警惕人欲的干扰,时时以道德规范约束自己,不使有一丝一毫的放逸之心。"(页222)另一方面又指出,曹端认为敬自然会静,而反对主静;如说"非礼勿视,则心自然静","不是不动便是静,不妄动方是静",这些说法继承了程颐以外无妄动、内无妄思为"敬",和"敬则自然静"的思想(页222)。《宋明理学》论程颐的主敬之学中,曾引程颐"敬则自虚静",指出程颐的立场是敬可生静,静不能生敬(页110)。曹端在这一点上与程颐是一致的。

曹端思想的另一值得注意之处是,他对"孔颜乐处"的问题作了讨论。元代的理学家就不见有这种讨论。曹端曾下了一番工夫作《太极图说述解》和《通书述解》，对周敦颐的思想用力很深，所以必然了解周敦颐曾教二程寻孔颜乐处、所乐何事。

> **活动**
>
> 2. 试复述曹端对孔颜之乐的看法。

对"孔颜乐处"这问题，曹端曾予以发挥，他的主要看法可归结为："孔颜之乐者，仁也。非是乐这仁，仁中自有其乐耳。"《宋明理学》对曹端的这个思想给了明白的解说，你要认真阅读。《宋明理学》指出，按照曹端的看法，要理解所谓孔颜之乐，核心是要抓住一个"仁"字。"孔颜乐处之乐是仁者之乐。这种'乐'并不是以'仁'为对象发生的乐，而是'仁'的境界自然具有的乐。"（页223）这种"乐"是指"一个具有很高精神境界（仁）的人所具有的一种心理状态"。《宋明理学》论曹端的最后一段很重要："'求孔颜乐处'本来是道学创立初期用来与辞章训诂之学相对立的口号，表示人的学问应当摆脱浮华文辞与烦琐训诂，追求精神的自由与发展。但是，就儒家文化的终极取向来看，'乐'并不是儒者精神发展的目的，乐只是儒者达到最高人格境界（仁）而自然具有的内心状态之一。仁可以包括乐，但乐却无法包容仁。若把精神的和乐愉悦当作人生全部精神发展的唯一目的，就仍然预设了一种追求自佚的动机，与追求感性快乐的快乐主义在终极取向上仍不能完全划清界限，也无法与佛家、道家划清界限。"（页223—224）从这个方面看，曹端坚持"仁"的本源性来说明孔颜乐处，是有功于儒学传统的。

《宋明理学史》下卷引用了曹端的一段语录："气禀底性，只是那四端底性，非别有一种性也。"（《通书述解》）然后据此指出："曹端所谓性，只有气质之性，性气不分，是一而非二。"（页114）明代中期以后，不少思想家都讲"只有气质之性"，明末大儒刘宗周也说"气质之性即义理之性"，都反对性的二元论，而主气质之性的一元论。在这个意义上，曹端可谓开其端绪，值得注意。

☞──────────▶ 测试题一

1. 在理气动静的问题上，曹端不赞成朱熹的什么说法？他自己的主张是什么？
2. 曹端何以主张太极有动静？
3. 试评述曹端对"无极而太极"的解释。
4. 试依《宋明理学》对曹端的孔颜之乐说加以分析。

薛瑄的思想

> **请阅读**
>
> - 指定教科书：《宋明理学》，页224—236；
> - 指定读物：容肇祖：《明代思想史》，页13—18；冯友兰：《中国哲学史新编》第五册，页170—183。

薛瑄（1389—1464），字德温，号敬轩，山西河津人，是继曹端而起的明代前期理学大家。山西省古称"河东"，故他所开创的学派被称为"河东学派"，其门徒遍山西、河南、关陇，蔚为大宗。薛瑄少年即读"四书""五经",后来他的父亲曾为他找了两个"深于理学"的老师,讲习濂洛诸书,薛瑄从此立志于理学。宣德中,授监察御史,出监湖广盐场,在此期间,手录《性理大全》,通宵不寐,遇有所得,即便札记(《河东学案上》,《明儒学案》卷七,1985)。可见,薛瑄这一代思想家已经是读《性理大全》而成长起来的了。他的札记,经多年积累,后汇集为《读书录》,共二十三卷。薛瑄年七十六而卒,死前留诗:"七十六年无一事,此心始觉性天通。"前面说过,曹端的求学,也是最后悟到"性外无事",他们都以知性为归宿。

活 动

3.《明史》和《明儒学案》怎样概括薛瑄的思想宗旨?

薛瑄是程朱派学者,《明史》本传说他:"学一本程、朱,其修己教人,以复性为主,充养邃密,言动咸可法。尝曰:'自考亭以还,斯道已大明,无烦著作,直须躬行耳。'"(《明史》卷二八二)"考亭"指朱熹,这是说朱熹已经把道学发明无遗,现在只需要实践。元代的吴澄,想继承道统,把朱熹以后道学的思想发展到新的阶段;而薛瑄则更注重实践。《明儒学案》卷七的《河东学案上》也说:"先生以复性为宗,濂、洛为鹄,所著《读书录》大概为《太极图说》《西铭》《正蒙》之义疏。"(1985,页110)薛瑄以濂洛关闽为精神追求的目标,毫无疑问,这正是明代前期理学的一个代表。到了明代中期王阳明就开始批评朱熹而表扬陆九渊了。

《宋明理学》第四章第二节"薛瑄",分四个项目介绍他的哲学思想,依次为:(1)理气说;(2)格物穷理论;(3)复性工夫；(4) 心之虚明。另外，容肇祖的《明代思想史》叙述较简单，但也可参考。

在理气论上，薛瑄与朱熹的主要观点不同处有二：其一，理能动静；其二，理气无先后。《宋明理学》在理气论一节，先引述刘宗周的话，点明薛瑄是闻曹端之风而起者，继承了曹端不盲从朱熹的理气观，而加以修正、阐明的做法。又以太极动静的问题为例说明之。前面已经介绍过，曹端反对朱熹语录中"太极不自会动静"的说法，也就是说，曹端是主张"太极自会动静"的，主张理是驾驭气之运行的"活理"。在这一点上，薛瑄受曹端的影响，并与曹端的看法一致，而与朱熹语录中的说法不同。

薛瑄说："太极岂无动静乎？……动静虽属阴阳，而所以能动静者，实太极为之也。使太极无动静，则为枯寂无用之物，又焉能为'造化之枢纽，品汇之根柢'乎？以是而观，则太极能为动静也明矣。"(《周子全书》卷六)"造化之枢纽、品汇之根柢"是朱熹《太极图说解》中对"太极"的解释。薛瑄不赞成"太极无动静"，他说"天命既有流行，太极岂无动静"，这样，他是赞成"太极有动静"的。另外，薛瑄所以不赞成说"太极无动静"的理由，是他认为如果说太极无动静，太极就成了"枯寂无用之物"。这种想法和曹端对朱熹的批评是相同的。薛瑄的观点是"太极能为动静"，也就是说，太极是"所以能动静"者。

曹端、薛瑄虽然反对说太极无动静，那么，是不是他们都认为太极像一个具体的东西那样能动来动去呢？对此，《宋明理学》作了具体分析，书中指出："曹端所理解的与活人骑马相似的'活理'，和薛瑄这里所说的太极有动静，都并不意味着他们认定太极有独立的、时空中的位置移动。曹端是努力突出理对于气的主导、驾驭作用，薛瑄则强调太极应当是运动的内在根据和动因。在古希腊哲学中，亚里士多德曾有'不动的动者'的提法，即造成运动的动因其本身是不动的。而在曹端、薛瑄这些理学家看来，既然太极（理）是所以动静者，是阴阳二气运动变化的根源和驾驭者，在这个意义上，理是有能动性的。而为了肯定这种能动性，必须说太极能为动静。"（页226）可对照曹端的说法，仔细思考《宋明理学》的分析。

> **活 动**
>
> 4. 薛瑄理气论的特色何在？

不过，正如《宋明理学》所指出的，薛瑄理气论的特色，其实主要不在论理气动静上面，而是在论理气有没有先后的问题上。他说："原夫前天地之终静，而太极已具；今天地之始动，而太极已行。是则太极或在静中，或在动中，虽不杂乎气，亦不离乎气也，若以太极在气先，则是气有断绝，而太极别为一悬空之物而能生夫气矣，是岂'动静无端、阴阳无始'之谓乎？"（《天地》，《薛文清公读书录》卷四）这句话里，"原"是指推求其本原，这段话是说，推究天地化生的本原，天地之前，一气浑然而静，太极就在这一气之中；天地生成之后，气分化而动，太极仍就在这气之动中。如果说太极在气之先，那就等于说宇宙有一段时间没有气，只有太极悬空而独在；这与程颐所说的阴阳二气及其动静是没有开始也没有终结的看法，不是正好相反吗？

因此，薛瑄认为，周敦颐讲"太极动而生阳"，并不是说阴阳有一个开始，只是说话总要从一个地方开始讲。其实，说太极"动"而生阳，这个"动"以前不是空无，"动"以前是"静"，"静"便是气；所以气是永远连续的，动静是没有开始也没有结束的。朱熹本来也有这样的思想，而薛瑄在此基础上，断然肯定"理只在气中，决不可分先后"。这个观点比起以往的朱学，其不同处是在理论上，根本不讲逻辑在先，只肯定在宇宙论上理气无先后。

> **活动**
>
> 5. 试复述薛瑄的日光飞鸟之喻。

除了与朱熹思想有所不同外，薛瑄的理气论，还有一些讨论，在观点上与朱熹没有不同，但论证却有所发明。其中最为后人注意的是，他用日光和飞鸟来比喻理气的动静关系。他的原话是这样说的："理如日光，气如飞鸟，理乘气机而动，如日光载鸟背而飞。鸟飞而日光虽不离其背，实未尝与之俱往而有间断处。亦犹气动而理虽未尝与之暂离，实未尝与之俱尽而有灭息之时。气有聚散，理无聚散，于此可见。"

朱熹曾用人马之喻说明"理乘气而动"，薛瑄则用日光比作理，用飞鸟比作气。薛瑄这段话的意思是，理乘气而动，好像日光乘鸟而飞。一方面，鸟飞而日光不离其背，正如气动而理不离气。另一方面，这个比喻更要说明的是，正如鸟飞时，日光虽然一直照在其背上，但日光并没有飞行；气之或聚或散时，理虽然没有离开气，但理并没有聚散，从而，气散尽时理并不随气散而灭。这段话的末尾明确说明，日光飞鸟的比喻，是用来论证"气有聚散，理无聚散"的道理。

看过薛瑄这段话，再回想上节所述薛瑄的思想，你可能会产生两个疑问：在"日光乘飞鸟"的比喻中，与在"人乘马"的比喻中一样，理的主宰性并没有表现出来；既然薛瑄强调理的能动性，为什么又用了和朱熹相近的比喻呢？其次，薛瑄说气有散尽之时，而理无聚散，但在上节说明里，薛瑄认为气是无端开始，永远连续的，何以这里又说气有散尽之时呢？就第一个问题而言，的确如此，正如《宋明理学》所说："这个比喻，对于理学所要表达的思想来说，有很大缺陷。把理比作日光，气比作飞鸟，理不仅完全成了一种外在于气的特殊实体，就理气动静而言，也无法显示出'理能动静'的性质。"（页229）至于第二个问题，就需要加以分析，《宋明理学》对此清楚指出，宏观地看，气是永恒的。但气的这种总体上的永恒，并不排斥个别事物的生灭和个别的气的消尽。就是说，宇宙是一个新的气不断产生、旧的气不断消尽的过程。局部地看，个别的气有产生和消尽，总体上看，宇宙中永远有气存在（页228）。所以，理气无先后，是就总体上说的；气有聚散，是就个别说的。两者并无矛盾。

气有聚散、理无聚散，是宋代理学就讲过的观点，薛瑄没有注意到，他对于这个问题的强调，与他主张"理气无丝毫空隙""理只泊在气上"的观点是相矛盾的，《宋明理学》页228—230指出这些矛盾并加以分析，读者可认真研习。这里就不烦重复了。

除了强调朱熹学中"气有聚散，理无聚散"的观点外，薛瑄反复强调的朱熹哲学的另一观点是"理不杂气"。薛瑄说过："阳动之时，太极在阳中；阴静之时，太极在阴中；以至天地万物，无所不在。此'理不杂乎气，亦不离乎气'也。"（《周子全书》卷六）这是说理无时无处不在气中，但又不杂于气。从这里可以知道，薛瑄虽然断然宣称"理气决无先后"，但与气本论如张载不同，他仍然视理为一种在气之中的实体。究其原因，不仅是因为朱熹曾这样讲，而是因为理学所讲的理，不仅是自然哲学中气化流行的规律；在人生论上，理是人之性，这个人性，在理学看来，是与气质不同的本质。

> **测试题二**

1. 薛瑄如何诠释"太极动而生阳"的意思？
2. 试依《宋明理学》分析薛瑄光鸟之喻中存在的问题。
3. 《宋明理学》为何说薛瑄以日光譬理亦有其理由？

关于薛瑄的格物穷理论，《宋明理学》首先指出，薛瑄在《读书录》中广泛地讨论过各种物理，但他虽肯定了穷理要穷万物之理，却更强调以"合当之理"来定义"理"，所以在他对"理"的理解中，"当然"和"规范"的色彩较重（页231）。程颐曾说过："在物为理，处物为义"（《程氏易传·艮象传》），薛瑄根据这个思想，发挥了他的格物说。他说："如君之仁、臣之敬、父之慈、子之孝之类，皆在物之理也。于此处之各得其宜，乃处物之义也。"（《宋明理学》，页231）

> **活动**
>
> 6. 薛瑄对穷理做了什么区分？

薛瑄的另一特色是区分了"穷人之理"和"穷物之理"，他说："穷理者，穷人、物之理也。人之理则有降衷秉彝之性，物之理则有水火木金土之性，以至万物万事皆有当然之理。"其所说"人之理"是指人的道德本性；其所说"物之理"是指事物的本质特性。从薛瑄所作的这个区分来看，朱陆之争中的一个问题就是，陆九渊认为穷理应当只穷人之理，明人心以穷人理。而朱熹的穷理只讲即物穷理，被陆学认为是支离，认为是忽视了穷人理。而朱熹则认为陆学只穷人理,忽视了穷物理。

冯友兰在其《中国哲学史新编》第五册中对这个问题的分析,值得参考。冯友兰认为,朱熹的《补大学格物致知传》最后说:"莫不因其已知之理而益穷之,以求至乎其极。至于用力之久,而一旦豁然贯通焉,则众物之表里精粗无不到,而吾心之全体大用无不明。"然而,如果一个植物学家研究植物之理,他可以因植物学已经研究出来的理"而益穷之",可是他怎么可能"至乎其极"呢?又怎么可能"豁然贯通"呢?更怎么达到"吾心之全体大用无不明矣"(1988,页178)。

冯友兰认为,朱熹的困难在于不能正确地理解"穷理"。冯友兰认为,程颢"要穷理,就是穷人之理,要尽性,就是尽人之性,而且要从他自己做起"(《中国哲学史新编》第五册,页180)。又认为《大学》"欲治其国者,先齐其家;欲齐其家者,先修其身;……"(《中国哲学史新编》第五册,页180)一连串用了十一个"其"字,都是指人自己,所以从"明德"到"格物",都要从自己心身做起。而朱熹把格物解释为"即物穷理","就不是从自己本身做起,而是从外物做起了"(《中国哲学史新编》第五册,页181)。

在陆王的一章中,冯友兰也说:"这里就牵涉到所谓'穷物理'和'穷人理'的问题。心学认为达到'圣人'的精神境界是'穷人理'的问题……'即物穷理'是穷物理,穷物理怎么会变成穷人理、或有助穷人理?"(《中国哲学史新编》第五册,页205)但是,冯友兰也不是就此主张只穷人理,不穷物理,他认为那与只穷物理而忘记穷人理的看法一样,都是把二者割裂了。冯友兰主张,正确的看法是,如果穷理时能有一种理解,即增加知识也就是所以提高人的境界,穷物理就是所以穷人理,那么,二者就没有矛盾，可以融为一体了。冯友兰认为，"这个弯转过来之后就可以看出，穷物理不必是'支离'，而不穷物理必定流于'空疏'。"(《中国哲学史新编》第五册，页182)

冯友兰的哲学当然并不是薛瑄的思想，这里介绍冯友兰的看法是要说明，冯友兰所力求作的对"穷物理"和"穷人理"的分别，薛瑄已经提出来了。

> **活 动**
>
> 7. 什么叫作"以复性为宗"？

黄宗羲在《明儒学案》中说薛瑄"先生以复性为宗"；《明史》也说他"其修己教人，以复性为主"。薛瑄说过"为学只是要知性复性而已"（《明代思想史》，1982，页14）。所谓"以复性为宗"，是说薛瑄认为一切的为学工夫，都要以"复性"为宗旨和目的。"复性"是统率所有工夫条目的中心。

薛瑄说："涵养须用敬，存此性耳；进学则在致知，明此性耳。"（《明代思想史》，1982，页15）"涵养须用敬，进学则在致知"是程颐的话，薛瑄加以发挥，主张涵养和格物都应以"性"的保养和发明为目的。又说："圣人教人'博文''致知''格物''明善'，凡知之之功，皆明此心之性也。教人'约礼''诚意''正心''固执'，凡行之之功，皆践此心之性也。"（《明代思想史》，1982，页15）就是说，圣人讲的关于"知"的工夫条目都是用来彰明"性"的，圣人讲的关于"行"的工夫条目都是用以实践"性"的。

容肇祖对此加以批评："他注重明性复性之功，而封断了博学致知的一条路了。他把致知解作明此性，而程朱以来'即物穷理'，古人'博学审问'的工夫都可废了。"(《明代思想史》，1982，页15) 这个批评其实是不准确的。薛瑄并不是摒弃和否定即物穷理和博学的工夫，而是强调格物和博学必须以"复性"为宗旨和目的；如果不以复性为目的，博学和格物就泛滥无归，就难免于支离了。这是对朱熹学说的一种调整，而不是否定。

《宋明理学》在"心性工夫"的小节，先拈出薛瑄的"以理制气"思想。薛瑄认为，在人的修养方面，理气交相胜，有时理制气，有时气掩理。理制气是指理性主宰意识活动；气掩理是欲望的作用胜过理性的作用。所谓为学工夫，就是要变化气质，使人的理性始终能发挥主宰作用，使本性始终能彰显出来。

《宋明理学》还特别指出薛瑄在"心统性情"上对朱学的发明。朱熹只讲"心统性情"，重点是讲心性论的结构和功能。而薛瑄则从工夫论方面发挥"心统性情"的意义。薛瑄认为，性情有动有静，所以心对性情的"统"，就应分为对"静"的状态的"统"和对"动"的状态的"统"，也就是分别"心统性之静"和"心统情之动"。《宋明理学》在引用了薛瑄论心统性情的话后解释说："心统性之静的意义是指，当意识处于静的状态，情感欲念没有发作（气未用事）的时候，保持心的'正'可以使性无干扰地保持其本然之善。气已用事，即情感欲念发作的时候，意识的状态由静变为动，在这种动的状态下保持心的'正'，可以规范引导情感，而不使发生偏差。"（页 233—234）。

☞—————→ **测试题三**

1. 薛瑄对"心统性情"的解释有何特点？
2. 薛瑄哲学中何谓"理制气""气掩理"？
3. 容肇祖批评薛瑄否定了朱熹博学、致知的路，试加以分析。

吴与弼的思想

> **请阅读**
>
> - 指定读物：侯外庐等编：《宋明理学史》下卷，页 135—148；容肇祖：《明代思想史》，页 18—23。

吴与弼（1391—1469），字子傅，号康斋，江西抚州崇仁人。年轻时在金陵，读朱熹所编《伊洛渊源录》，慨然有志于道学，于是放弃科举，谢去人事，独处小楼之上，钻研四书和诸儒语录，用心体贴，二年不下楼。而后回乡，躬耕于农，自食其力，收弟子讲学。老年时，英宗想作出崇儒的姿态，诏他入京，让他辅导太子读书，他谢辞未就。归途中绕道福建，拜朱熹墓。他有《日录》一书，体裁近于日记和语录，又有《康斋文集》十二卷。

吴与弼与薛瑄同时，一南一北。如果说薛瑄是当时北方理学的代表，那么吴与弼就是这一时期南方理学的代表。侯外庐等说他"在南方开'崇仁之学'，亦称朱学大宗"（《宋明理学史》下卷，1997，页 6），又说"与薛瑄同时的吴与弼，也是明代前期的朱学人物。所不同者，薛瑄偏于下学，主道德实践；吴与弼则侧重于'寻向上工夫'，求'圣人之心精'"（《宋明理学史》下卷，1997，页 135）。这都是说他是当时南方的一位朱学的大家。

> **活动**
>
> 8. 黄宗羲在《明儒学案》中对吴与弼总的评价如何？

容肇祖在《明代思想史》把薛瑄和吴与弼作为"明初朱学"中的"涵养或躬行派"（1982，页13）。《明儒学案》把叙述吴与弼的"崇仁学案"置于首卷，是因为他的弟子陈白沙开王阳明之先，而仍以吴与弼本人为朱子学。黄宗羲说吴与弼"一禀宋人成说。言心，则以知觉而与理为二；言工夫，则静时存养，动时省察。故必敬义夹持，明诚两进，而后为学问之全功"（《崇仁学案一》，《明儒学案》卷一，1985，页14）。这里的宋人成说，就是指朱熹的成说，可见吴与弼也是属于朱学的南方学者。

刘宗周评论吴与弼说："先生之学，刻苦奋励，多从五更枕上、汗流泪下得来。及夫得之而有以自乐。""七十年如一日，愤乐相生，可谓独得圣贤之心精者。至于学之之道，大要在涵养性情，而以克己安贫为实地。"（《师说》，《明儒学案》，1985，页3）在吴与弼的《日录》中有不少"枕上熟思""早枕思""枕上思""枕上默诵《中庸》"等，而其所思所想，无非是"痛省身心，精察物理"，这说明他的确是刻苦奋励修养自己的人。

吴与弼认为自己的气质"偏于刚忿"（《崇仁学案一》，《明儒学案》卷一，1985，页18），所以下工夫力求使心气归于和平。他叙述自己的修养心得谓："觉气象渐好，于是益加苦功，逐日有进，心气稍稍和平。虽时当逆境，不免少动于中，寻即排遣，而终无大害也。""又一逆事，排遣不下，心愈不悦，盖平日但制而不行，未有拔去病根之意。反复观之，而后知吾近日之病，在于欲得心气和平，而恶夫外物之逆以害吾中，此非也。心本太虚，七情不可有所。于物之相接，甘辛咸苦，万有不齐，而吾恶其逆我者，可乎？但当于万有不齐之中，详审其理以应之，则善矣。于是中心洒然，此殆克己复礼之一端乎？盖制而不行者硬苦，以理处之则顺畅。"（《崇仁学案一》，《明儒学案》卷一，

1985，页 19)

  这一段叙述是说，吴与弼为了克服性急好怒之病，努力修养，心气慢慢和平，有时，遇到不顺心的情形，心中难免动气，但很快就排除了。但有时遇到不顺心的事，心中的不快排除不了；而且愈排除不了，心中愈忿而不平。于是他就痛自反省，认识到以前的办法是"制而不行"，就是强制自己的忿气不发作，没有从根本上解决问题。而且为了心气和平，就厌恶遇到不顺利的事，这也是不对的。正确的办法有两条：一是"七情不可有所"，就是情感不能执著在固定的事物上；二是"以理处之"，世界上的事物各种各样，不能只喜欢顺利的，厌恶不顺利的，或者遇到不顺利事就强制自己不忿，而应当对一切事物都"以理处之"，即以道德原则为准绳，处理和面对一切事物。这样就能达到"中心洒然"的境界。你可以回想，在程颢的《定性书》里，就是主张不能厌恶外物，要情顺万物，以物之当喜而喜，以物之当怒而怒。这与吴与弼说的"七情不可有所""以理处之"是一致的。由此可见，吴与弼在涵养性情方面的体验和工夫确实是很深入的。所谓"得圣贤之心精"，就是指他在心性工夫和体验上的细致和深入。

  吴与弼思想中另外值得一提的是其"洗心"说。他说："(心)本自莹彻昭融，何垢之有？然气禀拘而耳目口鼻四肢百骸之欲为垢无穷。不假浣之之功，则神妙不测之体几何不化于物哉？……然后知敬义夹持，实洗心之要法。"(《康斋集》卷十)这是说，心本来是明净的、没有污垢的，但气禀和身体的欲望给心带来无穷的污垢，所以必须把这些污垢洗去；而洗心的要法，就是程朱讲的敬义夹持。从这里可以看出，他的讲法确实与陆学"明心"之说不同。不过，吴与弼"所重在人品境界，而不在学问道理。他追求的是'四体舒泰、心定气清'的境界,他追求的气象是'心气和平'"(《有无之境》,1991,页9)。他在理论上发明无多,所以就不多介绍他的思想了。

吴与弼弟子很多,最重要的有两个人,一个是胡居仁,他是明代前期朱学思想家中的代表学者;一个是陈献章(白沙),是开创明代心学的代表。胡居仁的思想将在单元九中介绍,而陈白沙的思想将在单元八讨论。然而,吴与弼的弟子在明代思想史中的地位重要,这就连带使吴与弼的地位也提高了。

☞────────────▶ 测试题四

1. 吴与弼最重要的弟子为谁?在明代思想史上有何地位?
2. 试叙述吴与弼的"洗心"说。
3. 试说明"洗心"说的"心体"与"物化"观点。

摘要

黄宗羲属于明代的阳明学者,因而他对明代理学史的看法,往往是从阳明心学出发的。从这样的立场出发,他的《明儒学案》"几乎是一部以姚江(阳明)一脉为主的学术史,卷一为崇仁吴与弼,因其为白沙之师,且与阳明有关系,故曰'微康斋,焉有后时之盛'"(《明代理学论文集》,1990,页3)。

在黄宗羲看来,陈献章以前的学者,都是"一禀宋人成说",他把程朱学者都列在书的后部的"诸儒学案",作为陪衬。因而《明儒学案》便给人这样的印象,明代的朱学是不足道的,也没有什么贡献。古清美正确地指出,其实明代的程朱理学不仅在整个明代都有相当的影响，甚至可以说笼罩了明代的主要学术。因此，不了解明代的程朱学派，就不能完整地理解整个明代思想的发展。

本单元所介绍的都是明代前期的朱学学者，他们在哲学方面，对朱熹提出了一些修正。特别是有关理气动静、理气先后的问题上，主张不能把理当作死理，而要当作活理，主张理气没有先后，这些看法在理学史上是有其意义的。在实践上，他们更注重道问学与尊德性的平衡，非常重视道德的践履，用《明史·儒林传》的话，是"笃践履，谨绳墨，守儒先之正传"（《明史》卷二八二），他们的德行学问，对明代的理学思潮有重要的推动作用。没有他们所推动而兴起的理学热，后来心学运动的出现是不可能的。

◆ 活动题参考答案

活动 1

根据曹端自己所作的《年谱》，他的求学历程相当艰苦，四十岁时仍然在学问道路上渺茫无头绪；到五十岁才恍然大悟，始知"天下无性外之物，而性无不在"，而这个性就是所谓太极之理。

活动 3

《明史》和《明儒学案》认为薛瑄的学问宗旨是"以复性为宗"。

活动 4

薛瑄虽然也像曹端一样,主张"太极能为动静",但其理气论的特色,主要是在论理气有没有先后的问题上。薛瑄断然肯定"理只在气中,决不可分先后"。这个观点比起以往的朱学,其不同处是在理论上,根本不讲逻辑在先,只肯定在宇宙论上理气无先后。

◆ 测试题参考答案

☞ 测试题一

1. 曹端不赞成"太极不自会动静,乘阴阳之动静而有动静"的说法,主张太极有动静,以太极为驾驭气的活理。

2. 曹端对朱熹的异议,实际上是要强调"理"的能动性,即理对事物运动的能动、主宰作用。强调理虽然乘载于气之上,但更对气有主导、驾驭的作用。

3. 曹端解释周敦颐《太极图说》的首句"无极而太极"说:"无"就是指无形象、无声气、无方所。"极"就是至极,是指理。"太"是指最大而言。他认为天地间凡有形象声气方所者,都是有限的。有的也称为"极",如此极,虽无声气,但仍是有形象方所,有局限的。他说:"惟理则无形象之可见,无声气之可闻,无方所之可指,而实充塞天地,贯彻古今,大孰加焉。"可见,他所说的"太"就是有最高的普遍性,所谓太极就是最高普遍性的原理。

4. 就儒家文化的终极取向来看,"乐"并不是儒者精神发展的目的,"乐"只是儒者达到最高人格境界即"仁"的境界后,所自然具有的一种内心状态。所以,"仁"可以包括"乐",但"乐"却无法包容"仁"。若把精神的和乐愉悦当作人生全部精神发展的唯一目的,就仍然预设了一种追求自佚的动机,与追求感性快乐的快乐主义在终极取向上仍不能划清界线,也无法与佛家、道家划清界线。从这个方面看,曹端坚持"仁"的本源性来说明孔颜乐处,是有功于儒学传统的。

测试题二

1. 薛瑄认为,周敦颐讲"太极动而生阳",并不是说阴阳有一个开始,只是说话总要从一个地方开始讲。其实,说太极"动"而生阳,这个"动"以前不是空无,"动"以前是"静","静"便是气;所以气是永远连续的,动静是没有开始也没有结束的。

2. 薛瑄本来主张"理气无丝毫间隙",强调理气总是结合无间的。但是按照气有聚散、理无聚散的说法,气聚变散,最后消尽,那么原来泊在这些气上的理就和散尽的气脱离,就不能说无丝毫间隙了。而且,把理比作日光,理成了一种外在于气的特殊实体,这种比喻无法显示理"能为动静"的特质。

3. 《宋明理学》指出,薛瑄想用这种无所不照的日光,来比喻理学所说的,充塞宇宙而无形体的理。正是在这个意义上,《宋明理学》说薛瑄的比喻虽然带来许多问题,但他所以用此比喻,是有其理由的。

测试题三

1. 薛瑄在《读书录》中广泛地讨论过各种物理,但薛瑄虽肯定了穷理要穷万物之理,却更强调以"合当之理"来定义

"理",他说:"理者,其中脉络条理合当是如此者是也。"所以在他对"理"的理解中,"当然"和"规范"的色彩较重。

2. 据朱熹哲学,在人的知觉活动中,有时是理强气弱,有时则是气强理弱。薛瑄发挥了这个思想,认为理强气弱时,理制气,即理性能主宰欲望。气强理弱时,则气掩理,即欲望的活动遮掩了理性的存在,欲望的作用胜过了理性的作用。

3. 容肇祖的这个批评其实是不准确的。薛瑄并不是摒弃和否定即物穷理和博学的工夫,而是强调格物和博学必须以"复性"为宗旨和目的;如果不以复性为目的,博学和格物就泛滥无归,就难免于支离了。这是对朱熹学说的一种调整,而不是否定。

测试题四

1. 吴与弼弟子很多,最重要的有两个人,一个是胡居仁,他是明代前期朱学思想家中的代表学者,一个是陈献章(白沙),是开创明代心学的代表。

2. 吴与弼认为,心本来是明净的、没有污垢的,但气禀和身体的欲望给心带来无穷的污垢;为学就是要把这些污垢洗去,而洗心的要法,就是程朱讲的敬义夹持。从这里可以看出,他的讲法与陆学"明心"之说不同,还是属于朱学的。

3. 吴与弼的"洗心"说认为:"(心)本自莹彻昭融,何垢之有?然气禀拘而耳目口鼻四肢百骸之欲为垢无穷。不假浣之之功,则神妙不测之体几何不化于物哉?……然后知敬义夹持,实洗心之要法。"这是说,心体本来是明净的、没有污垢的,也是神妙不测的;但气禀和身体的欲望给心体带来无穷的污垢,必须把这些污垢洗去;不把这些污垢洗去,心就会物化。而洗心的要法,就是程朱讲的敬义夹持。从这里可以看出,他的讲法确实与陆学"明心"之说不同。

参考书目

古清美:《明代理学论文集》,台北:大安出版社,1990。

田浩(Hoyt Tillman):《朱熹的思维世界》,台北:允晨出版事业公司,1996。

牟宗三:《从陆象山到刘蕺山》,台北:学生书局,1979。

牟宗三:《心体与性体》,台北:正中书局,1981。

吴与弼:《康斋集》,台北:台湾商务印书馆,1985。

侯外庐、邱汉生、张岂之编:《宋明理学史》上、下卷,北京:人民出版社,1997。

胡居仁:《居业录》,台北:台湾商务印书馆,1985。

岛田虔次著,蒋国保译:《朱子学与阳明学》,西安:陕西师范大学出版社,1986。

唐君毅:《中国哲学原论——原教篇(宋明儒学思想之发展)》上、下卷,香港:新亚研究所,1977。

陈来:《有无之境——王阳明哲学的精神》,北京:人民出版社,1991。

陈荣捷:《朱学论集》,台北:学生书局,1982。

陈荣捷:《宋明理学之概念与历史》,台北:"中央研究院"文哲研究所,1996。

容肇祖:《明代思想史》,台北:台湾开明书店,1982。

麦仲贵:《宋元理学家著述生卒年表》,香港:新亚研究所,1968。

麦仲贵:《明清儒学家著述生卒年表》,台北:学生书局,1977。

张廷玉等:《明史》,北京:中华书局,1974。

张君劢:《新儒家思想史》,载刘梦溪编《中国现代学术经典·张君劢卷》,石家庄:河北教育出版社,1986。

黄宗羲:《明儒学案》,北京:中华书局,1985。

曹端：《太极图说述解·西铭述解·通书述解》，台北：台湾商务印书馆，1985。

曹端：《曹月川集》，台北：台湾商务印书馆，1985。

冯友兰：《中国哲学史新编》第五册，北京：人民出版社，1988。

蒙培元：《理学的演变——从朱熹到王夫之戴震》，福州：福建人民出版社，1984。

蔡仁厚：《宋明理学——北宋篇》，台北：学生书局，1977。

蔡仁厚：《宋明理学——南宋篇》，台北：学生书局，1980。

墨子刻（Thomas Metzger）著，颜世安等译：《摆脱困境——新儒学与中国政治文化的演进》，南京：江苏人民出版社，1990。

刘述先：《朱子哲学思想的发展与完成》，台北：学生书局，1982。

钱穆：《钱宾四先生全集第九册·宋明理学概述》，台北：联经出版事业股份有限公司，1993。

钱穆：《朱子新学案》上、中、下册，成都：巴蜀书社，1986。

薛瑄：《薛敬轩先生文集》，北京：中华书局，1985。

明代中期的理学（一）
心学的运动

单元八

单元八 明代中期的理学（一）心学的运动

绪言

明代前期是朱学复兴的时代。宋濂、方孝孺推崇濂洛关闽，以朱熹为集大成。曹端、薛瑄开北方理学，虽在理气论上对朱子有所修正，但在为学工夫方面，在心性论方面，可说是严守朱学宗旨。同时南方有吴与弼，开南方理学，吴与弼也是朱学。中国历史上学风有南北之别，明代理学亦然。南方吴与弼虽属朱学，但内心的体验比较细致入微，他的静观的倾向，对洒然境界的追求，都与北方理学的严肃主义取向不同，而包含着后来陈献章、王阳明心学体系的萌芽。

黄宗羲在谈到陈献章时曾说："有明儒者，不失其矩矱者亦多有之。而作圣之功，至先生（陈献章）而始明，至文成（王阳明）而始大。"所谓"不失其矩矱者"，指守朱学门户者，在他看来，真正代表明代思想的，是从陈献章开始。

张君劢提出明代哲学思想中有四个普遍趋势：

第一，明代思想家重视内心体验。只有少数人从事训诂考据工作，他们所感兴趣的是自己内心体验的工夫。

第二，每个思想家都有一简明的主旨以表示其思想之大概。如陈献章以"主静"为宗旨，王阳明以"知行合一"为宗旨，湛若水以"随处体认天理"为宗旨，等等。

第三，以超乎逻辑和过分的思辨性为特色，即脱离孔孟程朱的实践基础，而追求形而上的空虚的本体世界，王阳明的后学要建立一种没有修养工夫的形而上学。

第四，书院的建立，在明代后期书院变成群众聚会的场所，这使明代学者讲学的活动，不仅成为政治上的有力因素，而且把理学普及民间大众（《新儒家思想史》，1996，页272—276）。

张君劢所说的四个特点，都是指陈献章以后的明代哲学。

所以，明代理学史的主流发展，是王阳明及其学派为代表的心学运动，王学的产生、传播是明代思想史最重要的内容。而与之相对照，明代中期以后，朱学虽然仍是官方哲学，但在知识人中已渐退居次要的地位。

本单元主要叙述心学运动的兴起。吴与弼的弟子陈献章大大发展了吴与弼思想中的内心体验的方面，开创了明代心学的先声；其弟子湛若水继续其道路，将陈献章的心学发展为体系。而湛若水的朋友王阳明，集宋明心学之大成，以批判朱熹的姿态，以他的超人才智和盖世事功，将心学运动推至高峰。

本单元共有三个项目，依次为：（1）陈献章的思想；（2）湛若水的思想；（3）王阳明的哲学。

本单元会使用以下指定教科书和指定读物，作为教材。

指定教科书：

- 陈来：《宋明理学》，第四章第四节，第五章第一、二节。
- 劳思光：《新编中国哲学史》（三上），第五章B节。

指定读物：

- 容肇祖：《明代思想史》，页35—44及页51—107。
- 侯外庐、邱汉生、张岂之编：《宋明理学史》下卷，页170—195及页201—229。

单元目标

修毕本单元，应能：

单元八　明代中期的理学（一）心学的运动

- 说明陈献章的思想特点；
- 解释湛若水的重要思想命题；
- 阐述王阳明哲学的体系及内容。

陈献章的思想

> **请阅读**
> - 指定教科书：《宋明理学》，页247—256；
> - 指定读物：容肇祖：《明代思想史》，页35—44。

陈献章（1428—1500），字公甫，号石斋，广东新会白沙里人，学者称其为白沙先生。白沙濒临西江入海的江门，故其学又被称为江门之学。《明史》的儒林传序说："原夫明初诸儒，皆朱子门人支流余裔，师承有自，矩矱秩然。曹端、胡居仁，笃践履，谨绳墨，守儒先之正传，无敢改错。学术之分，则自陈献章、王守仁始。宗献章者曰江门之学，孤行独诣，其传不远。宗守仁者曰姚江之学，别立宗旨，显与朱子背驰，门徒遍天下，流传逾百年。"（《明史》卷二八二）明清学者都认为，明代思想由理学转为心学，是始于陈献章，而成于王阳明。

陈献章一生没有做过官，经历很平淡。他曾在二十岁、二十四岁、四十一岁时三次参加科举会试，都未成功。《宋明理学史》认为科举的落第，"促成了他逐渐走向潜心学术的道路"（下卷，1997，页154）。其实，没有出仕的机会固然可以使陈献章把时间更多用于学术，但他对学术的追求，是从二十七岁就开始了的。陈献章在二十七岁时从学于吴与弼，时达半年，他自己说："年二十七始发愤，从吴聘君学，其于古圣贤垂训之书，盖无所不讲。"（《宋明理学史》下卷，1997，页155）可见，他从那时起已经发愤立志于圣贤之学了。

黄宗羲在《明儒学案》中说："有明之学，至白沙始入精微……至阳明而后大。"（《白沙学案序》，《明儒学案》卷五，1985，页78）在黄宗羲之前，王阳明弟子王畿已经说过："我朝理学开端，还是白沙，至先师而大明。"（《龙溪先生全集》卷十）不过，古清美对这一类说法存有异议，认为这种说法给人的印象是明代学术是心学的天下，明代思想几乎是姚江一派的学术史，朱学只是陪衬而已。古清美认为这样的看法是有偏差的，朱学在明代仍在各方面都有重要影响，陈献章和王阳明也是从学习朱学的过程中转出来的（《明代理学论文集》，1990，页1—4）。古清美的这个提醒是值得注意的，因为，明代的朱学如薛瑄、胡居仁、罗钦顺，的确在朱学内的发展亦有"精微"处，不能以心学的运动成为明代中期以后的主流，而否认这一点。

陈献章年轻时受学于吴与弼，据他说，吴与弼教他，"其于古圣贤垂训之书，盖无所不讲"，这说明吴与弼还是以朱学的方法引导他，从读圣贤书入手。陈献章回到白沙后，"既无师友指引，惟日靠书册寻之"，说明他也曾按吴与弼的方法努力读书，以求学圣贤。《明代思想史》说他："闭户读书，尽穷天下古今典籍，旁及释老稗官小说，夜不寝，少困，则以水沃其足。久之，乃叹曰：'夫学贵乎自得也。自得之，然后博之以典籍，则典籍之言，我之言也。否则典籍自典籍而我自我也。'"（1982，页35）这是说，如果不在自己心上下工夫，典籍里的话，终归和自己心中所想，成为两片。要想自己心中所想与典籍合一，就要反求吾心。

陈献章这种以"求之书册"与"求之吾心"相对立的进径，

单元八 明代中期的理学（一）心学的运动

和陆九渊的路子很类似。"他是教人放开书本，自己用心"（《明代思想史》，1982，页37），可是陈献章的弟子对这种"放开书本"的方法，不敢深信，他的一个弟子说："书籍多了，担子重了，恐放不下。"陈献章批评说："只放不下，便信不及也。此心元初本无一物，何处交涉得一个放不下来？假令自古来有圣贤未有书籍，便无如今放不下。如此，亦书籍累心耶，心累书籍也？"（《明代思想史》，1982，页37）

陆九渊曾有一个说法，认为朱熹叫人读书，是给人加重担子，而他教人在心上用功，是给人减担子。朱熹、陆九渊鹅湖之会上，朱熹主张读书穷理，陆九渊主张发明本心，陆九渊当时准备了一个问题，就是：尧舜以前无书可读，尧舜也成了圣贤，这说明读书不是做圣的必要途径。陈献章对弟子的批评中也有一个类似的论点，他叫弟子放开书本，减轻担子，弟子不敢放；他说，如果自古只有圣贤而没有书籍，人也就敢放开了，这说明关键在人的"心"，以及人能否自信其心。故容肇祖也指出："这很可见陈献章的教人和他的自得，他的不注重书本，与陆九渊要与人'减担子'同，其要在'求之吾心'。"（《明代思想史》，1982，页38）

> **活 动**
> 1. 为什么容肇祖把陈献章的出现视作"陆学的复活"？

陈献章更说道："夫人所以学者，欲闻道也。苟欲闻道也，求之书籍而道存焉，则求之书籍可也。求之书籍而弗得，反而求之吾心而道存焉，则求之吾心可也，恶累于外哉？此事定要觑破。"（《明代思想史》，1982，页37）表面上来看，陈献章并没有否认求之书籍以闻道，但其实，他是强调"反而吾心而道存焉，则求之吾心可也，恶累于外哉"！这就走上一条与朱学相反的道路，专求吾心，不求外物。这是陆九渊学派的道路，无怪乎容肇祖把陈献章的出现看作是"陆学的复活"。

如何求之吾心？在这一点上，陈献章与陆九渊亦有些不同，他更加强调静坐。《宋明理学》引述其为学经历的自述，他谈到从吴与弼受学归家后，日靠书册寻道，废寝忘食数年，还是无所得，总觉得"吾心"和"此理"未能合一，也就是上面说的"典籍自典籍而我自我也"。"于是，舍彼之繁，求吾之约，惟在静坐"，彼之繁，是指朱学的读书穷理；从此舍弃吴与弼教他的方法，而专求于静坐。静坐有何效果？"久之，然后见吾此心之体隐然呈露，常若有物。日用间种种应酬，随吾所欲，如马之御衔勒也。"静坐久之，体验到心体呈露、常若有物。后来他的同学胡居仁就特别批评他的这种"静中有物"说。套在马嘴里的衔勒是人用来驾驭马的行动的，陈献章用此比喻意识的主宰。所以，从此以后，凡有来向他求学的人，他都教他们静坐（页249）。

《宋明理学》对陈献章的这种思想有比较清楚的解说，可认真阅读，其中说："据白沙自己所说，他在静坐中得到了一种体验，这种体验就是'此心之体隐然呈露，常若有物'，也就是说他体见到了心的本体……他用自己的实践说明，有了这种体验，在日用伦常之中就如同掌握了驾驭意识活动的主宰。"（页249）

他在这方面的另一句有名的话是："为学须从静中坐养出个端倪来，方有商量处。……未可便靠书册也。"所谓"静中坐养出端倪"，这个端倪即是心体的呈露。同时，从这里我们可以知道，"静坐"也正是与"书策"的追求相对而言的。他还说过"观书博识，不如静坐"（《与林友》，《陈献章集》卷三），都是把读书穷理与静坐对立起来，要用静坐取代格物穷理作为宗旨，所以陈献章的学问宗旨，可以说是"主静"。

《宋明理学》指出，道学前期的发展里，"静"的确是伊洛传统中的一个重要方面。但自李侗弟子朱熹开始，强调伊川更为注重的"敬"，以"主敬"取代"主静"，明确贬抑静功，又以"穷理"与"主敬"并提，作为道学的两个基本工夫。而陈献章的"主静"既是对主敬的否定，也是对穷理的否定（页250）。《宋明理学》还指出，相对于即物穷理来说，静坐体验心体是使为学工夫的外向转为内向；另一方面，陈献章要静中见心体呈露，又主张静中养出端倪。

活 动

2. 陈献章所谓"端倪"包含有哪两种意义？

这个端倪除了神秘体验的一面，也是具有伦理意义的"善端"（《宋明理学》，1992，页251）。所以他又说："养善端于静坐。"而陈献章的这些说法，主张心中求道，心中求理，他虽然还没有提出陆九渊或王阳明的"心即理"的思想，但其为学工夫已经完全心学化了。这个发展显然开了明代心学运动的先河（《宋明理学》，1992，页252）。

陈献章说过这样的话："此理干涉至大，无内外，无终始，无一处不到，无一息不运。会此则天地我立，万化我出，而宇宙在我矣。得此把柄入手，更有何事！往古今来，四方上下，都一齐穿纽，一齐收拾，随时随处，无不是这个充塞。色色信他本来，何用尔脚劳手攘？舞雩三三两两，正在勿忘勿助之间。曾点些儿活计，孟子一口打并出来，便都是鸢飞鱼跃。若无孟子工夫，骤而语之，以曾点见趣,一似说梦。会得,虽尧舜事业,只如一点浮云过目。"唐君毅指出:"此白沙所见得之此心此理'往古来今,四方上下,都一齐穿纽,一齐收拾',正用象山之言,以自说其同于象山之所悟者。而'天地我立,万化我出'之言,则用康节语。其言'鸢飞鱼跃,尧舜事业,只如浮云过目',用明道语。"(《原教篇》下,1977,页356)《宋明理学》在页255则对陈献章的这段话的意思有清楚的讲解。

《宋明理学》又论陈献章的"自然为宗"思想,引陈献章"古之善学者,常令此心在无物处……学者以自然为宗",并解释说:"所谓心在无物处,就是心不要滞在一个念头、一个事物上,这样的方法就叫'自然',这样的境界也叫'自然'。"(页253)《宋明理学》这一节的分析很重要,不仅对陈献章的理解,而且对整个理学的理解,都有重要意义,须认真研习。《宋明理学》在页76提出关于孔门中的曾点之乐或与点之乐。书中又指出,宋明理学中有两派不同的意见,一派是周敦颐、程颢代表的洒落派,一派是程颐、朱熹代表的敬畏派。前一派主张求孔颜乐处,有与点之意,追求洒落的境界;后一派则主张戒慎恐惧,严肃修养。前者是浪漫主义的,后者是严肃主义的。陈献章集成了周敦颐、程颢、邵雍的路线,他所强调的自然之学,追求洒落的心灵境界(页253—254)。

陈献章的思想后来受到两方面的批评,陈献章曾说:"夫道至无而动,至近而神,故藏而后发,形而斯存。"他用"至无而动,至近而神"形容"心",所谓"藏而后发",是指静养而后运用,也是指心而言。所以后来罗钦顺说:"近世道学之昌,白沙不为无力,而学术之误,亦恐自白沙始。至无而动,至近而神,此白沙自得之妙也;彼徒见夫至神者,遂以为道在是矣,而深之不能极，几之不能研，其病在此。"这是说陈献章只看到心的神妙的功能，就以为心即是道。罗钦顺此说是代表朱学的批评。王阳明的弟子王畿认为，白沙提主静，是因为世人精神向外泼洒，所以假借静坐以收其心；而真正的为学宗旨应当是不分动静，从事上磨炼。这是代表阳明学派的意见。

测试题一

1. 试解释以下语词："白沙""文成""江门之学"及"姚江之学"。
2. 黄宗羲如何评价陈献章在明代学术中的地位？
3. 陈献章所谓"舍彼之繁，求吾之约，惟在静坐"是指什么？
4. 试说明陈献章"自然为宗"的思想。

湛若水的思想

> **请阅读**
> - 指定教科书：《宋明理学》，页282—296；
> - 指定读物：容肇祖：《明代思想史》，页51—70；侯外庐等编：《宋明理学史》下卷，页170—195。

湛若水（1466—1560），原字民泽，后改字元明，广东增城县甘泉人，故学者称其为甘泉先生。弘治七年（1494）从学于江门，师事陈献章。弘治十二年（1499）陈献章死前一年，赠诗给他，且云："达摩西来，传衣为信。江门钓台，亦病夫之衣钵也。兹以付民泽，将来有无穷之托，珍重珍重！"（《明代思想史》，1982，页52）江门钓台是陈献章讲学之处。禅宗传法，以衣钵为信物，陈献章自比禅宗传法，将衣钵郑重地传给湛若水，表示对湛若水的看重和期望。

《宋明理学》分五个项目介绍湛若水的思想，依次为：（1）随处体认天理；（2）心包万物；（3）执事敬；（4）初心与习心；（5）知行交进。书中并指出"随处体认天理"说是他思想的一个核心，湛若水的其他思想，无论主敬，还是知行，都与这一"随处体认天理"的思想联系着（页297）。所以在这五个项目中，第一项和第二项是最重要的内容。

湛若水活到九十五岁，又久任学官，还到处建书院以祀陈献章，所以他的学生和门弟子特别多，据说"相从士二千九百余"（罗洪先：《湛甘泉墓表》）。《明儒学案》卷三十七《甘泉学案一》说"先生与阳明分主教事"，即是说在当时湛若水的学派与阳明学派二分天下。又说："王、湛两家，各立宗旨，湛氏门人，虽不及王氏之盛，然当时学于湛者，或卒业于王，学于王者，或卒业于湛，亦犹朱、陆之门下，递相出入也。其后源远流长，王氏之外，名湛氏学者，至今不绝。"（1985，页876）钱穆也说："守仁问学于娄谅，若水从游于陈献章，都远从与弼开端。两人相交游，而讲学宗旨不同，一时平分天下之学术。"（《宋明理学概述》，1994，页246）

需要注意的是，说王湛论学宗旨不同、平分天下学术，并不表示湛若水和王阳明在学术上是对立的，正如《宋明理学》指出的，"弘治末年甘泉与阳明定交，甘泉对当时的阳明有相当大的影响，阳明亦始终视甘泉为他最亲密的友人"（页282），"（甘泉）与阳明共同推进了当时的心学思潮，这一点是众所公认的。"（页283）湛若水自己也曾对王阳明的弟子说过："某平生与阳明公同志，他年当与同作一传矣。"（《答王汝中兵曹》，《甘泉文集》卷七）认为自己和王阳明是志同道合，死后应在史书中和阳明载人同一个传记之中。

"随处体认天理"是湛若水一生的学问宗旨，但早在他受学于陈献章时已经提出来了。陈献章当时也很赞赏他的领悟，对他说："日用间随处体认天理，著此一鞭，何患不到古人佳处也。"（《与湛民泽》，《陈献章集》卷二）其实，如果我们仔细体会，便可知"随处体认天理"的宗旨是与陈献章的思想有所不同的。

> **活 动**
>
> 3. 湛若水的"随处体认天理"说与陈献章的"主静"说是否相同？

湛若水对"随处"的强调其实是对陈献章"静坐"的修正。湛若水说："所谓随处体认天理者，随未发已发，随动随静。"（《甘泉学案一》，《明儒学案》卷三十七，1985，页885）陈献章主张在未发之静中体认心体，所以在陈献章的立场上就不能强调"随处"。而湛若水则认为："孔子所谓'居处恭'，乃无事静坐时体认也；所谓'执事敬、与人忠'，乃有事动静一致时体认也。体认之功贯通动静隐显。"（《甘泉学案一》，《明儒学案》卷三十七，1985，页904）这就是说，体认天理的工夫不仅在静时要用，在动时也要用，在未发时要用，在已发时也要用。所以湛若水是不主张主静的，而是主张"贯通动静"的。

湛若水的"随处体认天理"说也是对陆九渊、陈献章、王阳明的"求心"说的修正。湛若水说："体认天理而云'随处'，则动、静、心、事，皆尽之矣。"就是说提出"随处"，不仅要解决主"静"忽"动"的弊病，也要解决主"心"忽"事"的弊病。陈献章说求之吾心，这就有只在心上用工夫，而忽略在事上实践的弊病。

湛若水用"随处"而不用"随事",是有其理由,并经过反复考虑的。他说:"若云'随事',恐有逐外之病也。"在他看来,"心"与"事"相对,只讲求心是有偏差的;但只讲随事而忽略心,同样也有偏差。总之,在心与事两者之间,必须兼顾,不可偏废。他认为"随处"之用可以避免各种偏差。

以上所言是湛若水"随处体认天理"这个命题里"随处"的意义。那么,"体认天理"的意义又如何呢?这涉及他所理解的"天理"观念。照朱熹哲学的看法,格物穷理是穷物上之理,湛若水要人"随处体认天理",这个天理是在事物之中还是在我们的意识之中?他认为"虚灵方直而不偏,心之本体,所谓天理"(《圣学格物通》卷十八)。又说:"天理者,即吾心本体之自然者也。"(《圣学格物通》卷二十七)又说:"天理二字,人人固有,非由外铄。"(《甘泉学案一》,《明儒学案》卷三十七,1985,页890)根据这些讲法,"体认天理"的"天理"是在人的意识之中的。基于此种立场,湛若水坚持"天理非在外",他说:"心与事应,然后天理见焉。天理非在外也,特因事之来,随感而应耳。故事物之来,体之者心也。心得中正,则天理矣。"(《甘泉学案一》,《明儒学案》卷三十七,1985,页884)

活 动

4. 湛若水所谓"体认天理"的意谓如何?

所谓"体认天理"的"体",是指用心去体会;而"体认天理"的"天理",则是指内心的中正的意识。如事物之来,心应感而发为中正的意识,此即"天理"。所以,湛若水不取程颐

"在物为理"的说法,而主张"谓之在物为理则不可,此理毕竟在心"(《新泉问辨录》,《甘泉文集》卷八)。

对于这个问题,《宋明理学》有很清楚的解说。书中指出,体认天理之求,是无内外、无动静的,但"求"虽然无内外,"理"却不是外在于个体意识的对象。"天理"就是人的道德意识。心与外物接触而产生具体的意识活动反应,如果这个反应是中正不偏的,这样的意识状态就是"天理"。湛若水认为人心的本来状态就是中正无偏的,就是天理。天理并不是外在的,天理就是人的良知和道德意识。体认天理,就是随时随处体认自己的道德意识(页289)。"随处体认天理"的思想,就以体认自己的道德意识作为治学目的而言,与陆九渊、陈献章是一致的,所不同的是体认的途径,湛若水并不是要人只在心上求心,而同时要人在事上求心,在事上体验道德意识。

在宋明理学中,"格物"是为学之方的根本问题。湛若水正是用他的"随处体认天理"说演绎出独特的格物说。或者,也可以说,他的"随处体认天理"说就是一种格物说。湛若水的朋友王阳明提出一种格物说,比他为早,因此他的格物说又是在与王阳明的讨论中发展出来的。

王阳明以"正"释"格",以"意之所在"释"物"。湛若水不赞成,他致信王阳明说:"兄之训格为正,训物为念头之发,……若如兄之说,徒正念头,则孔子止曰'德之不修'可矣,而又曰'学之不讲'何耶?止曰'默而识之'可也,而曰'学而不厌'何耶?又曰'信而好古敏求'者何耶?子思止曰'尊德性'可矣,而又曰'道问学'者何耶?"(《甘泉文集》卷七)这是说,如果把格物解释为正心中之念头,那就等于否定了孔子、子思讲的关于"学"的思想、"学"的工夫。

他在另一封给王阳明的信中提出他自己关于"格物"的解释。

> **活 动**
> 5. 湛若水如何解释"格物"?

他认为,"格"的意思是"至",而"至"的意思是"造诣",即达到的意思。"物"的意思是指"天理",也就是"道"。所以"格物"的意思就是"造道",就是"至其理"(湛若水的原文请阅《宋明理学》页283)。本来,程朱也是以"至"训格的,释格物为即物而穷理。湛若水亦以"至"训格,但他对格物的解释不是即物穷理,而是达到道、达到天理。

湛若水进而说明,所谓"造道""至其理",也就是他所说的"体认天理",故说:"格物云者,体认天理而存之也。"这种随处体认天理的格物说有三个特点。

其一是"一内外",他认为,与王阳明只讲正念头不同,他所说的格物的用力处,从心到家国天下,从读书、亲师友到应接事物,是非常广泛的:"盖自一念之微,以至事为之著,无非用力之处也","随时随处皆求体认天理而涵养之,无非造道之功",这就把朱熹的格物用力之方都肯定下来了。

其二是"兼知行",格物是至其理,而这个"至"不仅是心的至,也是身的至,身之至即是指行,故他又说"知行并进,学、问、思、辨、行,所以造道也"。造道不仅是"知"的事,也是"行"的事。

其三是"贯动静",前面我们已经指出,所谓随处体认天理,就是强调在动时静时都下工夫。

单元八 明代中期的理学（一）心学的运动

《宋明理学》最后对湛若水的格物说予以总结："'随处体认天理'的格物说，具有一内外、兼知行、贯动静三个基本特点。这个格物的解释，既纠正了王阳明专内遗外的毛病，也避免了当时理学中知行割裂的流弊，而且与陈白沙以来的主静工夫不同。"（页285）又指出，湛若水的格物思想在一定意义上可以说是对朱熹代表的理学与陆王代表的心学的一种调和。在理的问题上，他以天理为心之中正之体，是心学的立场。在物的问题上，他用"随处说"，把朱子格物的范围都肯定了下来。而从整体上看，王阳明晚年以格物为即物正心，与湛若水以格物为随处体认道心，在基本方向和立场上并没有根本分歧（页289—290）。因为朱熹的格物是即万物而穷万物之理，而湛若水是即万物而体认中正之心。故湛若水的思想和为学，还是属于心学。

在结束湛若水的思想介绍前，我们还应提及其"大心"说。由于湛若水的"随处体认天理"说，在用功的途径上，肯定了、包容了朱熹在《大学或问》中讲的用力之方，因而王阳明批评他"是求之于外了"。对此，湛若水表示："阳明与吾看心不同。吾之所谓心者，体万物而不遗者也，故无内外。阳明之所谓心者，指腔子里而为言者也，故以吾说为外。"（《答杨少默》，《甘泉文集》卷七）这是说，他认为阳明所说的心，是指人的意识而言；而他自己所说的心，不限于人的意识，万事万物都是属于心的表现。在此意义上，格万物亦即是格心，不是格心外之物，不是求之于外，"故格物非在外也"。

对于王阳明的良知说，他也表示了自己的意见，在他看来，"吾之良知良能也，不假外求也，但人为气习所蔽，故生而蒙，长而不学则愚。故学问思辨笃行诸训，所以破其愚、去其蔽，警发其良知良能耳，非有加也。……若徒守其心，而无学问思辨笃行之功,则恐无所警发,虽似正实邪"(《答阳明王都宪论格物》,《甘泉文集》卷七)。这是说,人虽有良知,但因气禀和积习的影响,会形成对良知的蒙蔽,使良知难以显发。所以格物不能仅仅求之于心,只有通过学、问、思、辨、行,才能启发、唤醒固有的良知以冲破气习的障蔽(《宋明理学》,页289)。

总的看来,湛若水与王阳明的不同处,是他主张"事上求仁、动时著力"(《答余督学》,《甘泉文集》卷七),以反对求心说,他说:"今夫求心者,偏于静,不求于动、不习之于事。"(《知新后语》,《甘泉文集》卷四),主张学问思辨并行。故容肇祖说:"总之,湛若水的思想,在陈献章、王守仁之间,而无陈献章、王守仁偏于心的本能的极端的见解。他注重于事、注重于用、注重于学,而思想在调和朱陆二派。"(《明代思想史》,1982,页69)

测试题二

1. 试说明湛若水"贯通动静"的主张。
2. 《宋明理学》中如何总结湛若水的格物说?
3. 湛若水对王阳明的良知说有何意见?

王阳明的哲学思想

> **请阅读**
>
> - 指定教科书:《宋明理学》,页257—258;《新编中国哲学史》(三上),页400—405;
> - 指定读物:容肇祖:《明代思想史》,页71—81;侯外庐等编:《宋明理学史》下卷,页201—206。

单元八 明代中期的理学（一）心学的运动

王守仁（1472—1529），字伯安，祖籍浙江余姚，他自己也出生在余姚。后来他父亲迁家至山阴，即今绍兴，他曾在绍兴东南不远的阳明洞天结庐，自号阳明子，故学者皆称他为阳明先生。所以现在一般习惯上都称他为王阳明。他是宋明理学中最有影响的思想家、哲学家之一，也是明代心学运动的代表人物。

王阳明一生颇具传奇色彩。据记载和传说，他出生前夕祖母梦见有神人从云中送子来，梦醒时王阳明刚好出生，祖父便为他起名叫王云，乡中人就称其所出生处为瑞云楼。然而，王阳明到了五岁还不会说话，一天一位高僧经过，抚摸他的头说"好个孩儿，可惜道破"，意指他的名字"云"道破了他出生的秘密。他的祖父恍然醒悟，更其名为守仁，他便开口说话了。这个故事有点神话色彩，但从这个故事可以看出王阳明幼年的时候还未显示出聪慧和才华。

王阳明十岁时父亲高中状元，把他带到京师念书，十一二岁时他问塾中的老师"何为第一等事"？老师说"惟读书登第耳"，他当时说"登第恐非第一等事，或读书学圣贤耳"。尽管如此，他从少年时代起就从不循规蹈矩，所有记载都说他自少"豪迈不羁"。如十三岁丧母，继母待他不好，他竟买通巫婆捉弄继母，使得继母从此善待他。王阳明学习也不很用功，常常率同伴做军事游戏。青年时他出游边关，练习骑马射箭，博览各种兵法秘书，遇到宾客常常用果核摆列阵法作为游戏。十七岁时王阳明到南昌娶亲，可是在结婚当天，大家都找不到他。原来这天他闲逛中进了道教的铁柱宫，遇见个道士在那里打坐，他就向道士请问，道士给他讲了一通养生之说，他便与道士相对静坐忘归，直到第二天岳父家才把他找回去。此后他常常在各地和道士讨论养生的问题。二十二岁时进士考试不中，当时宰相（大学士）李东阳笑着说"汝今岁不第,来科必为状元,试作来科状元赋"。王阳明悬笔立就,朝中诸老惊为天才。而嫉忌者议论说,"此子取上第,目中无我辈矣"。结果二十五岁再考时被忌者所压,未能考中。到二十八岁礼部会试时,他考试出色,名列第二,中了进士。

王阳明三十一岁时因病回山阴家中休养,在阳明洞筑室,行导引之术,据说还引发了些特异功能,不久自悟:"此疲弄精神,非道也。"又受佛道吸引,思欲出世,但念念中总有祖母、父亲牵挂在怀,下不了决心。一天忽觉悟道:"此念生于孩提,此念可去,是断灭种姓矣!"这个觉悟不仅使他终于从博杂的泛滥出入,确定地回到儒家的用世之学上来,也是他后来"良知"思想提出的基础。第二年王阳明在西湖,在一寺庙见一禅僧坐关三年,不语不视,想用这个方法去掉一切念头,进入涅槃境界。王阳明对之大喝说:"这和尚终日口巴巴说什么!终日眼睁睁看什么!"僧惊起,睁眼说话,阳明问其家中有何人,答有母在;又问起思母之念否,答不能不起。王阳明便指点他说这是亲爱的本性,不能泯灭,忘一切念的修行方法是不对的。僧泣谢,明日问之,僧已去矣。这是王阳明的良知说的第一次实践。

正德元年,武宗初即位,宦官刘瑾专权,王阳明主持正义,抗疏反对把持朝政的刘瑾,为此下狱受廷杖四十,然后被贬到贵州偏远的龙场做一个小小的驿丞。一路躲避刘瑾的暗杀,三十七岁上王阳明到达贵州偏荒瘴疠的龙场,他的仆从病倒了,他就亲自劈柴取水煮饭;为了安抚仆从的情绪,他还为他们歌诗说笑。在困境中,他常常日夜端居澄默,以求静一,久久胸中洒落,得失荣辱皆能超脱。一夜,他忽然大悟,不觉呼跃,从者皆惊,这就是理学史上著名的"龙场悟道",从此建立起了他自己的思想

单元八 明代中期的理学（一）心学的运动

体系。

以后的十几年，王阳明在两京及地方又做过各种不同的官吏，正德十四年四十八岁，时任都察院右副都御史。是年夏，宁王朱宸濠叛乱，据南昌、破九江，以十万大军东下南京，声势浩大，震动朝野。王阳明当时正在江西领兵平定南赣农民暴动，在未得旨命的紧急情势下，倡义讨叛，在强弱悬殊的情况下，以机智的谋略和卓越的胆识，仅三十五天便生擒朱宸濠于鄱阳湖边，将这场大叛乱彻底平定，创造了举世瞩目的奇功大业，也使得他后来升南京兵部尚书，封新建伯。所以时人称他"才兼文武"，其事功业绩不仅在古今儒者中少见其比，在整个明代文臣武将中也相当突出。

但在明中期封建王朝的昏暗统治下，王阳明的奇功伟业不仅未给他带来幸福，反而给他带来了九死一生的险恶境遇。王阳明平定叛乱后，好大喜功的武宗仍坚持率兵南征，太监张忠等不让王阳明献俘，却要把朱宸濠放到鄱阳湖中，再由武宗来亲自擒拿。为了江西人民的安宁，王阳明理所当然地加以拒绝。张忠等便向武宗进谗言，诬称王阳明与朱宸濠勾结，给王阳明造成了极为险恶的处境。他们还率军在江西故意与王阳明的军队发生冲突以寻衅，王阳明始终不为所动。他们又想欺负王阳明一个儒者，要和王阳明在教场比箭，结果王阳明三发全中，引起北军的欢呼，震慑了对方的气焰。幸而武宗不久便死去。在经历了"百死千难"后，嘉靖初，王阳明虽然得以升官封爵，仍不受重用，他的学说因与朱熹不同，在朝中更一直被作为伪学而受到攻击和压制。在他死后才几个月，朝廷便下诏禁伪学，这和朱熹晚年遭受伪学之禁的境遇几乎是一样的。

心与理

> **请阅读**
> - 指定教科书：《宋明理学》，页259—263；《新编中国哲学史》（三上），页411—419；
> - 指定读物：容肇祖：《明代思想史》，页81—87；侯外庐等编：《宋明理学史》下卷，页206—213。

王阳明的思想，应从龙场悟道说起，而要了解龙场悟道，又先要知道青年王阳明的求学经历。王阳明在时代和家庭的影响下，少年时已有学为圣贤之志。青年时代受朱熹影响，曾努力于格物之学。朱熹所谓格物，是指在事物上去了解事物的理，在朱熹主要强调多读书、观察事物、思考其道理，久久便会豁然贯通，了解宇宙万物的普遍法则。青年王阳明曾与一位姓钱的朋友商议说，朱熹让人格天下之物，现在哪有这么大力量？两人决定就以王阳明父亲官署中亭子前的竹子作为对象来尝试格物。钱某先去，从早至晚穷格竹子的理，三天劳神成疾，也没有格出来。王阳明自己又去，七天后也劳思致疾。这个格物穷理的困惑在他的青年时代始终没有解决。二十六七岁时又按朱熹读书之法去做，仍觉"物理吾心终判为二"。我们记得，陈献章年轻时也有过这样的困惑，而且也是后来在静坐中才解决的。

> **活动**
> 6. 龙场悟道的内容是什么？

单元八　明代中期的理学（一）心学的运动

所谓龙场的悟道，正是和王阳明青年时代以来的格物困惑有关。据《年谱》记载，他在龙场，日夜静坐，"忽中夜大悟格物致知之旨，寤寐中若有人语之者，不觉呼跃，从者皆惊。始知圣人之道吾性自足，向之求理于事物者，误也"。就是说，所谓"道"也好，"理"也好，都不在事物之中，只在我们自己的心里。道德的法则、原理，并不存在于外部事物，而内在于我们的心中。我们对父母要讲孝，对朋友要讲信，但是"孝"不在父母身上，"信"不在朋友身上，道德不是外在的东西，是我们内在的要求。所以格物并不应到事物上去格，而应当在自己的心中去找。这样，他就提出了他的哲学命题"心即理也""心外无理"，与朱熹的思想彻底分道扬镳。

在心与理的关系问题上，王阳明的基本命题是"心外无理"，这是陆九渊"心即理也"命题的强势表达。陆九渊虽然主张心即是理，但并未否认心外有理。而王阳明，在其"心外无理"的思想中，"心"和"理"的概念都比一般宋明理学家所用者为窄。《宋明理学》指出，王阳明把"理"基本上了解为道德原理；其所用"心"亦不是泛指知觉而言，这个心"只是指心体或心之本体而言，这个心之本体也就是从孟子到陆九渊的'本心'的概念，它不是现象意识层面经验的自我，而是先验的纯粹道德主体"（页263）。所以，"心即是理"和"心外无理"的意思是说，道德之理不是存在于外部事物，而完全内在于人的心中。

《宋明理学》最后一段指出，在朱熹和一般理学家的用法中，所谓物理包含必然和当然两个方面，必然指自然法则，当然指道德法则。王阳明的"心即理也"说或"心外无理"说只提出了对当然之理的一种解释，而对事物中是否存在必然之理、这一类物理能否归结为心之条理、格此心能否穷尽此类物理，都没有给以回答，这是其理论内部的问题（页263）。另一方面，由于在一般宋明理学的理解脉络中，心通常包含"知觉"的意义，理通常包含"规律"的意义，这使得"心外无理"说往往受到怀疑，以为这个命题是说人的一切知觉都合乎道德之理，或事物的规律也是从主体产生的。劳思光针对这些误解，强调"阳明所说之'理'本非'认知意义'之'理'，而是'德性意义'之'理'。换言之，阳明说'心即理也'，并非谓事物规律皆先验地存于心中，而只是断定价值规范由此心生出"（《新编中国哲学史》三上，页412）。阳明所用之心字，是指自觉意志能力而言。"'心即理也'一语，确义即是说，一切价值规范皆源自此自觉能力。"（《新编中国哲学史》三上，页415）劳氏亦指出，阳明对认知事物规律及独立意义的知识活动，皆未加探索（《新编中国哲学史》三上，页419）。

心与物

> **请阅读**
>
> - 指定教科书：《宋明理学》，页264—267。

《大学》的八条目中，宋明理学家对修身、齐家、治国、平天下讨论较少，而对正心、诚意、致知、格物特别重视。

> **活动**
>
> 7. 王阳明为何讨论心、意、知、物的定义？

正心、诚意、致知、格物可以说都是实践的"工夫"，在理学家看来，正确地理解这些工夫，首先要把握住对"心、意、知、物"的正确了解，才能正之、诚之、格之、致之。王阳明正是这样。

《传习录》中载有王阳明和他的弟子徐爱的对话，徐爱说："爱昨晓思'格物'的'物'字即是事字，皆从心上说。"阳明回答："然。身之主宰便是'心'，心之所发便是'意'，意之本体便是'知'，意之所在便是'物'。如意在于事亲，即事亲便是一物；意在于事君，即事君便是一物；意在于仁民爱物，即仁民爱物便是一物；意在于视听言动，即视听言动便是一物。所以某说无心外之理，无心外之物。"

在心与物的问题上，王阳明的著名命题是"心外无物"，上面王阳明与徐爱的对话，应可帮助我们理解王阳明的"心外无物"说的意涵。可以说，王阳明讲所谓"心外无物"，并非抽象地、一般地讲心物关系，而是用来说明"格物"的"物"之所指。照王阳明的看法，所谓格物的物，其实是指"事"，"即构成人类社会实践的政治活动、道德活动、教育活动等"（《宋明理学》，页265）。对这些"事""物"，他所给的哲学定义是"意之所在便是物"。劳思光也说："盖所谓'意所在之事'实指行为言，故阳明说'物者，事也'，此'事'字并非'事实'或'事象'之义，而与'从事''有所事'等语中'事'字之用法相近。"（《新编中国哲学史》三上，页421）《宋明理学》解释说："正如我们日常生活中看到的，一切活动都是意识参与下的活动，在这个意义下，离开主体的事物是没有的。"（页265）

王阳明用"意之所在"定义"物"，并不仅仅要强调事为或行动不能离开意识，更在强调"物"即是人要做某一件事的意念。《宋明理学》指出："'意在于事亲即事亲便为一物'，事亲这个

'物'既可以指正在实现的活动或已经实现的活动，也可以仅指意念内容。对于王守仁来说，'物'主要不是指现实的东西，而是指意向之物，即呈现在意识中的东西。"（页266）《宋明理学》特别指出王阳明"心外无物"说的宗旨："他的心外无物说及其中所有对'物'的解说都是针对自青年时代面竹格物以来一直困扰他的'格物'问题。他的'意之所在便是物'的命题根本上是要把物归结为意念；只有把格物的物归结为意念，才能把'格物'解释为'格心'。心外无物的意义就是要人在心上做格物工夫。"（页266）这一点请认真学习体会。

另外，唐君毅对这个问题的解释亦可参考。他认为，阳明承朱子问题而来，把朱子所谓物，与一般所谓心知、意念或行事相连接，而合名之为"物"。如孝亲之亲非物，而孝亲之意念与行事，是物。故"物"之名与"意念"或"事"之名，其义即无别，此乃阳明用法，与一般所谓物不同（《原教篇》上，1977，页299）。

▶ 测试题三

1. 试依劳思光之说解释"心即理"。
2. 试述王阳明答徐爱问时所论"心""意""知""物"的定义。
3. 王阳明提出"心外无物"说的宗旨是什么？试据《宋明理学》说明之。
4. 叙述《传习录》所载王阳明山中观花的故事。

单元八 明代中期的理学（一）心学的运动

格物说

> **请阅读**
> - 指定教科书：《宋明理学》，页267—270；《新编中国哲学史》（三上），页422—432。

弘治二年，阳明十八岁，是年在江西曾谒吴与弼门人娄谅，娄谅向他阐述了朱熹的格物之学，并告以由经典的学习可以成圣成贤。青年王阳明当时完全接受了这些思想。尽管三十七岁的龙场悟道是阳明格物思想的一个转折点，但与陆九渊、陈献章不同，王阳明的问题意识始终是从朱子学的格物思想出发的。他自己所建立的理论体系也主要是针对朱熹的格物理论。针对朱熹讲的"穷理"，他提出心外无理，主张穷心之理；针对朱熹讲的格物，他提出心外无物，主张格心而不是格外物。总之是要人求之吾心。他还录有《大学问》一篇，正面阐述他的格物论，《传习录》中亦有大量关于格物问题的讨论。

王阳明在龙场悟道，关键在于解决了对格物的困惑。他说："及在夷中（龙场）三年，颇见得此意思，乃知天下之物本无可格。"（《传习录》下）"既然格物不应向外求理，心即是理，意念所在即是所格之地，于是格物变成格心、求心。"（《宋明理学》，页269）与以往的理学家用"至"训"格"不同，王阳明是用"正"释格。

> **活 动**
>
> 8. 试复述王阳明关于"格"的训释原文。

他说:"格者,正也。正其不正,以归于正也。"王阳明把格解释为正,即把不正纠正为正;把物则定义为意之所在,因而,格物就是纠正意之所在。所以他又说:"格物如《孟子》'大人格君心'之格,是去其心之不正以全其本体之正。但意念所在,即要去其不正以全其正,即无时无处不是存天理。"从这里的"去其心之不正",我们可以看清王阳明"意之所在"格物说的实质。

湛若水是王阳明的好友,两人在格物的问题上看法不同。湛若水写信给王阳明说:"昨承面喻《大学》格物之义,以物为心意之所著,荷教多矣。……兄意只恐人舍心求之于外,故有是说。"(《与阳明鸿胪》,《甘泉文集》卷七)"兄之格物,训云正念头也"(《与阳明鸿胪》)。湛若水和王阳明面对面讨论,故他的理解是不会错的。他指出王阳明的"意之所在便是物"就是要人求心于内。湛若水把王阳明的这种格物说概括为"正念头",正是指明这种解释和主张实际上是把"格物"理解为"正心"。王阳明自己也明确说:"故格物者,格其心之物也,格其意之物也,格其知之物也。"(《答罗整庵少宰》,《传习录》中)所以,容肇祖说:"总之,王守仁所说的'格物',是内的非外的,所谓格物即明明德,即为善去恶,都是内心上的涵养,而没有研究物理的精神。"(《明代思想史》,1982,页86)

劳思光对王阳明的"格物"观念的解释是:"如此释'格物',实即以'正行为'为'格物'。"(《新编中国哲学史》三上,页421)劳氏此说,是基于阳明以物为事而给的一种解释。但从湛若水的说法可知,阳明如此释格物,要点不在正行为,而在正念头,以突出"求心""求内"的心学方法,而反对"求物""求外"。他对事的强调,也是要即事而正心,并非仅仅正事而已。故秦家懿认为:"阳明的格物说,却倡言'在事上正心',即是要求人心自善。"(《王阳明》,1988,页82)

唐君毅曾说:"阳明之学,虽归宗近象山,其学之问题,则皆承朱子而来;其立义精处,正多由朱子义,转进一层而致。"(《原教篇》上,1977,页289)格物问题可谓一端。

知行合一

> **请阅读**
> - 指定教科书:《宋明理学》,页271—275;《新编中国哲学史》(三上),页433—441;
> - 指定读物:容肇祖:《明代思想史》,页102—107;侯外庐等编:《宋明理学史》下卷,页213—220。

王阳明思想的一个特色,是强调"知行合一"。他在龙场居贫处困、动心忍性、中夜大悟之后,次年便开始在贵阳书院讲"知行合一"。他当时虽然已经醒悟"天下之物本无可格",但还未建立一种对格物的解释,他所宣讲的是"知行合一"说,而"知行合一"说就是他当时用来批评朱熹的思想的。同时,"知行合一"说的提出也是针对明代中期社会风气败坏、道德水平下降的现实背景。

> **活 动**
>
> 9. 为什么说王阳明的"知行合一"说是反对朱熹的知行观？

王阳明认为，人们了解社会通行的道德准则，但并不依照这些准则去行动；明知为道德律令所禁止，却仍然违背道德律令去行动；这种一般所谓"知而不行"的状况是和朱熹学说的"先知后行"的思想有直接联系的。在朱熹学说中，强调理性对道德原则的了解是伦理实践的前提，以"知"为"行"的基础。王阳明则认为这正好为人们将"知"和"行"分裂开来提供了借口，人人都会说，我现在的"知"不够，还不能去行，要等我的"知"彻底完满后，才能去行。由于王阳明的思想肯定"心即是理"，肯定人人都有现成的良知，指导伦理行为的"知"是内在的、本有的，不需要去求，所以强调"行"。知行合一说的大旨是：真知必能行，不行就不算是知；真正的知是与行动和实践紧密联系的，是依赖着行的；知是行的开始，行是知的完成，知与行互相包含，知和行不能分离。

我们曾指出，在朱熹哲学中"行"不是泛指一切行为，而是指对既有知识的实行。王阳明哲学中的"行"则不仅可泛指一切实践行为，还可以包括心理行为。《宋明理学》把王阳明的知行合一说分为四个提法或命题，即：

1. "知行本体"。这个命题是说，知行本体是合一的。本体这里指本来意义，是说知里面包含行，行里面包含知，知与行按其本来意义是互相包含的、互相联系的。离开了行的知，便不是真正的、本来的知。离开了知的行，便不是真正的、本来的行。比如一般人所说的"知而不行"，其实不是知而不行，而是还没有达到"知"。真正的、本来意义的"知"是包含着"必能行"的。

2. "真知即所以为行，不行不足谓之知"。上面第一点是强调真正的知必能行，不会有所谓知而不行。第二点则强调我们的知识和体验是依赖于实践活动的，不行就不能有知。

3. "知是行之始，行是知之成"。意识是整个行为过程的第一阶段，是行的一部分。行为是观念或思想的实现与完成，是知识过程的终结。所以知中有行的因素，行中有知的因素。

4. "知是行之主意，行是知之工夫"。行以知作为指导，知以行为实现手段。行不能无主意，知不能无手段。知与行是不可分离的。

知行合一的思想虽然有这样几种表述，其思想核心无非是两方面，一方面是"本体"，强调知中就有行，行中就有知，所以在人类的知识-实践活动中，知和行是互相包含的。故说："只说一个知，已自有行在；只说一个行，已自有知在。"另一方面是"工夫"，强调没有脱离行的独立的知的工夫，也没有脱离知的独立的行的工夫。故说："圣学只是一个工夫，知行不可分作两事。"（《传习录》上）

最后，我们要指出两点：第一，王阳明讲"知行合一"，其思想的重点，是在强调"行"，而不是"以知代行"。《宋明理学》分析并指出把王阳明知行观归结为"一念发动便是行"的流行说法的错误，可仔细研习。第二，王阳明重行的知行观主要在反对朱熹的"先知后行"说。他说："今人却就将知行分作两件去做，以为必先知了，然后能行，我如今且去讲习讨论做知的工夫，待知得真了，方去做行的工夫，故遂终身不行，亦遂终身不知。此不是小病痛，其来已非一日矣。某今说个知行合一，正是对病的药。又不是某凿空杜撰，知行本体原是如此。"（《传习录》

上）他认为朱熹的"知先行后"说，导致了知行工夫的割裂。所以他的"知行合一"论主要就是要在工夫论上反对朱熹的知先行后说。

☞————————→ **测试题四**

1. 湛若水认为王阳明以格物为正念头，有两点困难，试依《宋明理学》说明之。
2. 为什么不能把王阳明的知行观概括为"一念发动便是行了"？试根据《宋明理学》所述加以分析。
3. 湛若水如何概括王阳明对格物的解释？
4. 知行合一学说的核心是什么？

致良知

请阅读

- 指定教科书：《宋明理学》，页275—278；《新编中国哲学史》（三上），页419—422；
- 指定读物：容肇祖：《明代思想史》，页87—94；侯外庐等编：《宋明理学史》下卷，页220—229。

活动

10. 致良知是王阳明什么时候提出来的学问宗旨？

王阳明另一个重要的思想是"致良知"。致良知是王阳明晚

单元八 明代中期的理学（一）心学的运动

年在江西平定藩王叛乱后提出来的，也是他晚年反复强调的学问宗旨。他晚年曾写信给其子："吾平生讲学，只是致良知三字。"（《阳明全书》卷二十六）可见其重视。"良知"的观念最早出于孟子，"致知"的概念来源于《大学》，王阳明把两者结合起来，认为"致知"的"知"字就是指良知，把大学的致知说发展为致良知说。

在《孟子》中良知是"不虑而知者"，是一种与生俱来的、不依赖于教育和社会环境的道德知识与道德情感，孟子举出的例子是小孩无不亲爱其父母，长大都知道尊敬其兄长。我们知道，道德意识和情感并不是先验的，现实生活中人人都有些道德知识是社会化过程的结果，社会要求透过教育等活动内化为人的意识情感。但孟子所举的例子在生活中是常见的，王阳明有见于人人都有一定的道德意识，他称此为良知，也就是伦理学上所说的良心。

有一个故事说，王阳明的门人夜里在房内抓得一个贼，便对贼讲了一番良知的道理，贼大笑，问"我的良知在哪?"当时天热，他就叫贼脱掉衣服，贼剩下裤子，他让贼继续脱，贼犹豫不肯，他向贼大喝道"这就是你的良知啊！"（《中国哲学简史》，1985，页346）在王阳明看来，良知人人具备，是人的内在道德评判体系，对人的意识活动起着指导、监督、评价、判断的作用；良知知善知恶，好善恶恶，是道德意识与道德情感的统一。

良知虽然人人现成具有，但常受到私欲的遮蔽，所以就要致良知。王阳明说："致者，至也"，"致吾心之良知者，致知也。"（《与顾东桥》，《阳明全书》卷二）王阳明的友人和学生概括他的致良知说为："致者至也，至极其良知，使无亏缺障蔽。"（黄绾：《明道编》卷一）由此可知，所谓"致良知"，"致"首先是扩充，就是使良知扩充至极。另一方面，"致"又表示实实在在地力行、践行，把人的良知努力地实现出来，变为具体的行动。他说："良知者也，是所谓'天下之大本'也；致是良知而行，则所谓'天下之达道'也。"(《书朱守乾卷》，《阳明全书》卷八)冯友兰说："陆九渊说了许多话，着重在于说明人都有良知；王守仁也说了许多话，着重在于'致良知'。就是说，陆九渊对'行'说得不够，王守仁特别着重'行'。所谓'知行合一'的要点，就是说如果没有'行'，'知'就不能完成。"(《中国哲学史新编》第五册，1988，页217)所以致良知本身也体现了知行合一，就是人应当实实在在、完完全全地按自己的良知去行动。《宋明理学》指出，王阳明的致良知观念有三个要点，即"扩充""至极""实行"(页277)。请认真阅读。

牟宗三指出，王阳明哲学的义理系统属于孟子学，孟子讲的良知只是就人之孩提爱父母、长大敬兄长而指点，而孟子的真实意指则是言本心能自发地知仁知义、知礼知是非。王阳明即依此意而把良知提升上来代表本心，以综括孟子的四端之心。王阳明把孟子并列说的四端一起收于良知，以良知之心为人的内在的自性本性，此本性在种种特殊机缘上便自然表现为各个不同的"天理"，即道德法则(《从陆象山到刘蕺山》，1979，页216—218)。

关于致良知，牟宗三也指出，阳明言致字，直接地是"向前推致"的意思，等于孟子所谓"扩充"；致良知是要把良知之天理或良知所觉之是非善恶，不让其为私欲所间隔而充分地把它呈现出来以使见之于行事，即成道德行为。而人人有此良知，然为私欲蒙蔽，则有而不露。或虽时有不自觉的呈露，但为私欲气质等阻隔，而不能使其必然有呈露。克服此种阻隔的关键仍在良知本身的力量。良知如能真正被体证，则它本身便是私欲气质的大克星，其本身就有一种不容已地要涌现出来的力量（《从陆象山到刘蕺山》，1979，页229—230）。

万物一体

> **请阅读**
> - 指定教科书：《新编中国哲学史》（三上），页447—451；
> - 指定读物：容肇祖：《明代思想史》，页98—102。

《大学》开篇说"大学之道，在明明德，在亲民，在止于至善"。先秦古书中"亲"和"新"字通用，程颐和朱熹都认为《大学》的"亲"字其实是"新"字，从而主张《大学》是讲"新民"，即使人民在道德上日新不已。王阳明不赞成这种看法，他认为"亲"字就是亲，不能改为新，主张《大学》的思想是"亲民"。

王阳明《大学古本傍释》说："亲，爱也。明明德、亲民，犹言修己安百姓。"可知王阳明是以"亲民"为"爱民"。在其晚年的《大学问》中，他更以"万物一体"的学说发挥"亲民"之义。据《阳明年谱》嘉靖三年所记，阳明晚年居家讲学，环座而听者常三百人，而阳明"只发《大学》万物同体之旨，使人各求本性，致极良知"（《阳明全书》卷三十四）。这说明万物同体的思想也是王阳明思想的一个重要方面。程颢早就提出"仁者以天地万物为一体"的思想，后来的宋明理学家都是继承了程颢的思想而加以自己的发挥。

容肇祖在《明代思想史》第四章中特立第五节"明德亲民

说"对此加以论述，并引其在《阳明全书》卷二十六的《大学问》："大学者，昔儒以为大人之学矣……大人者，以天地万物为一体者也。其视天下犹一家，中国犹一人焉。若夫间形骸而分尔我者，小人矣。大人之能以天地万物为一体也，非意之也，其心之仁本若是。其与天地万物而为一也，岂惟大人？虽小人之心亦莫不然，彼顾自小之耳。……是乃根于天命之性，而自然灵昭不昧者也，是故谓之明德。……是故苟无私欲之蔽，则虽小人之心，而其一体之仁犹大人也。一有私欲之蔽，则虽大人之心，而其分隔隘陋犹小人矣。故夫为大人之学者，亦惟去其私欲之蔽，以自明其明德，复其天地万物一体之本然而已耳。"（1982，页99）

这是说，所谓大学就是大人之学，所谓大人是指能以万物为一体的人。大人视天下为一家，视一国如一家，视人如己。如果把亲友、民人都看作"彼"，与己无关，只有自己的利益才是"我"，这就是小人。实际上大人、小人，他们的本心是一样的，都是以天地万物为一体的仁心；本心被私欲隔蔽，便成为小人；本心能无私欲隔蔽，便是大人。而所谓大人之学，就是要人去其隔蔽，恢复其万物一体的本来之心。可见，王阳明对万物一体的解释与程颢是一致的。那么，这个思想与程颢讲的"仁者以天地万物为一体"是否完全相同呢？

> **活　动**
>
> 11. 王阳明的万物一体说与程颢有何不同？

这里有两点不同之处。其一，程颢是把仁者以天地万物为一体作为儒家的最高精神境界，而王阳明对万物同体的提倡并不是仅要达到一种精神的境界，而是作为一种博爱的人道主义关怀，是要落实于社会和文化层面。就是说，程颢只讲了体，王阳明则体用兼举。他说："何以在亲民乎？曰：明明德者，立其天地万物一体之体也；亲民者，达其天地万物一体之用也。故明明德必在于亲民，而亲民乃所以明其明德也。"（《阳明全书》卷二十六）王阳明是面对民众物质生活境遇的苦难、社会的纷争、伦理的败坏而痛切忧患，体现了他对生民苦难的悲悯情怀与恻隐爱心。亲民爱民的忧患是他的万物一体思想的特色。所以岛田虔次说，程颢的万物一体带着一种"春风和气"，而阳明的大声疾呼体现了危机的意识和迫切的心情（《朱子学与阳明学》，1986，页90）。其二，他把道学的"万物一体"与心学的"本心"思想结合在一起，认为每个人的心之本体都是仁心、都是以万物为一体的，任何人，只要去除私欲的隔蔽，就是"大人"。所以大人与小人只在于去不去除自己的私欲，没有别的根本区别。正是在这种思想的基础上，阳明学派提出了"满街都是圣人"（《传习录》下）。容肇祖说："这可见他的平等的见解，及平易近人的精神。"（《明代思想史》，1982，页89）

王阳明倡导的心学，非常强调个体意识的主体性，并且反对盲从权威，包含着破除教条和解放思想的意义。他曾说："学贵得之于心，求之于心而非也，虽其言之出于孔子，不敢以为是也""学，天下之公学也，非朱子可得而私，非孔子可得而私"，就是说，任何思想的权威都必须通过自己的独立思考和理性的检验，反对迷信，反对绝对权威，这些思想在当时客观上起了解放思想的作用。王阳明的整个思想，不仅对当时已被教条主义化了的朱熹思想提出挑战，而且突出了人的主体性、道德的主体性。由于王阳明的学说在一定程度上突破了被教条化的程朱理学的束缚，开辟了思想文化的新局面，对明代中晚期的思想文化发生了重大的影响。

与朱熹的思想一样，王阳明的思想在近古的东亚世界曾得到广泛的传播。王阳明思想16世纪传入日本，对江户时代的日本影响很大，日本的阳明学者更为突出王阳明的事功和实践性，形成了具有日本特色的阳明学。特别是，日本的阳明学者在19世纪倡导复古维新、尊王攘夷，对"明治维新"起了促进作用。王阳明的思想对李朝时代的韩国也有影响。

测试题五

1. 试述王阳明关于知行合一思想的四种表达。
2. 根据《宋明理学》复述王阳明"四句教"的原话。
3. 《宋明理学》提出王阳明的致良知说有三个要点，是哪三点？
4. 对《大学》中的"亲民"，朱熹与王阳明的解释有何不同？

摘要

明代前期是朱子学的时代，但从明代中期以后，朱子学虽然仍是官方推崇的正统思想，在思想界真正吸引士大夫的是陈献章以后兴起的心学运动。心学运动可以说是由王阳明学派和湛若水学派两家共同推动的，而王阳明及其学派是这个心学运动的主流。王阳明的思想及其事功，在明代中期以后，对社会文化影响极大，形成了支配明代中后期思想文化的"王学"。

王学的前驱是陈献章。陈献章本从朱学入手，但朱学的读书穷理使他始终感觉心与理不能合一，于是舍繁就约，反求己心，由静坐而体见到心体呈露，从此建立了"静中养出端倪"的学问宗旨。王阳明年轻时也是从朱子格物学入手，但终觉心与理为二，在朱熹的格物方法中难以找到价值之理。陈献章、王阳明追求"心与理合一"的心路历程，表明这个时代的一部分知识分子对精神生活和内在体验的追求，在朱学中不能得到满足。也暴露出朱学在道德涵养方面的一些内在缺陷。

王阳明为反对朱熹提倡的格物穷理说，提出心外无物、心外无理，要人格心中之物、穷心中之理；又倡导知行合一、晚年宣传致良知。他的学术取向与陆九渊相同，故历史上又称"陆王学派"。但是，尽管王阳明的思想的基本方向与陆九渊相同，但其所由出发的问题不同，王是从朱学出发的，以《大学》的心、意、知、物作为基本理路和结构，与陆九渊直接孟子而自得之是不一样的。同时，王阳明之反对朱熹，不是因为他出身陆学，也不是为反对朱学而反对朱学，他提出问题，一方面是解决他在自己内心所遇到的课题，更重要的，是要解决当时时代所面临的课题。

◆ 活动题参考答案

活动 1

因为陈献章的为学不强调求之书籍，而强调求之吾心，反对求之于外。故容肇祖把陈献章的出现看作是"陆学的复活"。

活动 3

二者是不同的。湛若水对"随处"的强调，其实是对陈献章"静坐"的修正。湛若水说："所谓随处体认天理者，随未发已发，随动随静。"陈献章主张在未发之静中体认心体,所以在陈献章的立场上就不能强调"随处"。

活动 4

所谓"体认天理"的"体",是指用心去体会;而"体认天理"的"天理",则是指内心的中正的意识。如事物之来,心应感而发为中正意识,此即天理。体认天理,就是随时随处体认自己的道德意识。

活动 11

不同处有二:其一,程颢是把仁者以天地万物为一体作为儒家的最高精神境界,而王阳明对万物同体的提倡并不是仅要达到一种精神的境界,而是作为一种博爱的人道主义关怀,是要落实于社会和文化层面。就是说,程颢只讲了体,王阳明则体用兼举。王阳明是面对民众物质生活境遇的苦难、社会的纷争、伦理的败坏而痛切忧患,体现了他对生民苦难的悲悯情怀与恻隐爱心。其二,他把道学的"万物一体"与心学的"本心"思想结合在一起,认为每个人的心之本体都是仁心、都是以万物为一体的,任何人,只要去除私欲的隔蔽,就是"大人"。所以大人与小人只在于去不去除自己的私欲,没有别的根本区别。

◆ 测试题参考答案

→ 测试题一

1. 白沙即陈献章,文成即王阳明;江门之学指陈献章学派,姚江之学指王阳明学派。

2. 黄宗羲在《明儒学案》中说："有明之学，至白沙始入精微……至阳明成而后大。"

3. 所谓"舍彼之繁，求吾之约，惟在静坐"，彼之繁，是指朱学的读书穷理；吾之约，是指反之吾心的静坐。是说他从此舍弃吴与弼教他的方法，而专求于静坐。

4. 陈献章提出"自然为宗"思想，他说："古之善学者，常令此心在无物处……学者以自然为宗"，这是说：所谓心在无物处，就是心不要滞在一个念头、一个事物上，这样的方法就叫"自然"，这样的境界也叫"自然"。

☞ 测试题二

1. 湛若水认为："孔子所谓'居处恭'，乃无事静坐时体认也；所谓'执事敬、与人忠'，乃有事动静一致时体认也。体认之功贯通动静隐显。"这就是说，体认天理的工夫不仅在静时要用，在动时也要用，在未发时要用，在已发时也要用。所以湛若水是不主张静的，而是主张"贯通动静"的。

2. 《宋明理学》对湛若水的格物说加以总结，认为随处体认天理的格物说，具有一内外、兼知行、贯动静三个基本点。这个格物的解释，既纠正了王阳明专内遗外的毛病，也避免了当时理学中知行割裂的流弊，而且与陈献章以来的主静工夫不同。书中又指出，湛若水的格物思想在一定意义上可以说是对朱熹代表的理学与陆王代表的心学的一种调和。

3. 湛若水对于王阳明的良知说也表示了自己的意见，在他看来，"吾之良知良能也，不假外求也，但人为气习所蔽，故生而蒙，长而不学则愚。故学问思辨笃行诸训，所以破其愚、去其蔽，警发其良知良能耳，非有加也。……若徒守其心，而无学问思辨笃行之功，则恐无所警发，虽似正实邪"。这是说，人虽有良知，但因气禀和积习的影响，会形成对良知的蒙蔽，使良知难以显发。所以格物不能仅仅求之于心，只有通过学、问、思、辨、行，才能启发、唤醒固有的良知以冲破气习的障蔽。

测试题三

1. 劳思光认为，阳明所说之理本非认知意义之理，而是德性意义之理。阳明所说心即理也，并非谓事物规律皆先验地存在于心中，而只是断定价值规范由此心生出。阳明所用之心字，是指自觉意志能力而言。"心即理也"一语，确义即是说，一切价值规范皆源自此自觉能力。

2. 《传习录》中载有王阳明和他的弟子徐爱的对话，徐爱说："爱昨晓思'格物'的'物'字即是事字，皆从心上说。"阳明回答："然。身之主宰便是'心'，心之所发便是'意'，意之本体便是'知'，意之所在便是'物'。"

3. 王阳明讲所谓"心外无物"，并非抽象地、一般地讲心物关系，而是用来说明"格物"的"物"之所指。其心外无物说及其中所有对"物"的解说，都是针对自青年时代面竹格物以来一直困扰他的"格物"问题。他的"意之所在便是物"的命题根本上是要把"物"归结为意念；只有把格物的物归结为意念，才能把"格物"解释"格心"。心外无物的意义就是要人在心上作格物的工夫。

4. 据《传习录》，王阳明曾游会稽山南镇，一人指山中花树问：这些花树在深山中自开自落，与我的心有何相关？为什么先生却说"天下无心外之物"？王阳明回答：人未看此花时，此花与人的心同归于寂；人来看此花时，则此花的颜色一时明白起来。由此便可知此花不在你的心外。

测试题四

1. 湛若水认为，把格物解释为正念头，有两点主要的困难，一是经典上的，会造成《大学》条目中格物与诚意、正心的互相重复。二是思想上的，排斥接触外物，完全转向主观立场，不符合孔子以来重视"学"的立场。

2. 王阳明所谓"一念发动处便即是行了"，是针对"（今人）有一念发动虽是不善，然却未曾行，便不去禁止"的情形而言。也就是说，是从"去恶"的方面来讲的。而从为善的方面来看，却不能说"一念发动是善，然却未曾行，便即是行了"，善的意念只有落实到善的行为，才是知行合一。

3. 湛若水在与王阳明的信中和与其他友人的信中，都把王阳明对格物的训释概括为"正念头"。指出其训释的要旨是教人不要求之于外。

4. 王阳明知行合一的思想虽然有多种表述，其思想核心是两方面，一方面是"本体"，他说："只说一个知，已自有行在；只说一个行，已自有知在。"强调知中就有行，行中就有知，所以在人类的知识—实践活动中知和行是互相包含的。另一方面是"工夫"，他说："圣学只是一个功夫，知行不可分作两事。"强调没有脱离行的独立的知的工夫，也没有脱离知的独立的行的工夫。

测试题五

1. 王阳明的知行合一学说常表达为以下几个提法：第一，知行本体本来合一的；第二，真知即所以为行，不行不足谓之知；

第三，知是行之始，行是知之成；第四，知是行之主意，行是知之工夫。

2. 王阳明晚年提出四句教，这四句话是：无善无恶心之体，有善有恶意之动，知善知恶是良知，为善去恶是格物。

3. 《宋明理学》中指出，王阳明的致良知观念有三个要点，即"扩充""至极""实行"。

4. 朱熹认为《大学》的"亲"字其实是"新"字，从而主张《大学》是讲"新民"，即使人民在道德上日新不已。王阳明不赞成这种看法，他认为"亲"字就是亲，不能改为新，主张《大学》的思想是"亲民"。

参考书目

古清美：《明代理学论文集》，台北：大安出版社，1990。

牟宗三：《从陆象山到刘蕺山》，台北：学生书局，1979。

侯外庐、邱汉生、张岂之编：《宋明理学史》上、下卷，北京：人民出版社，1997。

岛田虔次著，蒋国保译：《朱子学与阳明学》，西安：陕西师范大学出版社，1986。

唐君毅：《中国哲学原论——原教篇（宋明儒学思想之发展）》上、下卷，香港：新亚研究所，1977。

陈来：《有无之境——王阳明哲学的精神》，北京：人民出版社，1991。

陈荣捷：《宋明理学之概念与历史》，台北："中央研究院"文哲研究所，1996。

秦家懿：《王阳明》，台北：东大图书公司，1988。

容肇祖：《明代思想史》，台北：台湾开明书店，1982。

麦仲贵：《宋元理学家著述生卒年表》，香港：新亚研究所，1968。

麦仲贵：《明清儒学家著述生卒年表》，台北：学生书局，1977。

张君劢：《新儒家思想史》，载刘梦溪主编《中国现代学术经典·张君劢卷》，石家庄：河北教育出版社，1996。

黄宗羲：《明儒学案》，北京：中华书局，1985。

冯友兰：《中国哲学简史》，北京：北京大学出版社，1985。

冯友兰：《中国哲学史新编》第五册，北京：人民出版社，1988。

蒙培元：《理学的演变——从朱熹到王夫之戴震》，福州：福建人民出版社，1984。

蔡仁厚：《王阳明哲学》，台北：三民书局，1971。

墨子刻（Thomas Metzger）著，颜世安等译：《摆脱困境——新儒学与中国政治文化的演进》，南京：江苏人民出版社，1990。

钟彩钧：《王阳明思想之进展》，台北：文史哲出版社，1983。

钱穆：《朱子新学案》上、中、下册，成都：巴蜀书社，1986。

单元九 明代中期的理学（二）心学之反动

单元九　明代中期的理学（二）心学之反动

绪言

上一单元详细论述了明中叶心学思想的出现，本单元接着讨论心学的反动。心学从一开始产生，就同理学处在复杂的关联中。陆九渊的心学，在南宋一直是在同朱熹学派的争论与冲突中发展起来的。朱熹的思想虽然是致广大、尽精微，但在其体系中，理被提高为强大的客体权威，而限制了主体建立道德自觉的能动性。心学则强调不应把道德价值异化为纯粹外在的命令，必须把理变成主体的自觉意愿，道德应当以自律为基础。所以心学的出现，对理学来说也是必然的。

由于心学思想有纠正理学之偏的积极意义，在元代的理学中，"和会朱陆""调和朱陆"成了普遍的风气。明代前期，朱学在王朝的大力倡导下，又成为占主流地位的思想。但只要朱学的缺陷存在，心学的存在亦不可避免。更何况一种官方推崇的哲学往往会变为教条化的意识形态，而在社会思潮方面必然引起一种反动。

不过，不论是朱学还是心学，一种思想流行渐盛，甚至膨胀时，都势必会暴露出理论内部自身的问题。心学在明代中期大为流行，也必然引起与其观念不同的学者反对，其流行愈盛，其反对愈烈。本单元所介绍的思想家就是明代中期批评或反对心学思想的哲学家。

陈献章是明代心学的发端，而与其同时，他的同门胡居仁站在朱学的立场上对他的心学倾向进行了严厉的批评。罗钦顺与王阳明同时，他也是站在朱学的立场上与王阳明就格物等问题直接辩论。胡居仁和罗钦顺都有自己的思想，他们对心学的批评是有相当深度的。在嘉靖年间（1522—1566），当王学最盛之时，批评王学最激烈的是陈建（1497—1567）和他所写的《学蔀通辨》。

王阳明在世时，曾作《朱子晚年定论》，将朱熹的三十四封信加以编排，宣称朱熹晚年已悟旧说之非，转变到心学的立场上来；认为朱陆是"早异晚同"。其实这种做法亦不是阳明的发明，早在明初，赵汸在《对问江右六君子策》中就有所谓"朱陆鹅湖之异，合并于暮岁"的说法，后来程敏政编《道一编》，说朱陆早年若冰炭之相反，中年是疑信之相半，晚年是如辅车之相依。这些都是朱陆早异晚同的说法。而所谓"晚同"，并不是说陆九渊晚年同于朱熹，而是说朱熹晚年同于陆九渊。王阳明作了《朱子晚年定论》后，此说更为流行。陈建的《学蔀通辨》就是欲以破这些朱陆早异晚同之说，以还朱陆之争的真相。他以考证朱熹的著作、语录、书信为基础，正确指出，朱熹晚年深觉陆学之弊而力攻之，陆九渊死后，朱熹对他的排斥、攻击更为明显。在思想方面，陈建指斥陆王心学为"禅学""阳儒阴释"，这些批评比较简单化，在哲学上就不如胡居仁、罗钦顺来得深刻。王廷相的思想也不同于心学，但他的思想受北宋儒学中张载影响甚大，与胡、罗完全从朱学出发对王学的批评，在角度上有所不同。

另一方面，本单元虽以胡居仁、罗钦顺、王廷相为"心学的反动"，但这并非指他们的思想仅仅是批评心学。他们不仅发展理学，对理学亦有批评和修正。如罗钦顺对理气哲学的反思，就很能表现出这一点。还应指出，这三位思想家的派别、观点不尽相同，但有一点是三人共通的，即"气"在他们的哲学中的地位比在以往的思想体系更重要。

唐君毅曾指出，明代理学盛于前代，争流竞秀，洋洋大观，

单元九 明代中期的理学（二）心学之反动

其中儒者之争辩最多，今若把这些争辩作一场戏看，分别加以欣赏，自无所谓。若任取一家以为正宗，视余者皆为儒学异端，截断众流，一切不理，亦甚洒脱。然若欲见此千岩万壑，并秀平流，各得儒学之一端，合以成此明代理学之盛，而不见诸家之学唯是以互相辨难而相抵消，更见其永恒之价值与意义，则大难事。他强调，须知儒学之大，原有不同之方向，其作始也简，将毕也巨。而此不同之方向，初未必皆相违。唯学问之事，人各有其出发之始点，以有其自得之处，更济以学者气质之殊，及互为补偏救弊之言，故不能不异。人诚能以此眼光，以观此最多争辩之明代儒学，则未尝不可得其通，而见儒学中之无诤法也（《原教篇》下，1977，页351—352）。唐氏此说甚好，此种态度，对明儒各家皆可有同情的了解，而不会流于一偏。

本单元共有三个项目，即（1）胡居仁的思想；（2）罗钦顺的思想；（3）王廷相的思想。可对照单元七与单元八，即对照明代前期的朱学和心学，认识本单元所介绍的思想家的特点，以及这些思想家思想的来源和所针对的问题。

本单元会使用以下指定教科书和指定读物，作为教材。

指定教科书：

- 陈来：《宋明理学》，第四章第三节，第五章第三、四节。

指定读物：

- 容肇祖：《明代思想史》，页23—33、183—196。
- 侯外庐、邱汉生、张岂之编：《宋明理学史》下卷，页493—516。

单元目标

修毕本单元，应能：
- 评述胡居仁的思想；
- 阐述罗钦顺哲学的特点；
- 分析王廷相思想的特质。

胡居仁的思想

> **请阅读**
> - 指定教科书：《宋明理学》，页 236—247；
> - 指定读物：容肇祖：《明代思想史》，页 23—33。

胡居仁（1437—1484），容肇祖称他为"明代初期的朱学之秀"（《明代思想史》，1982，页 23）。他字叔心，江西余干人，所以明代学者又以他代表吴与弼门下的"余干学派"。因此以"敬"名斋，故学者称其为敬斋先生。从胡居仁以"敬"名斋，便可知他是服膺程朱的主敬学说的。他年轻时从学于吴与弼，于是绝意科举。他曾与乡中同门友人在弋阳、余干组织讲会，还曾应邀在白鹿书院讲学。胡居仁和陈献章为同门，但对陈献章的心学倾向却加以批评。他很主张"下学"，他说："日用间且从事下学。外则整衣冠，正容体，蹈规矩，谨进退；内则主一无适，使无杂扰。庶乎外内交养：静则可以操存，使大本自此而立；动则

单元九 明代中期的理学（二）心学之反动

可以省察，使达道自此而行。"（《胡敬斋集》卷一）这是一本于程朱的主敬说。他坚持朱熹的主敬穷理学说，是明代朱子学派的确有思想、又能践履的重要人物。

《宋明理学》第四章"明代前期理学的发展"第三节"胡居仁"分五方面介绍胡居仁的理学思想：（1）因气以成理；（2）明理与养气；（3）静而操持；（4）主敬无事；（5）论无事与放开。要认真研习。

胡居仁理气论的特点，在于他提出了"理乃气之所为"的命题。他说："'有此理则有此气，气乃理之所为'，是反说了。有此气则有此理，理乃气之所为。"（《崇仁学案二》，《明儒学案》卷二，1985，页35）"有此理则有此气，气乃理之所为"，这本是朱熹学派的老话，胡居仁认为这句话颠倒了理气的真正关系。照胡居仁看来，不是"有此理则有此气"，而是"有此气则有此理"；不能说"气乃理之所为"，而应当说"理乃气之所为"。所以《宋明理学》指出："他认为在理气之间不能说理是第一性的，气是第二性的；不能说理是本源，气是理所派生的。他表现出这样的思想，即气是第一性的，有气则有理，理由气决定。他坚持理在气中、理具气质之内。这些思想提示出，他是明代理学薛瑄到罗钦顺之间的一个重要环节。"（页238）

胡居仁曾说"工夫本原，只在主敬存心上"（《居业录》卷八）。这个说法，好像既讲朱熹的主敬，又讲陆学的存心，其实不然。他是以主敬来存心，并不是说在主敬之外另有存心的工夫。他说："只致其恭敬，则心肃然自存。"（《居业录》卷二）又说："今人不去敬上做功夫，只去心上捉摸照看"，"殊不知，敬则心自存，不必照看捉摸。"（《与陈大中》，《胡敬斋集》卷一）主敬则心自存，这可以看作是他对心学工夫的一种回应。

胡居仁不仅以"敬"名其斋,他对程朱派的"敬"的确有所发明。如他说敬有四种"意思":"圣贤功夫虽多,莫切要如敬字。敬有自畏慎底意思;敬有肃然自整顿的意思;敬有卓然精明的意思;敬有湛然纯一的意思。故圣学就此做根本。"又说到敬之四"处":"端庄严肃、严威俨恪,是敬之入头处;提撕唤醒,是敬之接续处;主一无适、湛然纯一,是敬之无间断处;惺惺不昧、精明不乱,是敬之效验处。"(《崇仁学案二》,《明儒学案》卷二,1985,页41)《宋明理学》指出,这些内容都是理学中程颐到朱熹所倡言的主敬方法,胡居仁把前辈理学各种不同的持敬之方都加以肯定,并把这些不同的说法理解为整个主敬修养过程的不同阶段或不同方面,企图把它们综合为一个包容了这些不同方面的系统(页245)。这表明胡居仁在主敬之学上不仅体验较深,而且带有综合性。

> **活 动**
>
> 1. 胡居仁如何论主敬与求乐?

胡居仁的主敬说,不仅对"敬"作一般的、综合的论述,更在两个方面有针对性。其一,他对陈献章的主静说与程朱的主敬说严加分别,以防人们把主敬错解为主静。如陈献章要人在静中体验心中呈现的一种东西,胡居仁便针对说:"静中有物,只是常有个操持主宰。"这是说程朱的静的工夫只是强调未发有一种警觉,静坐时的戒慎,而不是什么体验一种心上的东西。其二,陈献章一派把"敬"和"乐"对立起来,认为主敬常怀畏谨戒慎,就不能得到孔颜之"乐"。《宋明理学》指出:"胡居仁讲学,特别反对陈白沙为代表的与'主敬'对立的'求乐'。他认为……孔颜的'乐'是严肃切己修养实践的结果,并不是靠追求'乐'本身所能得到的。不去克己,先去求乐,其结果不是流入佛道,便是猖狂放任","他所追求的是一种严肃主义的境界,而对那种追求自得的浪漫主义境界始终有所警惕。"(页247)《宋明理学》的这些分析,细致入微,可仔细思考体会。

胡居仁对他的同学陈献章批评甚严,他说:"公甫(陈献章字)天资太高,清虚脱洒,所见超然,不为物累,而不屑于下学,故不觉流于黄老。反以圣贤礼法为太严,先儒传义为烦赘,而欲一切虚无以求道真。虽曰'至无而动',如以手捉风,无所持获。不若日用间且从事下学,外则整衣冠,正容体,蹈规矩,谨进退;内则主一无适,使无杂扰。庶乎外内交养:静则可以操存,使大本自此而立;动则可以省察,使达道自此而行。"(《复张廷祥》,《胡敬斋集》卷一)所谓"清虚脱洒""不为物累"都是指陈献章对自然洒落境界的追求,胡居仁认为这种以浪漫主义境界为宗旨的追求,与儒家的礼法对立起来,一定流于道家(黄老)。

"至无而动,至虚而神,故藏而后发,形斯存焉",这是陈献章的话。陈献章的弟子湛若水曾解释说:"先生之意,总见先静而后动,须以静为之主;由虚乃至实,须以虚为之本。若不先从静虚中加存养,更有何于省察。"(《白沙子古诗教解》)"盖圣学以自然为本,本立则未发而虚,已发而即实,亦周子静无动有之意。"(《白沙子古诗教解》)就是说,陈献章是主张在未发的虚静中存养,以此为本,胡居仁则认为这是"以手捉风,无所持获",把握不住义理。他认为陈献章是"禅学","禅家只是默坐澄心,绝灭思虑,直求空寂,空寂之久,心能灵通。殊不知空寂之中,万理灭绝,那些灵通只是自己精神意见,全不是道理。故他之心已与理二矣……若儒家存心愈熟则察理愈精，久则心与理一"（《居业录》卷七）。就是说，只守一个空空的心，并不能与理合一。只有从事下学，即主敬的实学，才能逐渐达到心与理一的境界。

陈荣捷曾提出，明代前期的程朱学者，与朱子注重格物有所不同，都是朝向心性的涵养方向发展，在这一点上，亦可说这些程朱学者对心学的兴起有一定的作用。他特别指出，在胡居仁的著作《居业录》的篇目中，"敬"的一项紧接于"道体"之后，而在"致知"之前。而朱子的《近思录》中"存养"是在"致知"之后。故陈荣捷说："从以上四儒（曹端、薛瑄、吴与弼、胡居仁）之论……吾人已确切觉察早期明代新儒学已对形而上学及格物穷理诸论题之知性方面较少兴趣，而于心之存养与居敬诸功夫，则较多关注。"（《早期明代之程朱学派》，《朱学论集》，1982，页340）

陈荣捷先生的这个观察是很细致的。其实，朱熹以后的朱学，包括南宋后期的朱子学派、元代的朱子学派及明代前期的朱子学派，都不是仅仅固守朱熹的讲法，他们并不是仅仅作为朱熹的继承者，而都以朱熹为濂、洛、关、闽的总结者，他们所要继承的是濂洛关闽的整体，因此他们对涵养、存养的强调和关注，并非对朱子背离，而是濂洛传统本来如是，这是理学本身的特性。因此，明代前期的朱学并没有一个心学的转向，也不能说明代朱学的重心倾向，为陈献章、王阳明的心学运动准备了基础。

☞ ━━━━━━━━━━▶ 测试题一

1. 试解说胡居仁"理乃气之所为"的命题。
2. 胡居仁如何了解理气的聚散有无？

3. 胡居仁所说的存心与心学派有何不同？
4. 胡居仁如何分别调息术与儒家的存心？

罗钦顺的思想

> **请阅读**
> - 指定教科书：《宋明理学》，页 297—312；
> - 指定读物：容肇祖：《明代思想史》，页 183—196。

罗钦顺（1465—1547），字允升，号整庵，江西泰和人。弘治中举江西乡荐第一，次年中进士一甲第三名。他五十多岁即辞高官不做而退休，家居二十余年，精研义理之学。他早年学禅，后来悟禅学只是玩弄心之虚灵，此后"研磨体认，日复一日，积数十年，用心甚苦。年垂六十，始了然有见乎心性之真，而确乎有以自信，朱陆之学，于是乎仅能辨矣"（《困知记》卷下，1990，页 34）。这是说他曾经历长期的苦心参究，到六十岁才完全确定不移地建立了以朱学为主的学术自信与宗旨。他也是明代中期朱学的代表，故容肇祖称他为"朱学的后劲"。

《宋明理学》在介绍罗钦顺的简历、其早年为学经历后指出，从哲学史上来看，罗钦顺的理气论与朱熹的理气观有很大差异，但从理学史上看，罗钦顺属于朱学学者。书中又指出，罗钦顺的思想特色就在于一方面把理学的理本论发展为气本论，另一方面对白沙、阳明代表的心学，从理学的立场上给以强烈的批评。朱熹学派的理气论，从元代以后一直发生着一种缓慢的变化。这种变化主要有两点，一是不讲理气有先后，主张理气无先后；二是强调理不是一物（实体）。如元代最有名的朱学哲学家吴澄就说："气之所以能如此者，何也？以理为之主宰也。理者，非别有一物在气中，只是为气之主宰者即是。无理外之气，亦无气外之理。"（《答人问性理》，《吴文正集》卷三）这个观点强调，理是气的存在和运动的主宰，但理并不是一实体。针对朱熹讲理在气先，不少朱子学者加以修正，提出"理在气中"，而吴澄也主张"理在气中"，但同时强调理并不是作为一种物体存在于气中。

明代前期朱学学者胡居仁，继承了吴澄等人的思想发展，提出"阴阳气也，理在其中"，"刚柔质也，因气以成理"。特别是胡居仁反对"有理则有气""气乃理之所为"等朱熹学派的传统说法，提出"有气则有理，理乃气之所为"。就是说，传统朱子学认为理是本源、气是理所派生的，这种看法是根本错误的。胡居仁主张气是更根本的，有气则有理，理由气决定。这就把朱熹哲学的理气关系颠倒过来，突出了气对于理的优先性、决定性。只是胡居仁在这方面讲的较少，较为简单。

吴澄强调理在气中、但理不是一物的观点，胡居仁强调理乃气之所为的观点，都为罗钦顺所继承。罗钦顺的理气哲学从检讨程朱理气、道气观中的"所以然""主宰"的观念入手，而其核心是反对理气二物，而主张理气一物。

> **活动**
>
> 2. 试简要列举罗钦顺对程朱理气观的批评要点。

罗钦顺对程朱理气观的批评主要有三方面：

首先，罗钦顺对程颐"道非阴阳也，所以一阴一阳，道也"的提法表示不满意，对用"所以"的观念界说"理"持异议。他认为："刘元承记其（程颐）语有云'所以阴阳者道'，又云'所以阖辟者道'。窃详'所以'二字，固指言形而上者，然未免微有二物之嫌，以伯子（程颢）'元来只此是道'之语观之，自见浑然之妙，似不须更着'所以'字也。"在罗钦顺看来，程颐把道和理说成是"所以""所以然"，是把理气当作二物，当作两种实体。而他之所以反对将理气作为二物，是因为他认为理不是一物。

其次，罗钦顺对把理界说为"主宰"的观念也不满意。我们知道胡宏有"气之流行，性为之主"的提法，把"性"作为气的主宰，他所用的性也就是理。朱熹学派也有这样的说法，如"太极理也，阴阳气也，气之所以能动静者，理为之宰也"（《太极图解》，《周子全书》卷一），把理说成是气的主宰。元明理学虽反对理气二物说，但也还用"主宰"的观念，如吴澄说"太极与此气非有两物，只是主宰此气者"，并未反思"主宰"观念本身。罗钦顺说："或者因'易有太极'一言，乃疑阴阳之变易，类有一物主宰乎其间者，是不然。……太极则众理之总名也，……斯固自然之机，不宰之宰，夫岂可以形迹求哉？"这都是强调理并不是一个主宰物存在于气之中，如果说理对于气有主宰的作用，理只是"不宰之宰"，总之，不能因为理有主宰的作用就认为理是一实体的主宰者。

再次，罗钦顺明确表示不赞成朱熹所说的"理与气决是二物"的讲法，认为"朱子终身认理气为二物"（《困知记》卷下），又说"盖文清（薛瑄）之于理气，亦始终认为二物"（《困知记》卷下）。罗钦顺认为，薛瑄主张"理气无缝隙"本来是正确的，但他又讲日光飞鸟之喻说明气有聚散、理无聚散，这样理和气不仅有缝隙，而且成为二物。

罗钦顺除了对以往理学的理气观提出批评和修正外，也正面提出了他对"理"的理解，其特点有四：

理即气之运动的根据和法则。罗钦顺认为，理不是独立的存在，"理只是气之理"，只是气的一种属性。要了解什么是理，应当从气的运动转折变化上看，转折就是往返运动。"从程颐到朱熹都认为，理对于气的作用正像一个作往复运动物体的操纵者，支配气的往而复、复而往的变化运行。罗钦顺则提出，从功能上看，理虽支配着气的运动，但理并不是神，也不是气之中的另一实体。而程朱在这一点上，总是不能摆脱以实体化的观点看待理的倾向。"（《宋明理学》，页300）

罗钦顺认为理即气之条理。他又说："理果何物也哉？……为四时之温凉寒暑，为万物之生长收藏，为斯民之日用彝伦，为人事之成败得失，千条万绪，纷纭胶葛，而卒不可乱，有莫知其所以然而然，是即所谓理也。初非别有一物，依于气而立，附于气以行也。"（《困知记》卷上）这是把理界说为事物的秩序、条理、规律，而强调这种秩序、条理、规律并不像以前的朱子学者所说的，并不是附于气的一种实体。他还强调"理须就气上认取。然认气为理便不是"，"'只就气认理'，与'认气为理'，两言明有分别"（《困知记》卷下）。故《宋明理学》指出："他提出'仆从来认理气为一物'，就是说，理与气不是两个实体，实体只是气，理只是这一实体自身的规定、这一实体固有的属性和条理。理与气不是二元的对待。"（页301）

罗钦顺反对"理无聚散"之说，肯定理有消亡。主张"有此物即有此理""无此物即无此理"，气散而死，其理亦亡。就是说"一个事物或一类事物消散之后，这个事物的理或此类事物的理也就不再存在，不能说这些理是永恒的"（《宋明理学》，页

303），而宇宙是永恒的，故宇宙的普遍本性和普遍规律是没有生灭的。

他提出"气一则理一，气万则理万"的思想。传统理学讲理一分殊，认为理是一，气则有万，如朱熹虽讲人人一太极、物物一太极，但所有的太极都是一样的、没有差别的。罗钦顺则进一步分析了这个问题。他主张理只是气自身的规律，故若气是单一的，气的理也是单一的；若气是多样的、不同的，气的理也必然是多样的、不同的。所以"气一则理一，气万则理万，理并不是气之中某种不变的抽象实体，理是作为实体的气自身的某种条理和规定"（《宋明理学》，页304）。罗钦顺的这种理万说，与朱熹的穷理多端说的不同在于，它是从气是终极实体的意义上推出来的，包含着气本论的前提。

冯友兰评论罗钦顺思想时说："'认气为理'是认为理和气没有分别，罗钦顺认为这是错误的。'就气认理'是说理与气虽有不同，但是理不能离开气而单独存在，须于气中认识理。"（《中国哲学史新编》第五册，1988，页257）

总之，罗钦顺的基本立场就是"理气一物"，理非一物，在本体论上主张气为实体的一元论，而反对二元论。黄宗羲曾提出，罗钦顺在理气论上主张理气为一，是一元论；而在心性论上主张心性为二，是二元论，这是矛盾的。唐君毅认为："然吾观整庵所谓理气为一，乃谓自统体之宇宙而言之，理皆气之理。但自人分上说，则人所分于宇宙之气，只为宇宙之气之一部分。人之心气，固有其理。人外之天地万物之气中，亦有其理；此理则初在人心气之外，与心气为二。故人必以心知格其物，而穷其理，乃能与其理相一。此理即性，故必穷理而后心知与性一。未有穷理致知之功，则心与性尚是二。"（《原教篇》下，1977，页

353）故唐君毅认为罗钦顺自己并没有矛盾。

☞──────────────→ **测试题二**

1. 罗钦顺"理气一物"论的核心何在？
2. 罗钦顺与胡居仁在理气聚散的问题上的看法有何不同？
3. 罗钦顺认为万物之理是不同的，这个说法与朱熹有何差异？
4. 罗钦顺对朱熹理气哲学的修正是否对元明理学有所继承？
5. "就气认理"和"认气为理"有何不同？

罗钦顺在理学上另一值得注意的特点，是他的理一分殊说。与其他的理学家相比，他的理一分殊说，特色是用于说明他的人性论。体认"理一分殊"是罗钦顺为学历程的一个关键。

罗钦顺曾自述："朱子尝言'伊川性即理也一语，便是千万世说性之根基。'愚初发愤时，常将此语体认，认来认去，有处通，有处不通，如此累年，竟不能归一，却疑伊川此语有所未尽，朱子亦恐说得太过，难为必信也。遂姑置之，乃将理气二字参互体认，认来认去，一般有处通，有处不通，如此又累年，亦竟不能归一，心中甚不快，以谓识见有限，终恐无能上达也。意欲已之，忽记起'虽愚必明'之言，又不能已，乃复从事于伊川之语，反复不置。一旦于'理一分殊'四字有个悟处，反而验之身心，推而验之人人，又验之阴阳五行，又验之鸟兽草木，头头皆合，于是始涣然自信，而知二君子（指伊川、朱子）之言，断乎不我欺也。"（《困知记》卷上，1990，三十五条）

这段自述表明，罗钦顺的学问是从心性论入门的。他开始是从体认程颐的"性即理也"下手，体认多年未能通彻；又去体认理气问题，又多年未见通彻；后再重新体认"性即理也"，反复不已，终于有一天在"理一分殊"这句话上，把程朱的"性即理"思想彻底想通了。由此可见，他的著作叫作《困知记》，确实反映了他苦学困知的真实经历。

在这一点上《宋明理学》有详细的解说和分析，你要认真研读。罗钦顺的困惑是，"性即理"说认为人性善，但现实人性有善有不善，二者难以归一；以往理学把善的性叫作天命之性，把有善有不善的性叫作气质之性，这样，似乎人有两种性，二者也难以归一。罗钦顺是反感于一切二元论的，他比较长于用一元论的思维方法看问题，而以往理学的"天命之性"和"气质之性"的分别，在他的一元论思维中，便觉得有"不能归一"的困难。

在他看来，人只有一个性，这个性是生而自然的，所以就是天命之性；每个人的性又是其自身气质的条理，故每个人的性也就是气质之性。所以，在他看来，所谓天命之性和气质之性的说法，是用了两个不同的术语，指称的却是同一个性。既然是一个性，何必用两个名称造成混乱呢？

上面已经讲过罗钦顺的理气论，他是主张气一则理一，气万则理万的。世间不同的人和事物，都是禀受不同的气而构成的，每一个人或一个物，都是一个与别人别物不同的、有特殊气质的实体，因此每个人或物，都有其特殊气质所决定的特殊的理（性），这正是"气万则理万"原则的体现。

> **活 动**
> 3. 罗钦顺如何将理一分殊说用于人性论？

正因为不同的气质具有不同的理（性），所以罗钦顺认为人的性有善有恶，并不一样。人性的这种不同，也就是"分殊"。

既然人性有分殊的不同,"理一"又如何体现呢?罗钦顺认为,人性上的"理一"就表现在人都有成为圣贤的可能性,这也就是"性善"和"性即理"的意义。所以他说:"'性善',理之一也,而其言未及乎分殊;'有性善有性不善',分之殊也,而其言未及乎理一","语其一,故人皆可以为尧舜;语其殊,故上智与下愚不移"。(《困知记》卷上)

从罗钦顺的这些思想来看,他认为每个人的人性都有特殊性,但各个人性之间又有共同性、普遍性。"分殊"指特殊性,"理一"指普遍性。普遍性并不是独立的堕在形气中的实体,"其分之殊莫非自然之理,其理之一常在分殊之中",不同的气质有不同的性、理,这是自然的;普遍性就在特殊性之中。这种理解是相当辩证的。性善论只是说每人都有成圣成贤的可能,而不是说每个人都表现出相同程度的善。

罗钦顺所了解的"理一分殊"不仅是人性论的,他说在人、在物、在天,在阴阳五行、鸟兽草木,这个道理都普遍适用,也就是说,"理一即在分殊之中"这种模式适用于以上所有领域的普遍与特殊的关系。冯友兰在分析罗钦顺的哲学时认为,理一是"一般",对一般和特殊的分别是人的理性对事物所作的认识上的分别,这个分别是必要的;但主观认识与客观存在不同,认为一般可以离开特殊而单独存在,这就把认识问题和存在问题混为一谈了。罗钦顺反对在分殊之外还存在理一,指出了理学的正确与错误之处,是对理学的修正和革新(《中国哲学史新编》第五册,1988,页257—258)。

现在就谈谈罗钦顺对心学的批评。罗钦顺曾两次致书王阳明,与之辩论格物和致知的问题,对王阳明陈述了自己明确的反对意见。

> **活 动**
>
> 4. 罗钦顺反对王阳明的格物说，其主要理由何在？

《宋明理学》介绍了罗钦顺在辩论中的主要意见，共有三点：

批评王阳明《大学古本旁注》把"物"解释为"意之用"，认为这是"要使之内而不外"，即只求内心；批评把格物解释为"格心"的做法，以为这样的结果必导致"局于内而遗其外"。

反对王阳明以"正"训"格"，认为如果格字释为正，格物变成正物，人如何对山、川、草、木"正其不正"？

反对王阳明把致知说成"致吾心之良知于事事物物"，认为这样一来"则是道理全在人安排出，事物无复本然之则矣"，理就变成主观的，事物中就没有固有的客观规律了（页309—310）。

《宋明理学》指出，"罗钦顺是当时少数几个能向王阳明提出挑战的人，他的立论扎实，他对王阳明的批评是很有分量的"（页310）。从罗钦顺的批评可见，他认为"物"包含着自然事物，自然事物有其客观的规律（理），如果把格物限制在格心或者正事，就无法把"格物"这个概念下广泛的内容都包容进来。而这的确是王阳明哲学的一个内在缺陷。

罗钦顺对陈献章也提出不少批评，他有一句有名的话："近世道学之倡，陈白沙不为无力。而学术之误，亦恐自白沙始。"（《困知记》卷下，四十九条）他认为当时有人批评陈献章是禅学是有道理的，也赞同胡居仁对陈献章的批评。他还具体地批评陈献章的静养说："四端在我，无时无处而不发见，知皆扩而充之，即是实地上工夫。今乃欲于'静中养出端倪'，既一味静坐，事物不交，善端何缘发见？遏伏久之，或者忽然有见，不过虚灵之光景耳。"（《困知记》卷下，六十条）认为静坐虽然可能带来一些神秘主义的体验，但并不能发见善端，不能养成道德心。

　　罗钦顺在批评心学方面最突出的贡献，是他在批评陆九渊时所提出的"心""性"之辨。他说："程子言'性即理也'，象山（陆九渊）言'心即理也'，至当归一，精义无二，此是则彼非，彼是则此非，安可不明辨之！"（《困知记》卷下，四十三条）他把理学和心学的根本分歧，归结为以"性即理"为宗旨和以"心即理"为宗旨的不同，这是非常有见地的。罗钦顺还说："盖心性至为难明，象山之误正在于此。故其发明心要，动辄数十百言，而言及于性者绝少。间因学者有问，不得已而言之，止是枝梧笼罩过，并无实落。良由所见不的，是诚不得于言也。尝考其言有云'心即理也'，然则性果何物耶？"（《困知记》卷下，四十一条）总之，罗钦顺认为心是知觉，并没有价值和规范意义，心即理的主张是不对的。这种推崇无规范意义的心的理论，在罗钦顺看来，就是受了禅学的影响。所以他在朱陆之争中，坚定地站在朱熹一边，而说"朱子目象山为禅，盖其见之审矣"，认为朱熹批评象山为禅是完全正确的。基于这种看法，他对陆九渊及其弟子杨简都有严厉的批评。

　　罗钦顺有关格物、人心道心的思想，《宋明理学》有专节讨论，本单元就不再作补充了。罗钦顺总的思想是用一元论的方法来处理各种问题，使"归于一"，所以他不赞成把人心道心看作两个并列的心，而把道心看成体，把人心看成用。在格物问题上，罗钦顺的立场完全以朱熹的主张为标准，反对王阳明的格物说；只是在"格"的训诂上与以往朱子学者不同，以"通彻无间"解释"格"。有关这两方面，请阅读有关《宋明理学》有关罗钦顺一节的第（三）和第（四）部分。

测试题三

1. 罗钦顺的理一分殊说的特点是什么？
2. 冯友兰如何评论罗钦顺关于"分殊"和"理一"的思想？
3. 试举出罗钦顺批评陈献章的一句话。
4. 罗钦顺对心学批评的最大的贡献何在？

王廷相的思想

> **请阅读**
> - 指定教科书：《宋明理学》，页 312—328；
> - 指定读物：侯外庐等编：《宋明理学史》下卷，页 493—516。

王廷相（1474—1544），字子衡，号浚川，河南仪封人。他一生做官颇久，做过省级官员和兵部尚书，位至太子少保，以敢于直言闻名。晚年严嵩当权，货贿公行，他曾上疏揭陈时弊，谓今日朝野之风"廉靖之节仅见，贪污之风大行。一得任事之权，便为营利之计。贿赂大开，私门货积；但通关节，罔不如意"。他说正德时虽有贿赂，百两已经骇人，现在动辄千万；从前贿赂是潜暗恐人知之，现在是公行无忌。他又尖锐批评"士风大坏"，说"观今日士大夫之风……恬退者众诮其拙，奔竞者咸嘉其能。一登仕宦之途，即存侥幸之志；或以谄谀舔，或以贿赂求，或以奉承得。甚至一官有缺，各趋权势之门"（《天变自陈疏》）。

黄宗羲在《明儒学案》中说王廷相"先生主张横渠之论理气"，是很正确的看法。王廷相不满于朱熹的理气哲学，更批评陈献章、王阳明心学的为学主张，思考比较独立，但他的观念和思考，仍未出道学的范围，他所承继的是宋代道学中张载的主气派。王廷相的思想体系和批评指向，更突显出张载所代表的气本论，确实是宋明理学中的一派。

王廷相引用张载《正蒙》的"太虚不能无气"，然后加以评论说："横渠此论，阐造化之秘，明人性之源，开示后学之功大矣。"他继承了张载的气一元论，但又有自己的特色。

> **活动**
>
> 5. 王廷相的气论有何特色？

王廷相的气论有以下特色：

张载讲太虚，朱熹讲太极，而王廷相把两者结合起来，提出太极即是太虚。提出这一点的意义是，张载的"太虚无形、气之本体"说是把气作为万物聚散循环的本体，王廷相则把气作为宇宙初始的本源。他说："推极造化之源，不可名言，故曰太极。求其实，即天地未判之前，大始混沌清虚之气也。"（《太极辨》）也正是由于这一原因，王廷相在气的前面加一"元"，讲元气论，"元"就是初始的意思。所以他说"太虚造化始，一气判两仪"。

张载以气为万物宇宙统一性的物质基础，王廷相不但继承了这一点，更进一步提出元气是"实体"。他的名言："天内外皆气，地中亦气，物虚实皆气，通极上下，造化之实体也。"元气不仅是宇宙的本源，也是万物的实体，一切事物都是由气所构成的。

元气的特性有四：第一，元气无形无象；第二，元气无偏无待；第三，元气无限无涯；第四，元气无始无终（《王廷相的元气实体论》，《明清实学思潮史》上卷，1989，页55）。

王廷相有所谓元气种子说。"王廷相认为，气化过程中形成了各种不同事物，乃是由于在原始物质元气中已包含了后来发展为各种不同物类的'种子'，他认为在太虚元气中'天地日月万形之种，皆备于内'。"（《宋明理学》，页315）

在有关"道"和"理"的问题上，王廷相的看法和胡居仁、罗钦顺的观点有很多相同之处，如罗钦顺主张"气一理亦一，气万理亦万"，王廷相也说"故气一则理一，气万则理万。世儒专言理一而遗万，偏矣"（《雅述》上）。说明他与罗钦顺两人有互相影响的地方。

王廷相说："元气者，天地万物之宗统。有元气则有生，有生则道显。故气也者，道之体也；道也者，气之具也。"（《慎言·五行》）又说："天地未生，只有元气，元气具，则造化人物之道理即此而在。"（《雅述》上）这是说元气是第一性的，是体；理（道）是第二性的，是"具"，是气所具有的属性。有气则有理，有气才有理。

王廷相更提出："气为理之本，理乃气之载。所谓有元气则有动静，有天地则有化育，有父子则有慈孝，有耳目则有聪明是也。"气是实体，理是实体所具有的功能、属性作用，气与理的关系，如同耳目和视听功能的关系一样。程朱都认为"理为气之本"（朱熹说理者生物之本也，气者生物之具也），王廷相则明确提出"气为理之本""理为气之具"，这和朱熹的理本论哲学正正相反。胡居仁曾说："'有此理则有此气，气乃理之所为'，是反说了。有此气则有此理，理乃气之所为。"王廷相的思想继承和发展了明代前期朱子学者中以气为第一性的倾向，而上接张载，成为明代最完整的气本论哲学。

罗钦顺提出，理是不宰之宰，对程颐"所以阴阳者道也"的思想表示异议。王廷相也是如此，他说："有阴阳则天地万物之性理备矣，非元气之外又有物以主宰之也。今曰'所以阴阳者道也'，夫道也者，空虚无著之名也，何以能动静而为阴阳？"(《答薛君采论性书》)"不知所谓主宰者是何物事？有形色耶，有机轴耶？"(《答薛君采论性书》) 也是强调道不是一物，只是阴阳所具之理。与罗钦顺的不同处是，王廷相不讲理的主宰义。

罗钦顺不赞成薛瑄根据"气有聚散、理无聚散"而主张的理无生灭论，他强调"气聚而生，形而为有，有此物即有此理；气散而死，终归于无，无此物即无此理，安得所谓死而不亡者耶？"认为具体事物的规律不是永恒的，是随实物的消灭而消亡的。

> **活 动**
>
> 6. 王廷相如何反驳理独不朽说？

王廷相更明确地指出："儒者曰'天地间万形皆有敝，惟理独不朽'，此殆类痴言也。理无形质，安得而朽？以其情实论之，揖让之后为放伐，放伐之后为篡夺，井田坏而阡陌成，封建罢而郡县设。行于前者不能行于后，宜于古者不能宜于今。理因时致宜，逝者皆刍狗矣，不亦朽敝乎哉？"(《雅述》下) 这是强调，从历史上看，不同时代有不同的法则，社会历史之理随时代和社会变化而改变，并非永恒不变之物。王廷相的这个思想，是以他的"气有变化，是道有变化"的气本论哲学为基础的。这个问题还可参阅《宋明理学》页317—318的分析。

单元九 明代中期的理学（二）心学之反动

> **测试题四**

1. 试评论王廷相的气种说。
2. 试概述王廷相"气为理本"的思想。
3. 为什么说王廷相的理气关系论与朱熹的正正相反？

　　王廷相的人性论，至少在形式上，与一般理学家的提法有较大差别。正如《宋明理学》所指出的"程颐提出的'性即理'，是一个广为理学内多数学者赞同的命题，王廷相对此提出异议，他认为'以理言性'并不妥当"（页320）。上文提到，罗钦顺为学历程的最大困惑，就是"性即理"的命题和人性有善恶的现实两者不能归于一，而最终罗钦顺是用"理一分殊"来处理，使两者得到统一。王廷相则不同，他的基本思路是，干脆舍弃"性即理"的命题，而只关注于人性的现实。这种处理方法，又和他的气本论思想有关。

　　王廷相说："自世之人观之，善者常一二，不善者常千百；行事合道者常一二，不合者常千百。昭昭虽勉于德行，而惰于冥冥者不可胜计，犹赖读书以维持之。故谓人心皆善者，非圣人大观真实之论也。"（《诸儒学案中四》，《明儒学案》卷五十，1985，页1176）这是说从现实来看，善人少，不善人多，做事合道者少，不合于道者多，所以，说人性善是不真实的。从这里可以了解其人性论的出发点。

> **活　动**
>
> 7. 在王廷相看来，气和人性善恶的关系是什么？

在王廷相看来，人性现实如此，是由于气的影响。所以他特别赞同程颢论性的三句话，即"性即气，气即性，生之谓也""论性不论气不备，论气不论性不明"及"恶亦不可不谓之性也"。他认为这三句话"于性极为明尽"。王廷相认为："天之气有善有恶……人本天气"，即人是本于天的，天之气有善恶，故人性亦有善有恶。换言之，性与理都是气之具，都是从属于气的。所谓天之气有善恶，实际上就是指气的清浊差别，他说："气有清浊粹驳，则性安得无善恶之杂？"（《诸儒学案中四》，《明儒学案》，1985，页1184）

王廷相主要是想强调，人性中除了有"善"的方面以外，还有"不善"的方面。他说："孟子之言性善，乃性之正者也；而不正之性，未尝不在。"（《诸儒学案中四》，《明儒学案》，1985，页1179）他所说的不正之性，是指"口目耳鼻四肢之欲"，他认为，人有善而正之性，也有不善不正之性，所以"性之善与不善，人皆具之矣"（《诸儒学案中四》，《明儒学案》，1985，页1179）。他认为孟子和宋儒都没有正视气的影响，故他说："性生于气，万物皆然。宋儒只为强成孟子性善之说，故离气而论性，使性之实不明于后世。"（《诸儒学案中四》，《明儒学案》，1985，页1177）

王廷相反对讲"性即理"主要出于以下三点：

- 性有善恶，而理是没有恶的，故不能说性是理。
- 性是生而后有的，"有生则有性可言，无生则性灭矣"，"性之有无，缘于气之聚散"，生命形体没有了，性也就不存在了。
- 性有动之机的意义，而理是"无感、无动、无应"的，若性是理，则不能对外物有所感应。

王廷相也有知识论方面的思想，他说"心者栖神之舍，神者知识之本,思者神识之妙用""神者在内之灵,见闻者内外之资""神性虽灵,必籍见闻、思虑而知。积知之久,以类贯通"(《雅述》上)。冯友兰认为王廷相的这些命题接触到认识论中的几个基本问题(《中国哲学史新编》第五册,1988,页252):

- 第一,王廷相接触到了认识能力的问题,以心神为认识能力。
- 第二,王廷相接触到了认识来源的问题,以见闻为认识的来源。
- 第三,王廷相接触到了认识的过程问题,认为感觉加上思虑才能得到理性认识。

王廷相在知识论方面的一个特点,是对心学进行的批评。他说:"近世儒者务为好高之论,别出德性之知,以为知之至;而浅博学、审问、慎思、明辨之知为不足。而不知圣人虽生知,惟性善、近道二者而已;其因习、因悟、因过、因疑之知,与人大同,况礼乐名物、古今事变,亦必待学而后知哉?"(《雅述》上)这里批评的就是只讲尊德性,而否定道问学的心学知识论。他主张,圣人虽然是生而知之者,但也只是在道德上不学而善,其他一切知识都是"学而后知"的;圣人尚且如此,常人就更是事事要依赖学习而后知了。

与王廷相基本同时代而比他稍早的王阳明,提出"致良知"的宗旨,风行海内,王廷相根本上反对这种良知说,而且多次以婴儿为例加以反驳。

> **活 动**
>
> 8. 王廷相如何反驳良知说?

《宋明理学》引述了一段他对王学良知说的诘难，其大意为：一个婴儿从小寄养给别人，与亲生父母毫无接触，他对亲生父母就没有感情，即使遇到亲生父母，也不会有任何良知。因此道德感情不是天赋的，而是因"积习"而有的，即由生活经验所造成（页237）。他还明确说："父母兄弟之亲，亦积习稔熟然耳。"《宋明理学》又指出，在中国古典哲学中，从孟子到宋儒，儒家的先验主义都是用儿童对父母兄长的感情来说明人具有内在的道德意识和道德情感，只有王廷相对这种道德天赋论提出了诘难。这说明他的确是有独立性格的思想家（页326—327）。

王廷相在修养论上主张"动静交相养"，他对当时的学风提出批评说："近世学者之弊有二：一则徒为泛然讲说，一则务为虚静以守其心。皆不于实践处用功，人事上体验。"葛荣晋认为："这里说的'徒讲说者'指程朱学派，'徒守心者'指陆王学派。"（《明清实学思潮史》上卷，1989，页71）比较而言，王廷相更特别反对"主静"说，他批评："有为虚静以养心者，终日端坐，块然枯守其形而立，……斯人也空寂寡实，门径偏颇，非禅定则支离，畔于仲尼之轨远矣。"（《石龙书院学辩》，《王廷相集》）批评"虚静养心"者是远离了孔子的教法。

王廷相认为，静养是必要的，但"静"必须与"动"配合起来，不能只追求虚静。他说："圣人养静以虚，故中心无物；圣人慎动以直，故顺理而应，此皆性学之不得已者。后儒独言主静以立本，而略于慎动，遂使孔子克己复礼之学不行，而后生小子以静为性真，动为性妄，流于禅静空虚而不自知。"（《雅述》上）他所说的后儒，主要指的应当不是周敦颐，而是陈献章。他说："儒者以虚静清冲养心，此固不可无者。若不于义理、德性、人事着实处养之，亦徒然无益于学矣。"（《雅述》上）这和胡居仁批评陈献章，认为静坐不能与义理合一，是一致的。

　　王廷相不仅批评陈献章的静养说，而且批评陈献章为代表的心学对持敬的责难。陈献章主张以自然为宗，不赞成持敬，当时胡居仁就对陈提出批评。当时有一种流行的看法，认为持敬便是着意，便是不自然。对此胡居仁认为，"主敬"的"主"的确有一个用意、着力的含义，但主敬熟后，便能达到不着意的境界。而不着意的境界也只有经过主敬的过程才能实现（《宋明理学》，页246）。王廷相继承了胡居仁的观点，他说："学者始而用功，必须主敬存诚以持其志，而后有进。……儒者遂以主敬存诚以持其志为有意，而贬修治之学，殊失下学上达之意，近禅氏之虚静矣。"（《雅述》上）这里的"儒者"显然是指心学中的自然派。

　　王廷相自己的主张是"存养在未有思虑之前，省察在事机方蒙之际"（《雅述》上），他说《大学》"是教人静而存养之功"，《论语》"是教人动而省察之功"，他主张"学者当并体而躬行之，则圣人体用一源之域，可以循造矣"（《雅述》上）。他所说的静而存养，动而省察，其实就是朱熹所说的已发未发的工夫。他又说："圣人德性养成，无欲无为，至虚至一，静亦以天，动亦以天，物来应之而已，夫何有欲以将迎于外？"（《雅述》上）这完全是复述程颢《定性书》的思想。由此可见，王廷相的学术批评中，虽然每以"儒者""世儒"为对象，其实他自己仍是受程朱学术思想影响很大的思想家。

测试题五

1. 简述王廷相"待学而后知"的认识论。
2. 试述王廷相对静养说的批评。
3. 王廷相在修养论上的基本主张是什么？

4. 为什么说王廷相仍是受程朱学术思想影响很大的思想家？

摘要

本单元所述及的这些明代中期思想家，主要是程朱学派的学者或受程朱学派影响较大的学者。他们有一些共同的特点，这就是：

（1）修正朱熹学派的理气论，愈来愈突出"气"在理气论中的优先地位，以气为第一性的本体或本源。

（2）修正朱熹学派对理的永恒性的看法，认为理即气之理，有气才有理，气散则理无，认为具体事物的理不是永恒的。

（3）修正程朱学派的人性论，不赞成天命之性和气质之性分别的说法，强调性就是气质的性，强调气对人性的影响。

（4）坚持主敬，坚持内外合一的修养方法，反对专主内心体验，反对专主静坐，反对离开道德修养而单纯追求自得洒落的境界。

虽然，从哲学史的角度来看，这些思想家对朱熹学派理气哲学的修正，是引人注目的，但从理学史的角度来看，他们仍属于朱学派。罗钦顺是最显明的例子。《宋明理学》在论罗钦顺思想的一节中提出："从理学史的观点来看，决定一个思想家的学派属性，主要决定于他的心性论和工夫论，即他对于心性的看法和对修养方法的看法。这是我们研究理学史的一个基本的方法原则。"（页298）对罗钦顺这样的思想家来说，理气哲学的理论并不是决定学派本质的核心，他们对程朱学派有明确而坚定的认同，对陆王学派有严厉的批评，他们在学派上的属性基本上是程朱派。

单元九　明代中期的理学（二）心学之反动

◆ 活动题参考答案

活动 1

胡居仁讲学，特别反对陈白沙为代表的与"主敬"对立的"求乐"。他认为，孔颜的"乐"是严肃切己修养实践的结果，并不是靠追求"乐"本身所能得到的。不去克己，先去求乐，其结果不是流入佛道，便是猖狂放任。胡居仁所追求的是一种严肃主义的境界，而对那种追求自得的浪漫主义境界始终有所警惕。

活动 2

罗钦顺的批评共有三点：（1）罗钦顺批评程颐"道非阴阳也，所以一阴一阳，道也"的提法；（2）他对把理界说为"主宰"的观念也不满意；（3）罗钦顺明确表示不赞成朱熹所说的"理与气决是二物"的讲法。

活动 5

王廷相的气论有四个特色：（1）认为太极就是太虚，气是宇宙初始的本源；（2）以"元气"为"实体"；（3）指出元气有四种特性；（4）提出元气种子说。

活动 7

王廷相认为人是本于天的，天之气有善恶，故人之性也有善恶。所谓天之气有善恶，实际上就是指气的清浊差别，他说："气有清浊粹驳，则性安得无善恶之杂？"

◆ 测试题参考答案

▶ 测试题一

1. 胡居仁的理气论的特点，在于他提出了"理乃气之所为"的命题。他说："'有此理则有此气，气乃理之所为'，是反说了。有此气则有此理，理乃气之所为。""有此理则有此气，气乃理之所为"，这本是朱熹学派的老话，胡居仁这句话颠倒了理气的真正关系。照胡居仁看来，不是"有此理则有此气"，而是"有此气则有此理"；不能说"气乃理之所为"，而应当说"理乃气之所为"。这是认为，在理气之间不能说理是第一性、气是第二性的；不能说理是本源、气是理所派生的。胡居仁表现出这样的思想，即气是第一性的，有气则有理，理由气决定。

2. 胡居仁与胡宏、薛瑄一样，认为有无、聚散、虚实都是气的规定，而理无所谓聚散，因为理是形而上者。

3. 他是以主敬来存心，并不是说在主敬之外另有存心的工夫。心学则只讲存心，反对主敬。

4. 胡居仁认为，调息只是养一身的私气，可以去病，但调息与存心根本不同。他认为存心就是主敬，反对一切偏离主敬的静修方法。

▶ 测试题二

1. 罗钦顺反对把理气当作二物，当作两种实体。而他之所以反对将理气作为二物，主要是因为他认为理不是一物。

2. 胡居仁认为气有聚散，理无聚散。而罗钦顺则反对"理无聚散"之说，肯定理有消亡。主张"有此物即有此理""无此物

单元九　明代中期的理学（二）心学之反动

即无此理"，气散而死，其理亦亡。就是说一个事物或一类事物消散之后，这个事物或此类事物的理也就不再存在，不能说这些理是永恒的。

3. 罗钦顺认为若气是多样的、不同的，气的理也必然是多样的、不同的。所以"气一则理一，气万则理万"，理并不是气之中某种不变的抽象实体，理是作为实体的气自身的某种条理和规定。这种理万说，与朱熹的穷理多端说的不同在于，它是从气是终极实体的意义上推出来的，包含着气本论的前提。

4. 罗钦顺继承了元代理学家吴澄"理者，非别有一物在气中"的观点，又继承了明前期学者胡居仁"有气则有理，理乃气之所为"的观点。

5. 根据冯友兰的分析，"认气为理"是认为理和气没有分别，罗钦顺认为这是错误的。"就气认理"是说理与气虽有不同，但是理不能离开气而单独存在，须于气中认识理，这是罗钦顺所主张的。

☞ **测试题三**

1. 他的理一分殊说，与其他的理学家相比，其特色是用于说明其人性论。

2. 冯友兰在分析罗钦顺的哲学时认为，理一是"一般"，对一般和特殊的分别是人的理性对事物所作的认识上的分别，这个分别是必要的；但主观认识与客观存在不同，认为一般可以离开特殊而单独存在，这就把认识问题和存在问题混为一谈了。他认为罗钦顺反对在分殊之外还存在理一，指出了理学的正确与错误之处，是对理学的修正和革新。

3. 罗钦顺对陈献章提出不少批评，他有一句有名的话："近世道学之倡，陈白沙不为无力。而学术之误，亦恐自白沙始。"

4. 罗钦顺在批评心学方面最突出的贡献，是他在批评陆九渊时所提出的"心""性"之辨。他说："程子言'性即理也'，象山（陆九渊）言'心即理也'，至当归一，精义无二，此是则彼非，彼是则此非，安可不明辨之！"他把理学和心学的根本分歧，归结为以"性即理"为宗旨和以"心即理"为宗旨的不同，这是非常有见地的。

测试题四

1. 王廷相有所谓元气种子说。王廷相认为，气化过程中形成了各种不同事物，乃是由于在原始物质元气中已包含了后来发展为各种不同物类的"种子"，认为在太虚元气中"天地日月万形之种皆备于内"。这就否认了进化和变异。

2. 王廷相提出"气也者，道之体也；道也者，气之具也"。这是说元气是第一性的，是体；理（道）是第二性的，是"具"，是气所具有的属性。有气则有理，有气才有理。王廷相更提出："气为理之本，理乃气之载。所谓有元气则有动静，有天地则有化育，有父子则有慈孝，有耳目则有聪明也。"气是实体，理是实体所具有的功能、属性作用，气与理的关系，如同耳目和视听功能的关系一样。程朱都认为"理为气之本"（朱熹说理者生物之本也，气者生物之具也），王廷相则明确提出"气为理之本""理为气之具"，这和朱熹的理本论哲学正正相反。

3. 朱熹认为"理为气之本"，朱熹说"理者生物之本也，气者生物之具也"，王廷相则明确提出"气为理之本""理为气之具"，这和朱熹的理本论哲学正正相反。

单元九　明代中期的理学（二）心学之反动

☛ 测试题五

1. 王廷相认为，圣人虽生知，惟性善、近道二者而已；而礼乐名物、古今事变，必待学而后知。他批评只讲尊德性而否定道问学的心学知识论。他主张，圣人虽然是生而知之者，但也只是在道德上不学而善，其他一切知识都是"学而后知"的；圣人尚且如此，常人就更是事事要依赖学习而后知了。

2. 王廷相说："儒者以虚静清冲养心，此固不可无者。若不于义理、德性、人事著实处养之，亦徒然无益于学矣。"这是说静坐可以调心，但只有在道德涵养与行动实践上培养心，才能有益于学。他还认为主静者略于慎动，这是不正确的，必须动静交相养。

3. 他主张"动静交相养"，特别针对"主静"派而强调"慎动"。

4. 王廷相自己的主张是"存养在未有思虑之前，省察在事机方萌之际"，他所说的静而存养，动而省察，其实就是朱熹所说的已发未发的工夫。他又说："圣人德性养成，无欲无为，至虚至一，静亦以天，物来应之而已，夫何有欲以将迎于外？"这完全是复述程颢《定性书》的思想。由此可见，王廷相的学术批评中，虽然每以"儒者""世儒"为对象，其实他自己仍是受程朱学术思想影响很大的思想家。

参考书目

古清美：《明代理学论文集》，台北：大安出版社，1990。

牟宗三：《从陆象山到刘蕺山》，台北：学生书局，1979。

侯外庐、邱汉生、张岂之编：《宋明理学史》下卷，北京：人民出版社，1997。

岛田虔次著，蒋国保译：《朱子学与阳明学》，西安：陕西师范大学出版社，1986。

唐君毅：《中国哲学原论——原教篇（宋明儒学思想之发展）》上、下卷，香港：新亚研究所，1977。

陈来：《有无之境——王阳明哲学的精神》，北京：人民出版社，1991。

陈荣捷：《宋明理学之概念与历史》，台北："中央研究院"文哲研究所，1996。

容肇祖：《明代思想史》，台北：台湾开明书店，1982。

麦仲贵：《明清儒学家著述生卒年表》，台北：学生书局，1977。

张君劢：《新儒家思想史》，载刘梦溪主编《中国现代学术经典·张君劢卷》，石家庄：河北教育出版社，1996。

黄宗羲：《明儒学案》，北京：中华书局，1985。

冯友兰：《中国哲学简史》，北京：北京大学出版社，1985。

冯友兰：《中国哲学史新编》第五册，北京：人民出版社，1988。

陈鼓应、辛冠洁、葛荣晋：《明清实学思潮史》上卷，济南：齐鲁书社，1989。

蒙培元：《理学的演变——从朱熹到王夫之戴震》，福州：福建人民出版社，1984。

蔡仁厚：《王阳明哲学》，台北：三民书局，1971。

墨子刻（Thomas Metzger）著，颜世安等译：《摆脱困境——新儒学与中国政治文化的演进》，南京：江苏人民出版社，1990。

钱穆：《朱子新学案》上、中、下册，成都：巴蜀书社，1988。

单元十一 明代后期的理学

单元十 明代后期的理学

绪言

本单元是本教程最后的一个单元,谈明代后期的哲学。钱穆曾指出,南宋在朱熹之后,或述朱,或诤朱,总之不离朱熹为中心。而明代自王阳明之后,或述王,或诤王,要之不离王阳明为中心(《宋明理学概述》,1994,页309)。历史事实的确如此。明代中期以后,虽然有朱学对王学的反动,但潮流所向,毕竟以王学为这一时期的主导思想。本单元即从王门的弟子思想开始讨论,最后结束于心学的殿军刘宗周。

王阳明死后,"王学"或"阳明学"流行天下;而派别的分异,也五花八门。这种情形与朱熹学派便不同,朱子死后,弟子虽各有发展,但并未分裂为相互批评的流派。而阳明学派则不然,在黄宗羲的《明儒学案》中,把王阳明的诸弟子、后学分为八派,可谓不少。王门何以分歧为不同派别?究其原因,大致有以下几点:

其一,阳明一生学术变化较多,其高弟钱德洪说:"先生(阳明)之学凡三变,其为教也亦三变,少之时,驰骋于辞章;已而出入二氏;继乃居夷处困,豁然有得于圣贤之旨。是三变而至道也。"这是说阳明早年经历了辞章之学、佛老之学,龙场悟道才归于儒家圣人之学,这是其"学"的三变。钱德洪又说王阳明自龙场后,"教"也曾经三变:"居贵阳时,首与学者为'知行合一'之说;自滁阳后,多教学者静坐;江右以来,始单提'致良知'三字,直指本体,令学者言下有悟。是教亦三变也。"(《刻文录叙说》)这是说阳明曾先后以"知行合一""静坐"

"致良知"等不同宗旨教人。由于阳明在不同时期的思想主张和教人宗旨不同,这就使得他的学生往往只继承和发展他某一个时期的宗旨。

其二,阳明弟子及后学甚多,遍布大江南北。弟子及后学资性不同,所处社会阶层社会地位不同,每个人所面对的学术和人生问题不同,各个地区文化、思想传统不同,这些都是王学派别分异的原因。除了阳明少数亲炙弟子外,多数人都不是要做纯正的阳明学学术继承人,而只是取其学说中的部分以解决自己身心的困惑,对治当时社会的问题。

其三,王阳明死前一年,在出征广西前夕,曾在天泉桥上对弟子钱德洪、王畿再三叮嘱,强调他晚年的宗旨为"四句教",即:"无善无恶心之体,有善有恶意之动,知善知恶是良知,为善去恶是格物。"此一史实,被称为"天泉证道"。宋明理学家尤其是心学一派,一向都是根据孟子说至善是心之体,王阳明本人也讲过至善是心之本体。然而,四句教的首句却说"无善无恶心之体",这究竟如何解释?四句教与"至善是心之本体"是同是异?王门弟子们对此意见不同,这也是造成了后来王门分歧的重要原因之一。

本单元共有三个项目,即(1)王门的分派;(2)王艮的思想;(3)罗汝芳的思想;(4)李贽的思想;(5)刘宗周的思想。可对照单元八和单元九,即对照"明代中期的心学"和"心学的反动",认识本单元所介绍的思想家的特点,以及这些思想家的思想来源、所针对的问题。

本单元会使用以下指定教科书和指定读物,作为教材。

指定教科书:

• 陈来:《宋明理学》,第五章第七节至第九节。

指定读物:

- 容肇祖：《明代思想史》，页 110—159、231—256。
- 侯外庐、邱汉生、张岂之编：《宋明理学史》下卷，页 151—153、416—452、458—465。

单元目标

修毕本单元，应能：
- 阐述王门的基本分派；
- 解说泰州学派的哲学特点；
- 分析刘宗周思想的特质。

王门的分派

> **请阅读**
> - 指定读物：容肇祖：《明代思想史》，页 110—150；侯外庐等编：《宋明理学史》下卷，页 151—153。

黄宗羲在《明儒学案》中，以"姚江学案"叙述王阳明的思想。王阳明生长于余姚，后虽迁居山阴，故家仍在余姚，所以以"姚江"称之。在"姚江学案"之后，黄宗羲立各"王门学案"，叙述阳明门人及后学的思想。

> **活动**
> 1. 黄宗羲在《明儒学案》中列述的"王门学案"有几支？

王门学案共有六支：

- 浙中王门学案（一至五），述浙江的阳明弟子与后学；
- 江右王门学案（一至九），述江西的阳明弟子及后学；
- 南中王门学案（一至三），述江苏、安徽阳明弟子及后学；
- 楚中王门学案，述湖南、湖北阳明弟子及后学的思想；
- 北方王门学案，述山东、河南等北方阳明弟子与后学；
- 粤闽王门学案，述广东、福建阳明弟子及后学。

以上六支，黄宗羲名为"王门"，意谓这六支派无论有何分别，都属于王学的范围之内，而未曾超出王学的藩篱。在这六支而外，黄宗羲又立：

- 泰州学案（一至五），述王艮及其弟子、后学；
- 止修学案，述李材的思想。

王艮是江苏泰州人，为王阳明晚年的学生，其弟子、后学则遍于各地，不限于泰州，黄宗羲以"泰州学案"统摄之。李材是江西人，本出于江右邹守益，后将阳明的良知说修正为"止修"说，故以"止修学案"述之。黄宗羲之所以不称这两支为"王门"，是因为他认为这两派已渐离阳明学的精神宗旨，已经突破于王学之外。其实，泰州学派是没有理由不列为"王门"的；李材从江右转出，亦可列于江右之下。

黄宗羲的叙述方法，基本上是以地区来作分派的标准，这在叙述上虽然有方便处，但从思想上来看，颇欠清楚。如同属浙江学者，钱德洪与王畿就不同；同为江西学者，邹守益与聂双江又不同。在同一个泰州学派中，也有各个不同地区的学者。

有鉴于此，现代学者力求从思想上来划分王门的派别，当中的代表有：

- 牟宗三将王学的发展分为三派：浙中派，在阳明的家乡，以王畿、钱德洪为代表；泰州派，在江苏，以王艮、罗汝芳为代表；江右派，在江西，以聂双江、罗洪先为代表（《中国哲学十九讲》，1997，页410）。但此种划分，仍是以地域为主，其实浙中的钱、王思想根本不同。

• 冈田武彦将王门后学分为三派：现成派，以王畿为代表；修证派，以钱德洪为代表；归寂派，以聂双江为代表。此说不以地区，而以学术宗旨划分，是其所长，但将王畿与王艮同归于"现成派"，亦未尽妥。其实，王艮代表的泰州派应当是独立的一派。

• 还有一种以前颇流行的说法，把阳明死后的王学分为"左派"和"右派"：以王畿和泰州学派为"左派"王学，而以保守阳明学术、重视修证、靠近朱子学的学者为"右派"王学。主张者如岛田虔次的《朱子学与阳明学》。

把这些说法综合起来，我们认为王门后学的重要代表为：

• 钱德洪（绪山）、邹守益（东廓）代表的王学稳健派，可称"主修派"。

• 王畿（龙溪）代表的无善无恶派，可称"主无派"。

• 聂豹（双江）、罗洪先（念庵）的主静归寂派，可称"主静派"。

• 王艮（心斋）、罗汝芳（近溪）的泰州学派，可称"自然派"。

本单元将在后面重点介绍泰州学派即"自然派"的思想，以了解宋明哲学的复杂面相。这里先对王门其他三派，即"主修派""主静派"、"主无派"的思想作一些简要介绍。请先阅读《宋明理学》页278—282关于"四句教"和"本体与工夫"两节，以了解王阳明的思想和王阳明弟子、后学纷争讨论的由来。

> **活 动**
> 2. 钱德洪、王畿的主张主要有哪些不同的地方？

钱德洪（1496—1574），在天泉证道时，怀疑"无善无恶心之体"之说而主张"四有"，即主张心、意、知、物都不是无善无恶的。同门王畿则主张"四无"，当时王阳明说："汝中（王畿字）之见，是我这里接利根人的；德洪之见，是我这里为其次立法的，二君相取为用"（《传习录》下），又说："汝中须用德洪功夫，德洪须透汝中本体，二君相取为益，吾学更无遗念矣。"（《阳明年谱》，《阳明全书》卷三十四）可见钱德洪重工夫，而王畿则重本体，钱注重"修"，而王注重"悟"。钱德洪主张在日用事物上识取本心，以"无欲""慎独"为修养的要旨。他批评王畿求先悟本体，是忽略了诚意；他批评聂双江主张归寂，是忽略了格物。他坚决反对"求悟""求寂"。所以黄宗羲评论说："龙溪（王畿）从见在悟其变动不居之体，先生（钱德洪）只于事物上实心磨炼。故先生之彻悟不如龙溪，龙溪之修持不如先生。"（《浙中王门学案一》，《明儒学案》卷十一，1985，页226）指出钱德洪的特点是在事上磨炼，在修持上用力。邹守益（1491—1562）的基本思想主张是"戒慎恐惧所以致良知"，"学者只常常戒惧不离，无分寂感，一以贯之，此其为致良知而已矣"。"无分寂感"显然是针对"主静归寂派"讲的，而"戒慎恐惧"是强调存天理去人欲的工夫。黄宗羲认为："阳明之没，不失其传者，不得不以先生（邹守益）为宗子也。"（《江右王门学案一》，《明儒学案》卷十六，1985，页334）

聂豹（1487—1563），自号双江。他晚年曾下狱，据记载："先生之学，狱中闲久静极，忽见此心真体，光明莹彻，万物皆备,乃喜曰:'此未发之中也,守是不失,天下之理皆从此出矣。'及出,与来学立静坐法,使之归寂以通感,执体以应用。"(《江右王门学案二》,《明儒学案》卷十七,1985,页372)他的这种静坐中体见心体的经验,与陈献章相似,也由此而倡导"归寂"的静坐,推崇杨时、罗从彦、李侗的静中体认。聂双江从主静的工夫,又提出"良知本寂",即主张良知是未发,是静的,必须涵养,这才是致良知。他说:"致知者,充满吾心虚灵本体之量,使之寂然不动。"也就是在静中养得此心寂然不动。罗洪先(1504—1564),嘉靖八年举进士第一,他与聂双江的归寂说"深相契合,谓双江所言,真是霹雳手段"。他认为知善知恶不是良知本体,要人反求根源,主静以复其本体,故主张"归摄于寂静"。罗洪先也认为致知是指"致良知者,致吾心之虚静而寂焉",这些都与聂双江是一致的。他在五十岁后又由"归摄于寂静"而转为"彻悟与体仁"说,就不能详细介绍了(《宋明理学史》下卷,1997,页318)。

王畿(1498—1583),字汝中,别号龙溪。《宋明理学》有王畿一节,详论其思想。但王畿思想比较深奥复杂,对于初学者有一定的困难,所以我们不把王畿的思想安排在本单元中详细讨论,而仅在这里简要概述其思想的大概。《宋明理学》在介绍了王畿从学阳明的奇特经历后,分五个小节分析其思想。其中以(一)"顿悟与四无"为最重要。

《宋明理学》指出,王阳明在天泉证道的谈话表明,王学认为学问之道有两种方式,一种是从"本体"入手,一种是从"工夫"入手。"本体"这里是指心之本体,从本体入手是指对心之本体要有所"悟"。"工夫"指修养的具体努力,在意念上保养善念,克除恶念。这是"本体-工夫"之辨的基本分野。从王阳明

"四句教"来看,他强调的"心之本体"的规定就是"无善无恶",所以"悟"就是要悟到心体是"无"。王阳明所说的心体无善无恶,是指心作为情绪-心理的主体所具有的无滞性,无执着性(页345—346)。

王畿赞成王阳明关于心之本体是无善无恶,关于要"悟"到心体的无的观点,并加以推展。他认为心体与意、知、物是体用的关系,心体无善无恶,则意、知、物也都应当是无善无恶的。所以他主张"四句教"后三句应改为"意即无善无恶之意,知即无善无恶之知,物即无善无恶之物"。这个思想认为,如果能真正体悟"心体是无善无恶"的,即心体是无执着的,那么意念和知觉活动也就达到无执着了,而外部事物对人来说也就不存在什么根本的差别,不需要去计较什么了。这种看法王阳明称其为"四无说"。王畿的这些思想,其基本点是:一、从"无"处立根基;二、以顿悟心体为工夫。但是,这两点,禅家也可以接受,而不能把儒家知善知恶、为善去恶的价值立场表达出来。这也是当时和后来的人批评王畿流入禅学的原因(《宋明理学》,页347—348)。

以上已将王门中的主修派、主静派、主无派分别加以简要介绍,相信你已有一些大概的了解。《宋明理学》分析、解说王畿对当时六派不同的良知看法的批评后指出,王畿所批评的"良知异见"(即关于良知的不同看法),就良知的问题而言,大体上是两方面的思想:一个方面的意见是反对率任现成良知,认为率任现成良知会走向以情欲为良知的弊病。主静、主修派都是以不同方式来解决这个问题。另一方面则是夸大良知现成的圆满性,把主张良知的现成和主张克除私欲对立起来,认为只要依从现成良知,不必区分良知和情欲(《宋明理学》,页358—359)。持后一方面意见的主要是泰州学派,将在下一节介绍。

👉 **测试题一**

1. 试解释"四句教"的内容及由来。
2. 王门后学的重要代表为哪四派?
3. 试简要说明聂双江的归寂说。
4. 请简述王畿的"四无"思想。

王艮的思想

> **请阅读**
> - 指定教科书:《宋明理学》,页366—381;
> - 指定读物:容肇祖:《明代思想史》,页150—159;侯外庐等编:《宋明理学史》下卷,页416—452。

> **活 动**
> 3. 侯外庐等《宋明理学史》所说的"左派王学"或"王学左派"是何所指?

王艮(1483—1541),字汝止,号心斋,泰州安丰安顺场(今江苏)人。有不少学者把王艮及其后继者称为"王学左派"或"左派王学"。这个名称不大恰当,因为"左派""右派"都是政治党派的术语,并不适合学术或思想史的描述。"左派"之用一般比"右派"的肯定义为多,多指比较激进的主张,和对现有文化或社会秩序有所挑战的观念。

称泰州学派为"左派王学",意指泰州学派是王学传统中激进的极端,这种看法在明代末期已经有了。黄宗羲在《明儒学案·泰州学案一》的序中就明确地说"泰州之后……遂复非名教之所能羁络矣"(1985,页703),认为泰州学派后来的发展已经突破了名教的束缚。由于泰州学派的学者多出身下层农工商阶层,他们的著作又多散失,现代学者往往由黄宗羲的断语,而认定泰州学派代表了下层人民对封建社会意识形态和价值系统的反抗。其实,黄宗羲所谓"复非名教所能羁络",只是指泰州学派中颜山农、何心隐一派,而不是指泰州学派的主体;即使对颜何派,从近年发现的颜山农等的著作来看,也应是指其世俗化的特点,即与士大夫儒学不同的民间儒学特点。现在看泰州学派大部分学者的著作,不仅不是反儒家的,也不是反理学的。甚至在"王学左派"这样的提法里,也还是认为泰州学派是"王学"中的一派。

侯外庐认为,"考察思想史上学派的分合异同,注意学派间的师承关系、学术源渊,都是必要的。而更重要的是,应当注意作为学派代表者的思想家本身的思想内容、特点和社会影响"。这在原则上是正确的。而侯外庐又认为,"以此而言,泰州学派的开创人王艮虽曾和王守仁有过师生关系,其学术思想(尤其是哲学思想)深受王学影响,但他的主体思想与王学很不相同,乃至违异。正因为如此,泰州学派才能成为一个有别于王学的独立学派"(《宋明理学史》下卷,1997,页416)。我们则认为,泰州学派虽然有其独立的性格,但这种独立性是相对的,如果认真并且恰当地理解他们的著作思想,便可知泰州学派仍属王学的一支,离开了王学,就根本不可能有泰州学派。而泰州学派的学者虽多,王艮作为这一派的开创者,无论从哪个意义上说,都是有代表性的。

王艮幼时只在塾中念过几年书,青年时往来从商,自学《论语》等。可以说他并没有经过系统的儒学经典学习。王艮虽然家庭低微、少受教育,但是他天分的确很高,语言和应答的能力极强。他曾与王阳明有三次应对,从中可见其智慧。

王艮第一次在江西见王阳明时,一见面就说:"昨来时梦拜先生于此亭",王阳明当然不信,便回答说:"真人无梦"。王艮立即反问:"孔子何由梦见周公?"这是第一次,显然王艮在言语中占了上风。

王艮第一次与王阳明见面,拜阳明为师,夜归而悔,次日来与阳明辩难,因王艮有一种自负,自视为拯救万民的先觉,王阳明欲抑其心,便说"君子思不出其位",这本是《周易》中"艮卦"的象传之话,又见于《论语》中的曾子语。王艮回答,我虽是一个匹夫,而尧舜治理万民的心,一天也未忘记。王阳明又说:"舜耕历山,忻然乐而忘天下。"王艮答:"当时有尧在上。"王阳明说舜在历山农耕而忘天下,王艮答,那是因为当时有尧这样的圣人做领导,舜可以不管天下事。意谓若无尧舜这样的君王,平民自然要关心天下之事。这一轮王艮又占了上风。

又过两年,王艮在浙江辞别王阳明,乘小车进京,四处招摇讲演,在京的王门友人都劝他回去,王阳明也写信要他回浙江。王艮回来后,"阳明以先生(王艮)意气太高,行事太奇,痛加裁抑,及门三日不得见。阳明送客出门,先生长跪道旁曰:'某知过矣!'阳明不顾而入,先生随至庭下,厉声曰'仲尼不为已甚!'阳明方揖之起。"(《泰州学案一》,《明儒学案》卷三十二)王阳明为了压抑他的意气,三天不见他,见了也不理他,王艮则大声说"仲尼不为已甚",这本来是孟子的话,指孔子不做过分的事，王阳明听他这么一说，也只好请他起来说话。这一次王艮最终又占了上风。

王艮不仅语言应对能力特强，又因生活经验多而善知人心。其弟子说："先生接引人无问隶仆……往往见人眉睫，即知其心。别及他事，以破本疑。机应向疾，精蕴毕露。"（《心斋王先生全集》卷五）阳明门下，王畿号称口才最好，而黄宗羲说："阳明而下，以辨才推龙溪，然有信有不信。惟先生（王艮）于眉睫之间，省觉人最多……闻者爽然。"（《泰州学案一》，《明儒学案》卷三十二，1985，页710）这是说王艮擅长从人的表情了解其心意，又善于用事例点拨人，所以信从他的人比王畿更多。

王艮最突出的性格，是他有一种拯救天下的自负，和一种宗教领袖式的传道欲望。他自己对这两点毫不掩盖，而且招摇不已。他初到江西见阳明时，就穿着自己做的奇特古怪仿古衣冠，引起围观。后来他到京师去，自制一辆想象的孔子周游天下的车，这等于是自命为孔子式的教主，他还在车上写着"欲同天下人为善，无此招摇做不通"。王艮有强烈的传道欲望，所以注重"过市井启发愚蒙"，面向大众传讲。他的这些特点在泰州学派中其他人身上（如颜山农等）也都有明显表现。所以唐君毅也说："泰州之传，由颜山农、何心隐、罗近溪、周海门、李卓吾等，其立身行己、讲学论道之作风，亦与其余之王门学者不同。故梨洲于泰州学派，不称王门，以示区别。"（《原教篇》下，1977，页381）

《宋明理学》第五章第七节，先介绍王艮的下层生活背景和二十七岁时的神秘体验，又介绍了王艮初见王阳明有趣的经过，然后分四个小节比较细致地讨论了王艮的思想，这四点都很重要，可结合本单元一起学习。

良知是否"现成"，是王门争论的一个问题。有一派（如罗洪先）认为人的现成良知不是圆满的，只有在修证后才能达到圆满。王艮则是主张良知为"现成"的代表，其大旨有二：首先，王艮所谓现在、现成，就是强调每个人都现成地具有圆满的良知，良知不是修后才圆满的。其次，依此良知自然地去行，就是成圣成贤的工夫（《宋明理学》，页368）。所谓自然，就是不要居敬，不要戒慎，完全顺其自然。

王艮特别强调"乐"，他有一首有名的《乐学歌》，讲所谓"乐是乐此学，学是学此乐"，"乐是学，学是乐"。他发展了王阳明关于"乐是心之本体"的思想，明确地把"乐"作为学的过程、学的归宿、学的目的和最终境界。他一方面肯定私欲是"乐"的妨碍，主张以良知的自觉化除私欲；另一方面强调只有不费力的、快乐的"学"才是圣人之学，其实质也是反对防检和主敬、反对严律苦修，以"求乐"作为学的目的。

王艮更有名的学说是他对"格物"的新解释。他在见王阳明以前，已经以"格物"为宗旨，所以当他听说王阳明的思想时，觉得和自己的格物说很接近，说："有是哉！虽然，王公论良知，某谈格物……"（《王艮墓铭》）可见当时他已有一个格物说。但他受学于王阳明之后，就不谈格物，专讲良知了。可是王艮似乎并未放弃其格物说（《王艮尊身立本的启蒙思想》，《明清实学思潮史》上卷，1989，页149），王阳明死前一年出征广西前夕，王艮曾向王阳明提起他的格物说："文成复起，制两广，先生陈格物旨，文成曰：待君他日自明之。"（《王艮传文》，《王心斋遗集》卷四）直至王阳明死后近十年，王艮五十五岁时，"玩《大学》，因悟格物之旨"（《心斋先生年谱》），正式立其新说，"时有不谅先生者，谓先生自立门户，先生闻而叹曰：某于先师受罔极恩，学术所系，敢不究心以报。"（《心斋先生年谱》）王学同门对王艮提出有异于阳明的格物说颇不谅解，但他坚持说，只有这样才能真正报答老师之恩。

> **活 动**
>
> 4. 试述王艮格物说的要旨。

王艮的格物说又称"淮南格物说"。王艮认为《大学》中说"物有本末"，要真正理解"格物"，就首先要把"物"的本和末弄清楚。那么，什么是物之本？他认为是"身"。什么是"格"？他认为"格，度也"，"度于本末之间，此格物也"。《宋明理学》指出，王艮认为，格就是以"本"为标准去衡量"末"；而身是本，即身是量度所根据的"矩"，所以格物就是要求人把注意力转移到正身，身正则国家天下也就容易正了。所以王艮格物说的第一要点是"正身"。

《宋明理学》指出，如果他只讲"正身"，就不算有什么新意。而他的思想所以受到广泛注意，是因为他在正身的意义外，更提出格物的第二个要点，即"安身"（页375）。安身他又表达为爱身、保身、尊身，这是历来儒家思想中所没有的。《宋明理学》指出，在王艮的思想中，安身、保身的"身"都是指个体血肉之躯的生命存在；爱身说把爱护人的感性生命置于与珍重道德原则相等的地位。这种思想不仅与朱熹、阳明的格物说不同，与整个儒家传统的发展相比，也显示出重要的差异（页375—376）。王艮的这些思想，不应视为理学的异端，而应看作为精英文化的理学价值体系向民间文化扩散过程中发展出来的一种形态，带有"世俗儒家伦理"的特色（页378）。关于这个问题的具体分析，请认真阅读《宋明理学》的内容。

最后是王艮的万物一体思想。王艮当年乘孔子车周游天下时，就在车上写着"天下一个，万物一体"。《宋明理学》指出，程颢的万物一体更多的是一种境界，王艮则继承了王阳明万物一体说的"拯救"意识，突出一种救民于苦难的焦虑。他曾作《鳅鳝赋》，把民众比作在重重压迫下奄奄若死的泥鳅，而他则想做解救人民的神龙。只是他的解救实践，仍然是宣传他的乐学安身学说而已。王阳明和一般许多理学家都是学者兼官僚，即所谓士大夫，他们觉得以天下为己任是士大夫的当然之则；但他们却反对一般民众（匹夫）有担当天下的胸怀，要匹夫们"思不出其位"。而王艮的思想及其实践，正是具有冲破士大夫要普通民众安分守己的"思不出其位"的气魄，要把理学变成不仅是士大夫的学问，而且是普通百姓的日用之道。正是在这一点上，士大夫才有"泰州以下……遂复非名教之所能羁络"的担心。

刘宗周曾说："王门有心斋（王艮）、龙溪（王畿），学皆尊悟，世称二王。心斋言悟虽超旷，不离师门宗旨。至龙溪，直把良知作佛性看。"（《师说》，《明儒学案》，1985，页9）这是认为王艮之学未离师门，而王畿之学离儒入佛。然而刘宗周的弟子黄宗羲的看法却相反，说："阳明先生之学，有泰州、龙溪而风行天下，亦因泰州、龙溪而渐失其传。""然龙溪之后，力量无过于龙溪者，又得江右为之救正，故不至十分决裂。泰州之后，其人多能以赤手搏龙蛇，传至颜山农、何心隐一派，遂复非名教之所能羁络矣。"（《泰州学案一》，《明儒学案》卷三十二，1985，页703）黄宗羲认为龙溪的后学，才学都不能超过龙溪，加上江右对龙溪的批评，使得龙溪一派最终并未离出王学。而王艮之后，泰州学派仍有不少有气魄有能力的人，最终逸出了名教的范围，产生出异端。

总之，王艮讲百姓日用即是道，讲爱护人的感性生命，主张匹夫可以有尧舜君民之心，以及热心于民间传道等，在这些问题上，王艮都表现出平民思想家的特色。容肇祖指出："（王艮）是很切实的要去做人以及救世，故此他很张皇地去讲学，去交友。他最是平民化的，故此他的门徒著名的有樵夫朱恕、再传弟子有陶匠韩贞，后来又有田夫夏廷美等。而韩贞的讲学，更普遍地向民众宣传。……他们真是深入到民间去，肩负着淑世的使命，抱着实行的精神，很像宗教家去传道。"又指出"因为他们太平民化了，太热心了，因此当时有些学者认为同道的，便结下生死之交；而不同调的，或者带着正统的知识阶级或贵族阶级的见解的，便痛骂他们"（《明代思想史》，1982，页221）。容氏的这些看法，如平民化风格、宗教家心态、救世精神以及受知识阶级的痛骂等，都是符合泰州学派的历史情况的。

测试题二

1. 唐君毅如何解释黄宗羲不以泰州学派为"王门"的理由？
2. 黄宗羲对泰州学派的激进性格有何断语？
3. 试简述王艮的乐学思想。
4. 试述王艮万物一体说的特色。

罗汝芳的思想

请阅读

- 指定教科书：《宋明理学》，页382—398；
- 指定读物：侯外庐等编：《宋明理学史》下卷，页458—465。

单元十 明代后期的理学

罗汝芳（1515—1588），字惟德，号近溪，江西南城人。罗汝芳是泰州学派的重要思想家。他是颜钧（山农）的学生，颜钧则曾受学于王阳明的弟子、泰州学派的创始人王艮。罗汝芳青年时在一寺庙中闭关，面对一盆静水默坐，以求得心能达到水一样定静，但久而久之得了心火之病。所谓"心火"就是一种由修炼不当引起的生理、心理上的失调状态。

颜钧也是王艮门下著名的平民出身传道者。1540年秋，颜山农从泰州王艮处学习后归江西，在南昌同仁祠张榜"急救心火"，聚众讲演，罗汝芳经过此祠，也随众听讲，据记载："先生（罗汝芳）从众中听良久，喜曰：'此真能救我心火。'问之，为颜山农。山农者，名钧，吉安人也，得泰州心斋之传。先生自述其不动心于生死得失之故，山农曰：'是制欲，非体仁也。'先生曰：'克去已私，复还天理，非制欲，安能体仁？'山农曰：'子不观孟子之论四端乎？知皆扩而充之，若火之始燃，泉之始达，如此体仁，何等直截！故子患当下日用而不知，勿妄疑天性生生之或息也。'先生时如大梦得醒，明日五鼓，即往纳拜称弟子，尽受其学。"（《泰州学案三》，《明儒学案》卷三十四，1985，页760—761）从此成为山农的忠实弟子，终身不易。颜山农的思想认为，像克已复礼、静坐收心这样的方法，只是控制约束人的欲望（制欲），是消极的；只有从根本上开发人的内在资源，才是积极的，这关键就在相信本性为现成自足圆满。这显然是继承了王艮的思想。

> **活 动**
>
> 5. 请简要说明罗汝芳如何发展王艮的"见在现成"说。

罗汝芳的思想就是发展了王艮的"见在现成"说。首先，他强调人人有赤子之心，此即良知，这是不学而能，无所不知的。"罗汝芳并不赞成'致知'的说法。在他看来，如果致是指扩充，那就意味着见在的良知是不充分的，是有所不知、有所不能的。"（《宋明理学》，页385）

其次强调"当下即是"。王艮认为，道并不是什么高深的东西，道就在百姓日用中体现着，在百姓日用中，只要是不假思索、自自然然而又不逆于理，这就是道（《宋明理学》，页370）。所以王艮常常"因百姓日用以发明'良知'之旨"。一次，有人问良知，他就呼其仆人，仆人来了，命其献茶，然后仆人捧茶来，王艮说，这仆人闻呼便应，命茶即取，这便是自然的良知。罗汝芳大大发展了王艮这种"就百姓日用指其道"的方法，特别是常用童子献茶的例子，说明百姓日用中即有道，说明人的良知当下即是，他认为我们日常生活中"自然"的意识状态就是我们的性体。罗汝芳很注重意识活动的状态是"自然"还是"不自然"，《宋明理学》页385—389举了几个例子，可通过这些例子，理解罗汝芳和泰州学派讲的"当下即是""百姓日用即道"。《宋明理学》又指出，罗汝芳总是力图用对方与自己谈话的当下意识状态指示本心，把这种专心不杂、不预期、无喜怒的意识状态说成是人本有的良知良能，他更强调的是良知的"自然"状态，而非良知的伦理性质。这正是继承了王艮的"以自然为宗"的思想，也是禅学所说的"平常心是道"（页387—390）。

再其次就是提倡顺适自然。"见在现成"是讲本心，也就是心体；"当下即是"是讲作用；"顺适自然"则讲工夫。"他认为顺其自然就是善，不顺其自然就是恶，主张工夫越平易越到神圣处，过去的事情就让它过去，不要执迫不舍。未来的事情到时再说,不必预期谋算。良心是浑沌的,不是计较的;是顺畅的,不是凝滞的。人的意识在一定的场景下自然做出一定的反应,这就是天机自然。"(《宋明理学》,页391)

有一名学者王时槐(塘南)曾简述罗汝芳一生为学:"早岁于释典玄宗,无不探讨;缁流羽客,延纳弗拒,人所共知。而不知其取长弃短,迄有定裁。《会语》出晚年者,一本诸《大学》孝弟慈之旨,绝口不及二氏。"(《泰州学案三》,《明儒学案》卷三十四,1985,页762—763)这是说罗汝芳早年受佛道影响较大,而晚年则只讲《大学》的"孝弟慈"思想。《宋明理学》的最后一节,即解说其格物与孝慈的学说。

从《宋明理学》可知,罗汝芳晚年对《大学》的理解是:《大学》是一部格言集,"格物"的"格"表示标准。在《大学》本文释齐家治国的传九章中说:"君子不出家而成教于国:孝者,所以事君也;弟者,所以事长也;慈者,所以使众也。"罗汝芳据此认为《大学》的宗旨可归结为"孝弟慈"。他提出,"天下之大,未尝有一人而不孝弟慈者",认为人人都是孝弟慈。《宋明理学》指出:"罗汝芳对'孝弟慈'的理解不仅限于儒家经典中冬温夏清的方式、服从长上的要求等,而是容纳了从供养父母、抚养子孙,到安生全命、勤谨生涯、保护躯体,以至光大门户、显亲扬名等一系列价值,这些价值可以说体现了家族伦理的原则和规范。……正如王艮一样,他在孝弟慈的家族伦理解释下,肯定了为家庭而追求财富、功名等功利性价值,以及保护自我、勤勉从业等伦理的规范。"(页398)

从罗汝芳的思想可以看出,泰州学派以童子捧茶之平常心为良知、为性体、为心体,又以百姓安生勤业为孝弟慈。两者的共同之处是,不再把儒家的价值当作士大夫经过复杂修养过程才能达到的境界，而把它作为百姓日用中就已实现着的、表现着的东西；儒学从此不再高不可攀、远不可及，而是人人不虑而知、不学而能的。泰州学派的理想是，把人人都有的这种不虑之知，即不自觉的所能所知，更为提高一步，变成自觉的所能所知。这样一种思想的实质，是把儒学平民化、世俗化了。在这一过程中，一方面儒学得到普及，另一方面儒学也变得世俗化，容纳了更多的功利性家族伦理。王艮、颜山农、罗汝芳所体现的正是明代中后期"世俗儒家伦理"的运动。

李贽的思想

请阅读

- 指定读物：容肇祖：《明代思想史》，页 231—256。

李贽（1527—1602），号卓吾，又号温陵居士，福建泉州晋江人。李贽的祖父、父亲都是回教徒，从他本人临终嘱咐的丧事安排来看，他自己似亦曾信奉过回教。从他一生的思想来看，李贽也曾长期出入佛老，但在根本上说，他对儒、释、道都不信从。他说过："自幼倔强难化，不信道，不信仙、释，故见道人则恶，见僧则恶，见道学先生则尤恶。"（《王阳明先生道学钞》后附《阳明先生年谱后语》）《宋明理学史》认为他的这种性格可能与其家世的回教背景有关（下卷，1997，页 466）。李贽见过王畿和罗汝芳，曾师事王艮的儿子王襞，因此有学者认为他属于泰州学派。但是，黄宗羲的《明儒学案》不仅未在"泰州学案"的五卷中收入李贽，而且也未在全书的任何一卷有所收录。由此可见，明末学者并不把李贽视作泰州学派的一员。不过，他在思想上受到过王学的影响，这是事实。

在李贽的哲学思想中，我们重视其心性说。首先来看李贽的"童心说"。他有《童心说》一文，说道："夫童心者，绝假纯真，最初一念之本心也"，"童子者，人之初也；童心者，心之初也"，"然童心胡然而遽失也？盖方其始也，有闻见从耳目而入，而以为主于其内而童心失。其长也，有道理从闻见而入，而以为主于内而童心失。"所以，人的根本的问题是，"童心既障，而以从外入者闻见道理为之心也"（《童心说》，《焚书》卷三）。既然，道理闻见障蔽童心，而道理闻见多从读书而来，那么是否应当弃绝读书呢？李贽又说："古之圣人，曷尝不读书哉？然纵不读书，童心固自在也。纵多读书，亦以护此童心而使之勿失焉耳。"（《童心说》，《焚书》卷三）他以童心为本心，主张读书而使本心勿失，这些都很近于心学的讲法。我们知道罗汝芳大讲赤子之心和童子之心，在这一点上，李贽可能受到过罗汝芳的一些影响。

> **活 动**
>
> 6. 李贽"童心说"的意义何在？

李贽童心说的思想，其实是把儒家的经典说成障蔽本心的闻见道理，意在反对把流行的、权威的思想当作真理。这就从另一方面把本心突显出来，作为是非的标准和真理的源泉。所以容肇祖说"他以为著作要以吾心为是非，而不必案古圣人之是非，这也是很解放的见解"（《明代思想史》，1982，页241）。我们知道王阳明说过："夫学贵得之心，求之于心而非也，虽其言出于孔子，不敢以为是也。"李贽更提出："夫天生一人，自有一人之用，不待取给于孔子而后足也"（《答耿中丞》，《焚书》卷一），"千百余年而独无是非者，岂其人无是非哉，咸以孔子之是非为是非，固未尝有是非耳。"（《藏书》纪传总目论）他大胆地反对以孔子之是非为是非，在这一点上，可谓把王阳明的思想发挥到了极端。唐君毅指出："然此天下之是非，果皆如此之无定乎？卓吾又安知其今日之是非无定之论，必为是而非非也？然以良知之是非，只属于个人，亦只属于个人之当下者，则必归于谓一切是非，皆各属于个人之当下，而更不求天下万世之公是公非之有定。此即与阳明之致良知之学，乃谓良知即天理，亦当即天下之公是公非之有定者之所在，正相颠倒。"（《原教篇》下，1977，页444）

再来看李贽的"私心说"。他说道："夫私者，人之心也。人必有私而后其心乃见。若无私则无心矣。……然则为无私之说者，皆画饼之谈，观场之见，但令隔壁好听，不管脚跟虚实，无益于事。只乱聪耳，不足采也。"（《德业儒臣后论》，《藏书》卷三十二）这个说法，有些近于叶适，显然是一种功利主义的讲法。容肇祖说："宋儒提倡无欲无私，至何心隐、李贽则大决其樊篱。何氏以为周敦颐所说的无欲不合于孔孟，李贽则以无私为画饼之谈，这都是很独立很自由的见解。"（《明代思想史》，1982，页244）宋儒虽然承认人皆有"人心"，但在宋明时代还没有其他人提出"私者人之心""无私则无心"的命题，这既与李贽的个人性格有关，也与明代中后期商业和市民阶层的发展有关。

最后，来看李贽的"势利之心说"。他说："虽圣人不能无势利之心，虽盗跖不能无仁义之心。……财之与势，固英雄之所必资，而大圣人所必用者也，何可言无也？吾固曰：虽大圣人不能无势利之心，则知势利之心亦吾人禀赋之自然。"又说："仁义之心根于天性，不可壅遏，而谓盗跖无仁义之心可乎？"（《道古录》卷上）他所说的势利之心，其实还是指人的自然之性与自然欲求，仁义之心则是指人的道德意识，可见他是兼取荀子和孟子的说法，认为道德意识与自然欲求都是每个人与生俱来的。

李贽的这种思想，其实联系着他的一种人性论，他说："吾故曰，虽盗跖亦有仁义之心，但就其多寡论之，于是乎有圣人、又有盗跖，遂至悬绝耳。若五分势利、五分仁义，便是中人。中人可移而上下，故习不可不慎。……夫上智下愚之不移者，亦岂必十分仁义而后为上智、十分势利而后为下愚哉！但于势利上加一分，便不可移而上之。但于仁义上加一分，便不可移而之下。盖此一分者，皆天之所独厚，仁义加一分，便是中人以上，是天之所以厚上智而使之不可移也。势利加一分，便是中人以下，亦天之所以厚下愚而使之不可移也。……吾子无他度量，只自度其一分者，是多一分势利乎，抑多一分仁义乎？多则不可移易矣。不多而仅仅五分，无有轻重，是正可移，是真可习。"（《道古录》卷上）这个思想是说，孔子把人分为上智、中人、下愚三种，照李贽看来，所谓中人就是天生有五分仁义、五分势利的人，如果一个人天生的仁义之心多于五分（如六分、七分等），则为上智；如果一个人天生势利之心多于五分（如六分、七分等），则为下愚。上智和下愚都是不可移易改变的，而中人则因习而移，习于圣人则为圣，习于盗跖则为盗。

李贽及其思想的性格是反传统、反权威、反主流的，愤世嫉俗，要打破一切束缚和偶像，突出强烈的个人主体性，敢于提出与众不同的意见。如他曾说："谓人有男女则可，谓见有男女岂可乎？

谓见有长短则可，谓男子之见尽长，女子之见尽短，又岂可乎？"（《答以女人学道为见短书》，《焚书》卷三）这在封建时代是很难得的。他又曾屡屡为商人辩护，反对歧视商人，而且对礼教也进行了不少尖锐的批判。所以容肇祖说："总之，李贽的思想是从王守仁一派解放的革命的思想而来，他几乎把一切古圣贤的思想或偶像打破了，到了极自由极平等极解放的路上，而他又是个自然主义适性主义的思想家，在批评方面贡献了不少创新的独特的见解。"（《明代思想史》，1982，页256）平实说来，并不能把王阳明学派看作一种主张解放的革命思想，也不能把李贽看成现代意义上的自由平等追求者，然而李贽那种过激立场和批判精神，体现了一种"重估一切价值"的特性，在中国古代历史上极为罕见。也因此，李贽在当时往往被视为异端而受到抨击和批评。1602年，朝臣上书劾他，皇帝下旨"李贽敢倡乱道，惑世诬民，便令厂、卫、五城严拿治罪，其书籍已刻、未刻者，令所在官司尽搜烧毁"，李贽被捕至北京，倔强不服，以剃发刀割喉而死。

最后，应当指出，不少写明代思想的书，都大力表彰李贽"穿衣吃饭即是人伦物理"的话，认为这是肯定物质生活的重要性，其实李贽的原话是："穿衣吃饭，即是人伦物理；除却穿衣吃饭，无伦物矣。……学者只宜于伦物上识真空，不当于伦物上辨伦物。"（《答邓石阳》，《焚书》卷一）这是一方面认为人伦物理不能离开穿衣吃饭，而另一方面又认为人伦物理都是"真空"的显现。可见，李贽的思想受到佛教的不少影响。我们要注意，不要把他的个别话头孤立地举列，而迷失了其本义。

唐君毅认为，李贽才气甚大，而其喜真非伪，最后归于狂肆。他说："卓吾之狂放，则初由其嫉伪道学而来。唯嫉伪道学，故以任己一时是非之事，为率真，而不知此只求率真，即归于狂肆。"(《原教篇》下，1977，页445）此说可谓平实。

→ 测试题三

1. 颜山农怎样告诫罗汝芳"制欲非体仁"？
2. 罗汝芳如何讲"当下即是"？
3. 李贽如何讲"私"？
4. 叙述李贽的人性论。

刘宗周的思想

请阅读

- 指定教科书：《宋明理学》，页398—421。

刘宗周（1578—1645），字起东，号念台，学者称为蕺山先生。刘宗周晚年说："辨说日烦，支离转甚，浸流而为词章训诂。于是阳明子起而救之以良知，一时唤醒沉迷，如长夜之旦，则吾道之又一觉也。今天下争言良知矣，及其弊也，猖狂者参之以情识，而一是皆良；超洁者荡之以虚玄，而夷良于贼，亦用知者之过也。"（《证学杂解》二十五，《刘子全书》卷六）这是说，明末时良知学说已经流行于天下，但在王学内部产生了两种流弊，一为"猖狂"，一为"玄虚"。猖狂者把一切情识都说成是良知，玄虚者把佛道的虚无思想引入良知。这两派也就是我们前面所说的"自然派"和"主无派"。刘宗周的思想正是针对这些流弊而发展起来的。

唐君毅指出："依蕺山之旨，以评二溪之学，则更可谓此龙溪之学，教人参究一无善无恶之灵明，即教人欣慕一虚空玄漠之境，而使人不脱欣厌心，此亦即致良知而'荡之以玄虚'也。至于近溪之教人于日用常行中，随处见天德良知，而不知人之日用常行，恒是真妄混糅，良知与情识，夹杂俱流。则此所见之天德良知，即成'参之以情识'之天德良知矣。"（《原教篇》下，1977，页470—471）"玄虚"之责确指王龙溪一派，而"猖狂"之责当泛指王门后学以情识为良知的流弊。如王塘南亦曾尖锐批评王学的流弊说："以任情为率性，以媚世为与物同体，以破戒为不好名，以不事检束为孔颜乐地，以虚见为超悟，以无所用耻为不动心，以放其心而不求为未尝致纤毫之力"。（《明儒学案》卷二十，1985，页483）这也是明末主张严肃修养的学者对当时流弊的共同看法。

在刘宗周之前，东林学派的思想家高攀龙（1562—1626）因受宦官专权的迫害，投水自尽。自尽前上疏云："臣虽削夺，旧系大臣；大臣受辱，则辱国。故北向叩头，从屈平之遗则。"当其投水时，又云："心如太虚，本无死生。"刘宗周明亡以绝食殉节时，门人谓："今日先生与高先生丙寅事相类。高先生曰'心如太虚，本无生死'，先生印合何如？"意谓刘宗周以自杀尽节与高攀龙相似，问刘宗周面临死亡时是否也是"心如太虚，本无死生"。刘宗周答："微不同。非本无生死，君亲之念重耳。""心无生死"是近于佛教，所以刘宗周强调，他的视死如归，并非由于认为生死本无差别，而是为履行道德义务而死，乃是舍生取义。由此可见，刘宗周是一个道德信念极重的理学思想家。

> **活动**
>
> 7. 刘宗周生平对阳明学的态度如何？其为学宗旨最后归结为何？

《宋明理学》叙述了刘宗周的生平之后指出，刘宗周对阳明学的态度是"始而疑，中而信，终而辩难不遗余力"，即早年不喜阳明之学，而崇尚朱子学；中年信从阳明学说，至晚年由批评阳明学派的良知说而提出其"以慎独诚意为宗"的思想。书中同时指出，刘宗周的思想虽然对明末阳明学派提出批评，但其思想仍属王学一系，是继承了王门中向诚意发展的一派（页399）。

据刘宗周的儿子所作刘宗周的年谱所述：

- 二十六岁时，"不喜象山阳明之学，曰：象山阳明直信本心以证圣，不喜言克治边事，则更不用学问思辨之功矣"；
- 三十七岁，先生"归阖门读书，……久之，悟天下无心外之理，无心外之学"；
- 五十岁，"先生读阳明文集，始信之不疑"；
- 六十六岁，"先生痛晚近学术不明，用功悠谬，作《证学杂解》二十五则，末章以觉世之责自任……又著《良知说》以正阳明先生之讹。（按：先生于阳明之学凡三变：始疑之，中信之，终而辨难不遗余力。始疑之，疑其近禅也。中信之，信其为圣学也。终而辨难不遗余力，谓其言良知，以孟子合《大学》，专在念起念灭用功夫，而于知止一关全未勘入，失之粗且浅也。）……先生平日所见，一一与先儒牴牾。晚年信笔直书，姑存疑案，仍不越诚意、已发未发、气质义理、无极太极之说，于是断言之曰：'从来学问只有一个功夫，凡分内分外、分动分静、说有说无，劈成两下，总属支离。'"他在临终时，对门人说："若良知之说，鲜有不流于禅者。"

刘宗周"痛晚近学术不明"，这里的"晚近学术"是指阳明学派，特别是阳明后学。他在晚年坚持只有一个工夫，在他看来，凡二程的分内外、朱熹的分动静、阳明的说有无，都是将工夫分裂支离。故劳思光谓："可知刘氏之学最后归于此'合一观'。次年，崇祯死于煤山，清人入关。又一年福王败亡，刘氏亦绝食而死矣。"（《新编中国哲学史》三下，1997，页574）"合一"即指不分动静、内外、有无，强调工夫的整体与连贯。

《宋明理学》分八小节讨论刘宗周的哲学，即（1）意念之辨，（2）独体，（3）诚意与慎独，（4）四德与七情，（5）义理之性即气质之性，（6）道心即人心之本心，（7）心性一物，即情即性，（8）格物穷理。应认真研读。

首先来看"意"和"念"的分别。在刘宗周的心性哲学中，区分意和念是最重要的理论前提。在刘宗周的哲学中，"意"指内心的一种深微的意向，而"念"指念虑。也就是说，"意"不是指一般所说的意念。一般所说的已发意念，他称为"念"。刘宗周此说，与朱熹的"意为心之所发"不同，更与阳明所说"有善有恶意之动"相反。在他看来，有善有恶的只是"念"，而"意"是善根，是好善恶恶的。

要理解刘宗周所说的这个"意"，可借助他所用的指南针比喻。他说："心所向曰意，正是盘针之必向南也。只向南，非起身至南也。凡言向者，皆指定向而言，离定字，便无向字可下。可知意为心之主宰矣。"（《蕺山学案》，《明儒学案》卷六十二，1985，页1554—1555）"只向南，非起身至南也"，就是说，意是心之所向，而非心之所发；意如指南针之始终向南的属性，而非指针的转动过程。所以心之所发的"念"，即如指南针的指针转动过程，而"意"则如指南针的性向。

刘宗周以意为心之主宰、心之本体就是指意识主体的一种原始的、本质的意向，而此种意向性是以好善恶恶为内容的，正如指南针是向南的，意是向善的。刘宗周的这一思想，就其与王学的关系而言，是要把"好善恶恶"而不是"知善知恶"作为人心的本质。我们知道王阳明哲学以良知为中心观念，而良知的性格就是"知善知恶"，王阳明以良知为心之本体，无异于强调"知善知恶"是心之本体。刘宗周则认为"如果按王阳明的讲法，良知是指一念为善则知好之、一念为恶则知恶之，意念就成为先在于良知的，良知就不是根本的了"（《宋明理学》，页402）。这个意思刘宗周自己说得很清楚："因有善有恶而后知善知恶，是知为意奴也，良在何处？"（《良知说》，《刘子全书》卷八）王阳明的"四句教"中说"有善有恶意之动，知善知恶是良知"，这个说法"有可能被理解为预设了善恶之念而良知知之，这样的良知就成了后于善恶之念的东西，不成其为'良知'了。所以，必须把'好善恶恶'的意向设定为根本。这个意向不是有了对象或意念才有的，而是本来就有的，正如水本来就有向下的'意向'，指南针本来就有向南的意向。"（《宋明理学》，页404）这样才能保证"善"成为人的本质。所以刘宗周要设定一个"好善恶恶"的"意"作为心的本体。《宋明理学》指出，刘宗周所说的"意"是人的一种内在的意向，这个意向并不等于已发的意念，而是决定意念的、内心深层的一种本质倾向（页400）。由于这样的"意"是深层的心理意向，而不是知善知恶的念虑知觉，牟宗三把刘宗周改变王阳明突出"知"的立场，而转变为突出深层的"意"，称为"归显于密"。

再来看刘宗周所讲的"诚意""慎独"工夫。刘宗周在四十九岁前已立"慎独"为宗旨，慎独即指在不为他人所知所见时亦必严正自守。五十九岁后改以"诚意"为中心，将慎独与"诚意"合而为一。在《大学》的八个条目中有"诚意"，刘宗周认为"诚意"的"意"就是他所说的与"念"不同的"意"，而

"诚意"的工夫也就是要"诚"这个好善恶恶的"意",而不是去"诚"什么有善有恶的"意",他问道:难道恶的意念也要诚吗?"如谓诚意即诚其有善有恶之意,诚其有善,固可断然为君子;诚其有恶,岂不断然为小人?"(《学言》下,《刘子全书》卷十二)

刘宗周在心体上突出"意",在工夫上以"诚意"为最根本、最重要的工夫。他又认为,意也就是《中庸》中所说的"独",而诚意也就是《中庸》中所说的"慎独"。按阳明思想,诚意是将不善之意皆化为诚,而刘宗周之诚意则指保任其固有的好善恶恶的意向。牟宗三曾云:"但如此言意,则'诚'字即无对治之实功义,只是如其实而还之而已。"(《从陆象山到刘蕺山》,1979,页466)不过,刘宗周的慎独诚意说,包含着许多方面,并非只是还复意之本体。

刘宗周讲慎独工夫,说:"直从耳目不交处,时致吾戒慎恐惧之功。……一念未起之中,耳目有所不及加,而天下之可睹可闻者即于此而在……君子乌得不戒慎恐惧、兢兢慎之?"(《中庸首章说》,《刘子全书》卷八)这表明他所说的慎独重在静中不睹不闻时谨慎地体察保任"意"(即"独")。他又说:"性光呈露,善必好,恶必恶……此时浑然天体用事,不著人力丝毫。于此寻个下手功夫,惟有慎之一法,乃还他本位曰独,仍不许乱动手脚一毫,所谓诚之者也。"(《学言》下,《刘子全书》卷十二)这是说要防止动念干扰了内心的本始意向,保持内心隐微处好善恶恶的意根。然而刘宗周也并非只讲静存的工夫,因为他本来主张工夫只有一个,其门人曾问他:"慎独专属之静存,则动时功夫果全无用否?"他说,未发时的静存是最根本的,"如树木有根方有枝叶,栽培灌溉功夫都在根上用,枝叶上如何著得一毫?如静存不得力，才喜才怒时便会走作，此时如何用功夫？若走作后便觉得，便与他痛改，此时喜怒已过了，仍是静存功夫也。"（《学言》下，《刘子全书》卷十）这说明，未发的静存是最重要的，但已发有偏差而加以痛改，也是静存。所以刘宗周的立场是以静存摄动察，但慎独诚意无分于动静。他还有一句话说："君子之学，慎独而已。无事，此慎独即是存养之要；有事，此慎独即是省察之功。"（《书鲍长孺社约》，《刘子全书》卷二十一）总之，刘宗周强调戒慎恐惧、化念为心，讲究存养省察，与王门后学因任情识之自然，是有根本区别的。

刘宗周对理气的问题也有论述。他反对宋明理学历史上讲"理生气""理先气后"的说法。刘宗周肯定气在实体上的第一性和永恒性，故说："或曰虚生气，夫虚即气也，何生之有？吾溯之未始有气之先，亦无往而非气也。"这表示，他认为在宇宙论上，气是本源性的实体。不仅虚不能生气，理亦不能生气。他说："天地间一气而已，非有理而后有气，乃气立而理因之而寓也。"（《圣学宗要》，《刘子全书》卷十五）又说："盈天地间一气而已矣，有气斯有数，……有物斯有性，有性斯有道，故道其后起也，而求道者辄求之未始有气之先，以为道生气。则道亦何物也，而遂能生气乎？"道与理乃是气之秩序、条理和规律，理非一物，更不能生气。

既然气先理后，理只是气之理，为何前人有理生气之说？他与学生有问答："或问：理为气之理，乃先儒谓理生气，何居？曰：有是气方有是理，无是气则理于何丽？但既有是理，则此理尊而无上，遂足以为气之主宰，气若其所从出者。非理能生气也。"（《学言》中，《刘子全书》卷十一）这是说，虽然有气才有理，但理对气有主宰的作用，这就使得看上去"气"好像从

"理"而产生的。由此可见,气具有存在上的优先性,而理具有作用上的主宰性,而气与理不相离,这与以前我们学过的吴澄、罗钦顺的思想是相同的。

> **活 动**
>
> 8. 刘宗周的理气不仅是一种宇宙论的表达,更代表他的一种世界观和方法论,统贯其心性论等。请举出他的一段话以说明之。

刘宗周的理气论不仅是一种宇宙论的表达,更代表他的一种世界观和方法论,以统贯其心性论等。他说:"理即气之理,断然不在气先,不在气外。知此则知道心即人心之本心,义理之性即气质之本性。千古支离之说,可以尽扫。"(《学言》中,《刘子全书》卷十一)所以《宋明理学》说:"刘宗周的理气论不仅是他对本性论、宇宙论的一种了解,对于他来说,更重要的是以这种理气论来说明关于心性的关系,……他认为,道心与人心、义理之性与气质之性的关系和理与气的关系是相同的。"(《宋明理学》,页411)

刘宗周说:"性者心之理也。心以气言,而性,其条理也。离心无性,离气无理。"《宋明理学》指出,"由于理是气之理,因而性是气质的性。……正如理是气之理,没有独立于气的理;性是气质的性,没有独立于气质的性。他认为,人或物只有一个性,而没有两个性;这个性就是气质之性,即人或物这一特定形质的性。"(页411—412)所以,他认为前人讲人有义理之性,又有气质之性,是不对的;人"止有气质之性,更无义理之性"。

同理,他反对把人心和道心看成两个并立相对的心,认为道心就是人心的本然表现。刘宗周与吴澄、罗钦顺的不同在于,他

单元十　明代后期的理学

不是把"理"理解为气中存在的实体、气之中的作为实体的规律，而把"理"理解为气的一种本然有序的状态。《宋明理学》说："在他看来，理只是气的未发生变异的本然流转及其有序更迭，性只是心的本然流行"（页416），"他认为理或性可以说就是气的正常流转的性质或状态"（页415）。所以没有独立的义理之性，义理之性就是气质之性的本然表达；没有独立于人心的道心，道心就是人心的本然体现。这一点，请认真阅读《宋明理学》中的分析和论述。

☞─────────→ 测试题四

1. 刘宗周哲学中意与念有何分别？
2. 刘宗周的"慎独"工夫是否只是静中存养？
3. 刘宗周如何反对理生气说？
4. 宋儒以为人有义理之性，又有气质之性，刘宗周是否同意此说？

摘要

明代后期的哲学思想，一方面是王学更广泛的普及，一方面则是王学流弊引起的反省。泰州学派在明代后期的影响，造成了"参之以情识"的猖狂者，龙溪一派至周海门等则流衍出不少"荡之以虚寂"的玄虚派。照刘宗周的说法，"参之以情识"的猖狂派，就是把一切情欲都看成良知；"荡之以虚寂"的玄虚派则把良知等同于佛教的空寂之心。

其实，我们并不能把泰州学派说成是认一切情欲为良知，泰州学派的特点是强调良知当下现成，不修而自身圆满；注重的不是良知的"伦理"特性,而是内心的"自然"状态。但是由于泰州学派不重视修身律己,而且人在进行恶的意念活动和行为时,也可以是"自然"的,这就可能导致以百姓日用皆为道,这对儒家传统的道德修身观念无疑是一种改变。

不仅泰州学派如此,王龙溪以下至陶石梁,专说"无善无恶",也同样忽略了严肃的道德修养。刘宗周的老师许孚远就曾作《九谛》反对"无善无恶心之体"之说。刘宗周拜许为师时,问为学之要,许告以存天理、遏人欲;后来许又告诫刘宗周说"为学不在虚知,要归实践"。所以刘宗周的慎独诚意说,已经在相当程度上是反"良知学"之道而行之的了。

◆ 活动题参考答案

活动 2

钱德洪主张四有,王畿主张四无;钱德洪重工夫,王畿则重本体;钱氏注重"修",而王氏注重"悟"。

活动 3

"王学左派"或"左派王学"是指王艮为代表的泰州学派。

◆ 测试题参考答案

→ 测试题一

1. 王阳明死前一年,在其出征广西前夕,曾在天泉桥上对其弟子钱德洪、王畿再三叮嘱,强调其晚年的宗旨为"四句教",

即:"无善无恶心之体,有善有恶意之动,知善知恶是良知,为善去恶是格物"。此一史实,被称为"天泉证道"。

2. 他们分别为"主修派""主无派""主静派"和"自然派"。

3. 聂双江的主张与陈献章相似,他有见于以情为良知的弊病,倡导"归寂"的静坐,推崇杨时、罗从彦、李侗的静中体认。他从主静的工夫,又提出"良知本寂",即主张良知是未发,是静的,必须涵养,这才是致良知。

4. 王畿赞成王阳明关于心之本体是无善无恶,关于要"悟"到心体的无的观点,并加以推展。他认为心体与意、知、物是体用的关系,心体无善无恶,则意、知、物也都应当是无善无恶的。所以他主张"四句教"后三句应改为"意即无善无恶之意,知即无善无恶之知,物即无善无恶之物"。这个思想认为,如果能真正体悟"心体是无善无恶"的,即心体是无执着的,那么意念和知觉活动也就达到无执着了,而外部事物对人来说也就不存在什么根本的差别,不需要去计较什么了。这种看法王阳明称其为"四无说"。

测试题二

1. 泰州学派的创始人王艮最突出的性格,是他有一种拯救天下的自负,和一种宗教领袖式的传道欲望,注重"过市井启发愚蒙",面向大众传讲。他的这些特点在泰州学派其他人身上(如颜山农等)也都有明显表现。所以唐君毅也说:"泰州之传,由颜山农、何心隐、罗近溪、周海门、李卓吾等,其立身行己、讲学论道之作风,亦与其余之王门学者不同。故梨洲于泰州学派,不称王门,以示区别。"

2. 黄宗羲在《明儒学案》"泰州学案"的序中明确地说："泰州之后……遂复非名教之所能羁络矣。"认为泰州学派后来的发展已经突破了名教的束缚。

3. 王艮特别强调"乐"，他有一首有名的《乐学歌》，讲所谓"乐是乐此学，学是学此乐"，"乐是学，学是乐"。他发展了王阳明关于"乐是心之本体"的思想，明确地把"乐"作为学的过程、学的归宿、学的目的和最终境界。他一方面肯定私欲是"乐"的妨碍，主张以良知的自觉化除私欲；另一方面强调只有不费力的、快乐的"学"才是圣人之学，其实质也是反对防检和主敬、反对严律苦修，以"求乐"作为学的目的。

4. 王艮当年乘孔子车周游天下时，就在车上写着"天下一个，万物一体"。《宋明理学》指出，程颢的万物一体更多的是一种境界，王艮则继承了王阳明万物一体说的"拯救"意识，突出一种救民于苦难的焦虑。王艮曾作《鳅鳝赋》，把民众比作在重重压迫下奄奄若死的泥鳅，而他则想做解救人民的神龙。

测试题三

1. 1540 年秋，颜山农从泰州王艮处学习后归江西，在南昌同仁祠张榜"急救心火"，聚众讲演。罗汝芳经过此祠，也随众听讲，他向颜山农叙述自己为学的经验和体会，颜山农说："是制欲，非体仁也。"罗汝芳说："克去己私，复还天理，非制欲，安能体仁？"颜山农说："子不观孟子之论四端乎？知皆扩而充之，若火之始燃，泉之始达，如此体仁，何等直截！故子患当下日用而不知，勿妄疑天性生生之或息也。"罗汝芳当时如大梦得醒，明日五鼓，即往纳拜称弟子，尽受其学。从此成为山农的忠实弟子，终身不易。颜山农的思想认为，像克己复礼、静坐收心这样的方法，只是控制约束人的欲望（制欲），是消极的；只有从根本上开发人的内在资源，才是积极的，这关键就在相信本性为现成自足圆满。这显然是继承了王艮的思想。

2. 罗汝芳强调"当下即是"。王艮认为，道并不是什么高深的东西，道就在百姓日用中体现着，在百姓日用中，只要是不假思索、自自然然而又不逆于理，这就是道。罗汝芳继承了这种思想，他总是力图用对方与自己谈话的当下意识状态指示本心，把这种专心不杂、不预期、无喜怒的意识状态说成是人本有的良知良能，他更强调的是良知的"自然"的状态，而非良知的伦理性质。这正是继承了王艮的"以自然为宗"的思想，也是禅学所说的"平常心是道"。

3. 李贽曾说道："夫私者，人之心也。人必有私而后其心乃见。若无私则无心矣。……然则为无私之说者，皆画饼之谈，观场之见，但令隔壁好听，不管脚跟虚实，无益于事，只乱聪耳，不足采也。"这个说法，有些近于叶适，显然是一种功利主义的讲法。宋儒虽然承认人皆有"人心"，但在宋明时代还没有其他人提出"私者人之心""无私则无心"的命题，这个思想的提出既与李贽的个人性格有关，也与明代中后期商业和市民阶层的发展有关。

4. 李贽认为，孔子把人分为上智、中人、下愚三种，而照他看来，所谓中人就是天生有五分仁义、五分势利的人，如果一个人天生的仁义之心多于五分（如六分、七分等），则为上智；如果一个人天生势利之心多于五分（如六分、七分等），则为下愚。上智和下愚都是不可移易改变的，而中人则因习而移，习于圣人则为圣，习于盗跖则为盗。

测试题四

1. 在刘宗周的心性哲学中，区分意和念是最重要的理论前提。在刘宗周的哲学中，"意"指内心的一种深微的意向，而"念"指念虑。也就是说，"意"不是指一般所说的意念。一般所说的已发意念，他称为"念"。刘宗周此说，与朱熹的"意为心之所发"不同，更与阳明所说"有善有恶意之动"相反。在他看来，有善有恶的只是"念"，而"意"是善根，是好善恶恶的。

2. 刘宗周认为，未发的静存是最重要的，但已发有偏差而加以痛改，也是静存。所以刘宗周的立场是以静存摄动察，但慎独诚意无分于动静。他还有一句话说："君子之学，慎独而已。无事，此慎独即是存养之要；有事，此慎独即是省察之功。"总之，刘宗周强调戒慎恐惧、化念为心，讲究存养省察，与王门后学因任情识之自然，是有根本区别的。

3. 刘宗周反对宋明理学历史上讲"理生气""理先气后"的说法。他肯定气在实体上的第一性和永恒性，他说："或曰虚生气，夫虚即气也，何生之有？吾溯之未始有气之先，亦无往而非气也。"这表示，他认为在宇宙论上，气是本源性的实体。不仅虚不能生气，理亦不能生气。他说："天地间一气而已，非有理而后有气，乃气立而理因之而寓也。"认为有气才有理。

4. 刘宗周认为理是气之理，因而性是气质的性。正如理是气之理，没有独立于气的理；性是气质的性，没有独立于气的气质之性。他认为，人或物只有一个性，而没有两个性；这个性就是气质之性，即人或物这一特定形质的性。所以，他认为前人讲人有义理之性，又有气质之性，是不对的。

参考书目

古清美：《明代理学论文集》，台北：大安出版社，1990。

牟宗三：《从陆象山到刘蕺山》，台北：学生书局，1979。

牟宗三：《中国哲学十九讲》，上海：上海古籍出版社，1997。

东方朔：《刘蕺山哲学研究》，上海：上海人民出版社，1997。

侯外庐、邱汉生、张岂之编：《宋明理学史》上、下卷，北京：人民出版社，1997。

岛田虔次著，蒋国保译：《朱子学与阳明学》，西安：陕西师范大学出版社，1986。

唐君毅：《中国哲学原论——原教篇（宋明儒学思想之发展）》上、下卷，香港：新亚研究所，1977。

陈来：《有无之境——王阳明哲学的精神》，北京：人民出版社，1991。

陈荣捷：《宋明理学之概念与历史》，台北："中央研究院"文哲研究所，1996。

秦家懿：《王阳明》，台北：东大图书公司，1987。

容肇祖：《明代思想史》，台北：台湾开明书店，1982。

麦仲贵：《宋元理学家著述生卒年表》，香港：新亚研究所，1968。

麦仲贵：《明清儒学家著述生卒年表》，台北：学生书局，1977。

张君劢：《新儒家思想史》，载刘梦溪主编《中国现代学术经典·张君劢卷》，石家庄：河北教育出版社，1996。

黄宗羲：《明儒学案》，北京：中华书局，1985。

冯友兰：《中国哲学简史》，北京：北京大学出版社，1985。

冯友兰：《中国哲学史新编》第五册，北京：人民出版社，1988。

劳思光：《新编中国哲学史》（三下），台北：学生书局，1997。

陈鼓应、辛冠洁、葛荣晋：《明清实学思潮史》上卷，济南：齐鲁书社，1989。

蒙培元:《理学的演变——从朱熹到王夫之戴震》,福州:福建人民出版社,1984。

蔡仁厚:《王阳明哲学》,台北:三民书局,1974。

墨子刻(Thomas Metzger)著,颜世安等译:《摆脱困境——新儒学与中国政治文化的演进》,南京:江苏人民出版社,1990。

钱穆:《朱子新学案》上、中、下册,成都:巴蜀书社,1986。